外国人留学生の
メンタルヘルスと
危機介入

大橋敏子
Toshiko Ohashi

京都大学学術出版会

まえがき

　京都大学では外国人留学生（以下留学生と略）に対する生活指導を重視し，すでに1960年には留学生問題の草分け的存在で留学生に尊敬され親しまれていた故・浦上要三氏らが「Foreign Student Service」という看板を学生部の片隅に掲げた．そして，筆者が京都大学で留学生の生活・修学相談にかかわりをもつようになったのは1970年のことである．当時は，留学生数が日本全国で4,444名であり，この仕事を型どおりの実務処理にとどまらず，つねに留学生の心理的圧迫緩和に努める役割をはたしていくという観点から留学生に接してきた．むろん，仕事を通じて留学生から学んだことは少なくなく，専門職としての知識やノウハウを実践からつちかってきたといえる．

　筆者は当初，留学生アドバイザーとして生活・修学相談といったアドバイジング業務を主として接していたが，留学生がかかえるさまざまな問題が，異文化ストレスに関連する対人関係の問題など，メンタルヘルスや日本でのQOL（生活の質）と深くつながっていることに気がついた．

　そのため，筆者と留学生とのかかわり方が，カウンセリング的な手法を用いるものへと変化していったのは必然だったかもしれない．そして，従来の「心理療法家」という枠組みから「危機カウンセラー」，さらには「危機介入コーディネーター」という枠組みで「危機介入」を展開することが重要ではないかと考えるようになった．

　現在，京都大学に留学している留学生への支援体制としては，国際交流センター（1990年に設立された留学生センターが2005年に改組）の留学生相談室が中心となっている．また，京都大学の学生（留学生を含む）の相談機関としてカウンセリングセンター（1956年に設立された学生懇話室が1999年に改組）があり，臨床心理士が常勤5名，非常勤4名で構成されている．とりわけ，メンタルな問題を含む相談事例は個別スタッフでは対応できないものも多く，学内外のさまざまな職種・機関・組織との連携が不可

欠である．具体的には，留学生を支えている教職員，日本語教師，住居を提供している家主など近隣の人びと，留学生を支援するボランティアのはたす役割は，専門家のそれに勝るとも劣らない．

筆者はこれを「つなぐ」視点から探求してきた．すなわち，増野肇(1986)による「介入」の概念を「調整（コーディネーション）」としてとらえている．調整の主な機能には，「つなぐ」「知らせる」「育てる」「支える」「調べる」の5つが考えられるが，なかでも「つなぐ」機能は樹木の根や，扇のかなめのような中核的な存在である．他の4つの機能は「つなぐ」機能と密接に連携することにより，各々の機能をより高めていくことが可能になるといえよう．

こうした認識にもとづき，「留学生30万人計画」が提唱されるなか全国の大学において留学生相談にかかわっている多くのスタッフがいかに的確に連携をはかっていけるかを念頭に置きながら本書をまとめた．

第1編は，筆者の神戸大学大学院国際協力研究科博士論文「外国人留学生のメンタルヘルスに関する研究—危機介入の経験を通して」(2005)のデータと分析にもとづいて論述したもので，学術的な理論が中心となっている．

第2編では，必ずしも理論によらず，筆者らが経験した実際のケースを通しながら，留学生のメンタルヘルスへのかかわり方が考えられるよう構成している．

第1編からも，第2編からも読み始められる構成になっているので，実践面に関心の強い読者には第2編のみを読んでいただいてもよいだろう．また，最小限必要な理論的説明や情報は，コラムとして適時追加しているので，こちらも参照していただきたい．

教育・研究という緊張した環境の中で，異文化との衝突という難しい課題がからむのが留学交流である．こうした難しい課題に日々向き合っている大学や専門学校の教職員，あるいは留学生の生活を支える地域社会の皆さんに，本書が少しでも役立つことを願っている．

目次

まえがき　i

第1編　理論編　1

第1章　留学生のメンタルヘルスと危機介入の理論……3

1. 国際交流と留学生のメンタルヘルス概観　3
2. 相談事例のいくつから　4
   1. 事例：「我輩は佐々木小次郎である」　4
   2. 事例：「おならで行進」　5
   3. 事例：「先生を殺して私も死ぬ！」　7
   4. 事例：「私はここにいる人とは違う」　10
3. 留学生への危機介入　11
   1. 危機的状況の意義づけ　11
   2. 留学生の危機的状況と危機的対応　12
   3. 危機介入理論の潮流　13
   4. 留学生への危機介入・危機管理のための提言　17

第2章　「つなぐ」カウンセリングの基本的な考え方　……19

1. コーディネーションの実際　19
   1. 「つなぐ」機能とは　19

2　コーディネーターの資質と専門性　20
        3　先行研究にみるモデル化　21
　2　カウンセリングを進める際のシステム　23
        1　生態学的システム（モデル）の活用　23
        2　ヘルスケアシステムの活用　25
　3　カウンセラー（サービス提供者）の役割　26
　4　「つなぐ」カウンセリングのあり方　27
        1　協働・研修の重要性　27
        2　留学生担当者の評価の重要性　29
        3　提　　言　29

第3章　メンタルヘルスへの影響要因を探る　……………………31

　1　ストレッサーとストレス反応　31
　2　多変量解析による要因分析　32
        1　調査の概要　33
        2　SDS　34
　3　調査結果　36
        1　ストレス得点、SDS得点およびサポート利用頻度（全体）　36
        2　留学生の属性による比較　39
　4　因子分析からみえてくるもの　46
        1　SDS要因　46
        2　ストレス要因　47
        3　サポート要因　49
　5　3Sモデル（パスモデル）　50
　6　考　　察　52
        1　留学生のメンタルヘルスに影響する要因　52
        2　留学生のストレス状態に影響する要因　52
        3　留学生のサポート利用頻度に影響する要因　53

7 結　　論　55

1　異文化間コミュニケーションの重要性　55
2　社会人口学的変数による比較　56
3　社会情緒的サポート　57
4　留学生のメンタルヘルスと日本語　58
5　日本語学校生の課題　60
6　提　　言　60

第4章　留学生への危機介入と予防　63

1　オリエンテーションとメンタルヘルスプログラム　63

1　オリエンテーションの評価　65
2　留学生のためのメンタルヘルスプログラム　69

2　留学生のメンタルヘルスの保持・増進　73

1　第1次予防（事例化の予防）：来日前　73
2　第1次予防（事例化の予防）：来日後　76
3　第2次予防（早期発見・早期治療）　80
4　第3次予防（社会復帰への援助、再発の防止）　83

3　留学生のメンタルヘルスに関する評価尺度（スクリーニング）　84

1　評価尺度の特徴と限界　84
2　留学生のメンタルヘルス質問票　86

4　危機介入プログラムのあり方をめぐって　87

1　危機介入の諸説から　87
2　学校危機対応モデル　89
3　コミュニティ心理学の視点から　90
4　ガイドライン　91

5　結　　論　93

1　考　　察　93

2　提　言　100

第5章　異文化適応とメンタルヘルス ……………………………105

　1　留学生が抱く日本・日本人のイメージ　105
　　1　調査の概要と結果　105
　　2　日本・日本人イメージの時間的変遷　107
　2　留学生の異文化適応の課題と過程　108
　　1　留学生が置かれている状況の特徴と適応課題　108
　　2　異文化への適応過程　109
　　3　異文化生活への不適応現象と精神障害　112
　3　復帰ショックと自文化への再適応　114
　　1　異文化受容と帰国適応　114
　　2　帰国文化ショックと価値観の変化　117
　4　結　論　125
　　1　リエントリーオリエンテーションの必要性　125
　　2　元留学生同窓会（同窓生）の活用　125
　　3　提　言　126

第6章　危機介入における留学生のニーズ分析 ………………129

　1　留学生の異文化適応面でのニーズ分析　129
　　1　調査対象者の特色　129
　　2　留学生のニーズの重要度・満足度　130
　　3　調査結果からみえてくるもの　132
　2　日本人とのコミュニケーションを阻む要因　139
　　1　滞在期間による比較（1年未満／5年以上）　140
　　2　出身国による比較（欧米／非欧米）　141
　3　結　論　142

1　日常文化における認知面，情緒面，行動面での適応上の特徴　142

2　日本語教育の重要性　142

3　提　　言　143

第7章　配偶者・家族の重要性 …………………………………145

1　留学生の家族帯同の課題　145

1　日本における家族の形：被調査者の属性における特色　146

2　調査の結果および考察　147

2　大学での留学生の家族に対する支援の実態　149

1　家族問題への大学の関与　150

2　留学生会館における家族へのケア　151

3　調査結果からみえてくるもの　153

1　「住」の確保の重要性　153

2　家族支援の光と影　154

3　提　　言　155

第2編　実践編　157

第8章　留学生のメンタルヘルスと危機介入の実践…………159

1　留学生支援：危機介入の実際　159

1　危機介入のスキル　159

2　危機カウンセリング　161

3　危機介入コーディネーター　162
　2　支援を実施する際に何が必要とされるのか　163
　3　何ができるのか，何ができないのかを明確化させる　165
　4　多様な役割を認識する　165

第9章　留学生にみられる精神障害・精神疾患 ………………169

　1　精神障害・精神疾患の基礎知識　169
　　　1　精神障害を扱う標榜科　169
　　　2　精神障害の診断名・診断分類　169
　　　3　精神疾患・精神障害の原因と要因　170
　　　4　精神医学的治療　171
　2　うつ病・躁うつ病　173
　　　1　「うつ病」「うつ状態」などの用語　173
　　　2　うつ病の初期症状と自殺予防　173
　　　3　躁うつ病・うつ病の基本的な概念　174
　　　4　躁うつ病の原因・誘因　175
　　　5　うつ状態とは　175
　　　6　学校現場での特徴的なうつ病　176
　　　7　躁状態とは　177
　　　8　躁うつ病への対応をめぐって　177
　　　9　事例：躁うつ状態に苦しむチャン　178
　3　統合失調症　179
　　　1　統合失調症とは　179
　　　2　学校での対応　180
　　　3　事例：妄想・幻聴に苦しむジョセフ　180
　4　神経症　181
　　　1　神経症とノイローゼ　181
　　　2　代表的な神経症　182

3　神経症への対応　183

　　4　事例：ノイローゼに悩むマリリン　183

5　心身症　184

　　1　心身症とは　184

　　2　心身症への対応　184

　　3　事例：脱毛に悩むケイト　184

6　アルコール依存症　185

　　1　アルコール依存症とは　185

　　2　アルコール依存者への援助と治療　186

7　てんかん　187

　　1　てんかんとは　187

　　2　事例：てんかんとうつ病に悩むマリー　187

8　事例性を重視する　191

第10章　留学生のメンタルヘルスの危機の実際　195

1　留学生の異文化適応と危機　195

　　1　事例：指導教員に不満を表明できない張さん　195

　　2　留学生と指導教員との関係性　196

2　留学生のメンタルヘルスの特徴・留意点　197

　　1　調査研究から　197

　　2　特徴・留意点　198

3　留学生のメンタルな相談の実際　201

　　1　「つなぐ」カウンセリングの重要性　201

　　2　異文化不適応現象の症状　202

　　3　事例：足の痛みに悩むホセ（身体化）　202

　　4　事例：妄想に苦しんだマーク（行動化・精神化）　203

　　5　「つなぐカウンセリング」と情報管理　206

第11章　留学生カウンセラーの多様な役割 ……………209

1　コミュニティカウンセリングの視座から　209
　1　コミュニティ心理学の重要性　209
　2　コミュニティカウンセリングの実際　210
　3　「つなぎ」モデルの実際　210

2　コミュニティカウンセリングの応用　212
　1　事例：精神的不調で大学生活になじめない交換留学生　213
　2　コミュニティサービスの支援　213
　3　クライエントサービスの支援　215
　4　コメント　216

3　専門医と連携した事例（アウトリーチ）　216
　1　事例：地震によってPTSDを被ったピエール　216
　2　考　察　219

4　指導教員と連携した事例（コンサルテーション）　222
　1　事例：飛び降り自殺をはかったサテ　223
　2　考　察　227

5　再発予防に重点が置かれた事例（カウンセリング）　228
　1　事例：失恋をして自殺をはかったマイケル　229
　2　考　察　230

6　信頼関係に重点を置いた事例（アドボカシー）　231
　1　事例：妄想障害に陥ったチョン　231
　2　考　察　233

第12章　異文化理解へのアプローチ
　　　　　　カルチャーアシミレーターを用いて ……………237

1　カルチャーアシミレーターとは　237
2　「ノー」とはいえなくて　238

x

1　事例：不仲になったエマとマイク　238
　　　2　解説およびアドバイス　239
　3　「直接、いってよ！」　241
　　　1　事例：家主や指導教員との関係不良でうつになったマリア　241
　　　2　解説およびアドバイス　242
　4　「遊びに来て」といったのに　243
　　　1　事例：日本人への不信を拭えなくなったダム　243
　　　2　解説およびアドバイス　245
　5　「はい」といったのに　246
　　　1　事例：日本語クラスを変わりたくなった李さん　246
　　　2　解説およびアドバイス　247
　6　補論：自分を危機から守るために　249
　　　1　事例：留学生アドバイザーの困惑　249
　　　2　解説およびアドバイス　250

資　　料 ……………………………………………………255

　資料1　留学生受け入れの概要　255
　資料2　DSM-IV-TR　261
　資料3　ICD-10　262
　資料4　JAFSA（国際教育交流協議会）　264
　質問票Ⅰ　266
　質問票Ⅱ　275
　質問票Ⅲ　281
　質問票Ⅳ　288
　質問票Ⅴ　291
　質問票Ⅵ　299
　質問票Ⅶ　308

索　引　313
あとがき　317

コラム

① ラポール　7
② リファー　9
③ トラウマと外傷後ストレス障害　12
④ アクティブリスニング、積極的傾聴　20
⑤ インテーク面接、インテーカー　28
⑥ ピアカウンセリング　94
⑦ NAFSA　98
⑧ 多文化間精神医学　99
⑨ 論理療法、ナラティブセラピー　190
⑩ 転　移　200
⑪ 燃え尽き症候群　251

外国人留学生のメンタルヘルスと危機介入

第1編
理論編

留学生のメンタルヘルスと危機介入の理論

1 国際交流と留学生のメンタルヘルス概観

　日本で学ぶ留学生の数は，2007年5月1日の時点で118,498名を数えるようになった．いまや留学生を通じた国際交流は，わが国のあらゆる国際交流の中心に置かれる重要課題である．世界各国からの留学生が学術面で学び，成果をあげるにとどまらず，日本で実際に生活することを通じて日本の文化，社会，日本人についての理解を深めるいっぽう，日本社会も彼らの文化に触れることにより，たがいに幾世代にもわたる強い絆が形成される．

　しかし，そうした意義深い留学が，つねに実りあるものになるかといえば，必ずしもそうではない．留学生の健康を守ること，とりわけ心の健康（メンタルヘルス）を維持することは，留学交流には不可欠なことである．

　世界保健機構（WHO）は「健康」の定義を「たんに病気でないというだけでなく，肉体的にも，心理的にも，社会的にも幸福（well-being）な状態である」としている．メンタルヘルスの保持増進とは，心理的・社会的な幸福状態をもたらすことである．いっぽう，メンタルヘルスが阻害された状態である「精神障害」は地域，人種，文化を問わず，世界各地に等しく存在する．平成19（2007）年度の「障害者白書」によると，わが国における精神障害者は平成17（2005）年には303万人を数え，「精神障害」は誰にとっても身近な病である．「精神障害」は統合失調症，躁うつ病，神経症などの狭義の精神疾患の他に，発達障害・人格障害などの精神状態や行動異常などがあるが，疾患別では，躁うつ病などの「気分（感情）障害」

が増加し，33.3％でもっとも多くなっている．

　また，自殺未遂者例をみても，うつ病，統合失調症および近縁疾患，アルコールや薬物依存など精神疾患を有する者の割合が75％を占め，そのなかでもうつ病の割合が高いと報告され，自殺と精神疾患と強い相関関係があることが示されている．

　しかしながら，日本では留学生を対象としたメンタルヘルス上の危機介入に関する研究は始まったばかりで，これといった研究書や指導書もない状態といえる．

2　相談事例のいくつから

　まず，筆者が駆け出しの頃に体験した失敗例や成功例を紹介しながら，留学生のメンタルヘルスにかかわる際の留意点について概観してみたい．

　なお，本書の事例は個人のプライバシーを尊重・保護するために，名前はすべて仮名とし，本筋にかかわらない範囲で事実関係を変更するなど個人が特定されないように配慮している．

1　事例：「我輩は佐々木小次郎である」

> リムは大学の留学生室に血相を変えてやってくるなり，いきなり大声で「研究室に置いてあった預金通帳がなくなった．盗んだのは絶対に留学生室のスタッフに違いない！」とわめきちらした．「先日，ここで預金通帳のことを話した．そのことを知っているのは，その時ここにいたスタッフのS以外には考えられない」と．ついには，「預金通帳を返さなければ，オフィスを爆破する！」とまでいいだした．そこで，Sさんはその場を納めるために警察に出頭し，あえてうそ発見器にまでかけてもらった．そこまでしてようやく，リムはSさんが無実であると納得した．
> 　リムの奇行はその後も続いた．住んでいた寮の植木を刃物で切ったり，これといった用事がなくても留学生室にしばしばやってきては「我輩は佐々木小次郎である」といって刀を振るまねをしながら机の上にひょいと乗った

> り，立ちはだかって「おいどんは西郷隆盛でごわす」といったりするのである．筆者は，専任のカウンセラーのところに行くように勧めたが，「自分はおかしくない」と拒否されてしまった．
>
> 　そうこうするうちにもリムはぶじ学位を取得して帰国したが，「私の国は楽園であるので遊びに来てほしい」といったラブレターまがいの手紙を執拗に送り続けて筆者を困惑させた．

　筆者はこの時，専任カウンセラーにうまく「つなぐ」ことができなかった．今から考えると，このように留学生が自分の変化（異常さ）に気づいていない場合の受診の勧め方としては，①本人がもっとも苦痛・不快に思っていることをとり上げて受診を促したり，②不眠や食欲不振などの身体症状があれば，これをとり上げて総合病院の内科を紹介し，そこから専門医につないでもらったり，といった方法をとるのもひとつの手段だったのではと思う．

2　事例：「おならで行進」

> 　ミシェルは何カ国語もこなせる，丸顔でかわいらしい留学生だったが，ある時からその外見に似つかわしくない奇妙な行動が目立つようになった．正しい知識のないまま，いわゆる「自然食」に凝りはじめ，食事の偏りからかみるみるやせていった．ついには生理もなくなり，胸もペチャンコになってしまった．
>
> 　このままでは学業どころか生命も危ういのではないか．心配した筆者は，彼女をベテランのカウンセラーのところに連れていった．ところが，カウンセラーからは「親に相談したほうがいい」「外国人は日本人と違うので，正常か異常か判断するのが難しい」と意外な言葉が返ってきた．留学生の場合は親に相談しようにも，近くにいるわけではないのに……．困り果てて，大使館やミシェルが所属する宗教団体に連絡したが，ここでも対応してもらえず万策つきてしまった．
>
> 　「自分でやるしかない」．筆者は留学生アドバイザーが本職であるが，ここ

におよんで腹をくくり，カウンセリングを行った．幸いミシェルは筆者を信頼していて，どこで会っても「大橋さん！」とあたり構わず，こちらが恥ずかしくなるほど大声をあげて，駆け寄って来る．そのうちに，ミシェルは徐々に体重も増え体調も回復していった．しかし，まだ胃腸の調子はよくないのか，ひんぱんにおならをしながら歩く．近所の子供たちが面白がってミシェルの後ろをついて歩くという事態に至って，近所の人から，「子供の教育上よくないのでなんとかしてほしい」と苦情がもちこまれた．留学生室に来ても，おならの音がしないようにがまんしているものの，臭いが部屋に充満し，スタッフが思わず窓を開ける場面がしばしばだった．

ある時，彼女のポケットから異様な臭いがするので，中のものを「捨てなさい」とながした．しぶしぶポケットからとり出したのは両手に余るばかりのイチョウの実だった．臭いをごまかすつもりで，キャンパスに落ちていたものを拾って来たのだろうか．

その後，ミシェルは大学に出てこなくなり，集団生活をしているある種の団体といっしょに生活するようになっていった．留学目的以外での滞在は許されないので，指導教員と相談し，帰国の手続きをとらせざるをえなかった．

この時，筆者はベテランのカウンセラーに「つない」ではいる．にもかかわらず，「つないだ」先では期待したような対応をしてもらえなかった．留学生が本国にいるならば，大半は社会情緒的サポートとして，家族や両親に相談するだろう．しかし，日本滞在中はそのサポートが得られないために問題が解決されず，事例化しやすい（大橋 1995）．さまざまな出身文化をもつ留学生のための多文化間カウンセリングにおいては，伝統的なカウンセリング理論にのっとって，クライエントとラポール（信頼関係）をつけ，これを基盤にした発達的視点からカウンセラーとしての援助活動を行うことが基本となる．

さらに，多文化間カウンセラーは，留学生がソーシャルサポートを得られない場合，クライエントの文化を理解する能力を兼ね備えたカウンセラ

ーとしての役割以外にも，相談室を出ていき，ソーシャルワーカー（社会福祉従事者），ファシリテーター（関係促進者）といったさまざまな役割を担うことが求められる．

3　事例：「先生を殺して私も死ぬ！」

> 　ヤンは憧れの日本留学の夢がかない，ようやく日本の生活にも慣れたので，夫を呼び寄せるべく手続きを始めた．もち前の頑張り精神を発揮してあちこち奔走した結果，やっかいな手続きもぶじクリアし，夫も晴れて来日，ふたりは幸せな生活を始めたかにみえた．
> 　しかし，この幸せは長くは続かなかった．というのは，これといってすることがなく毎日ぶらぶらしていたヤンの夫は，ある日本人女性と深い関係になってしまったのだ．「誰のおかげで日本に来ることができたと思っているの！」と気持ちの収まらないヤン．すったもんだのあげく，とうとうふたりは離婚し，ヤンは再びひとりの生活にもどった．
> 　ある日ヤンがやってきて，筆者の耳元でささやくように訴えた．「指導教員のN先生は私が帰国するたびに，ご自分へのプレゼントを期待されるんです．高価な品を何回も渡したのですよ．そのときは喜んで受けとられたのに，このごろ先生はとても冷たい態度をとられるんです．ほかの学生には親切なのに私には意地悪をされるんです」．そのうち，同じ国から来ている留

コラム1　ラポール

　「ラポール（rapport）」とは，治療者と非治療者との間にあたたかい感情の交流があり，両者共にうち解けて，自由に振る舞える安心感をもち，相手に対する尊敬と信頼の念を抱き，感情や意志の自在な交流・理解が可能であるような状態をさす．
　カウンセリング関係がじゅうぶん成立するには，カウンセラーとクライエントの相互の信頼と尊敬にもとづくラポールをつくらなければならない．そのためには，クライエントに対する尊重心の存在，クライエント自身を，あるがままにみる受容的態度の存在が必要である．

学生への中傷やN先生への恨み言を長時間にわたって繰り返すようになった．

そんなある日，ヤンが血相を変えてやって来て，「N先生を殺して私も死ぬ！」と大声で叫び始めた．居合わせたスタッフはみな，ヤンのいつもとは違う大声に驚いて当惑気味に彼女をみつめるばかりだった．

筆者はベテランのカウンセラーに別室から連絡をしたあと，ヤンのところに戻って静かに向かい合った．彼女をなじったり非難したりする言葉を避け，日常的な話題から体調などを尋ねるなど，小一時間かけてなんとか彼女を説得してカウンセラーのところへ連れて行くことができた．

いったんカウンセラーに話を聞いてもらったヤンは，そこに定期的に通うようになり，筆者はひと安心していたのだが，ある日また留学生室に現れた．「カウンセラーの先生に，私の父が精神病だったことを打ち明けたら，先生はとても満足げにうれしそうな顔をされたんです．私は先生の実験台になっているとしか思えない」と深刻な顔つきである．筆者がカウンセラーの人柄を詳しく説明するとヤンはようやく納得し，またカウンセリングに通い始めた．

しかし，訴えは研究室の教員の悪口をいうにとどまらず，N先生への中傷文を所属学部長に届けるまでにエスカレートしていった．筆者からは学部長にことの経緯を説明し，指導教員に迷惑がかからないように配慮した．そうこうしているうちにN先生は定年退職され，ヤンは日本での就職を希望していたがかなえられず，帰国を決意するに至った．

留学生にとって指導教員との関係は留学の成否を左右しかねない重要な要素である．いったんこじれた関係は容易に元に戻らないし，よほどの信頼関係にある人物でないかぎり，留学生と指導教員との間のトラブルに介入することは難しい．このケースは，そうした例の典型だろう．担当者としては自らの能力の限界を知り，むやみにひとりでクライエントをかかえこむことなく，クライエントにとって最善の方法を冷静に模索することが肝要である．

担当者は医療機関，専門機関などの専門家へ委託・紹介し（これを「リファー」という）連携するという「つなぐ」機能をも担うべきである．ただし，リファーする場合には，留学生が見捨てられたという気持ちを抱かないように気を配り，いつでも受け入れてもらえるという安心感を与える努力を続けなければならない．

また，留学生が自分から進んで専門家のところに相談に訪れることはなかなかないが，信頼する人物に勧められたり，同伴されたりすると意外に素直に専門家を訪れることが少なくない．すなわち，「つなぐ」機能をふまえたカウンセリングが問題解決の重要な鍵となる．

したがって，留学生とかかわる場合は，日頃から彼らとの接触を心がけ，その置かれている立場を熟知し，ラポールをつけ，その気持ちを共感的に理解することが求められる．さらに，信頼関係にもとづいてリファー可能なネットワーク（人脈）をもつことが必要で，その基盤を構築するためにも担当者自身の人格・人間性が問われることを忘れてはならない．

コラム2　リファー

「リファー（refer）」とは，クライエントを他者・他機関に依頼する援助方法の一つである．問題が自分の守備範囲を超える場合（精神疾患，自殺企図など）には，ためらわず関係諸機関などに依頼する．重要なのは，カウンセラーが自分の力量や限界を理解し，クライエントの状況によってリファーするかどうか判断することである．

クライエントが精神疾患らしいと思うときは，迷わず精神科医にリファーすべきである．医者にリファーすべきクライエントをカウンセラーがかかえ込んでしまうと，倫理上の問題にもつながる．医者にリファーすべきかどうかの判断基準として，クライエント自身に病識がない場合，幻覚・幻聴などがある場合，時間や場所の観念の乱れ，自死願望の強い場合などがあげられる．このような場合は迷わず精神科医にリファーすべきである．

リファー先については，大学病院や総合病院などが考えられるが，診療時間に制約もあるので，時間外でも診療可能な地域の病院をはじめ，保健所・精神保健センターなどと平常から関係をつけておくことが大切である．

4 事例：「私はここにいる人とは違う」

> シルビアは，日本語を勉強しているうちに，いつしかその日本語教師に好意をいだきはじめ，その思いはだんだんとつのっていった．思い切って胸のうちを打ち明けたものの，相手は妻子ある身であることがわかり，その思いはかなえられなかった．そのショックのあまり，ひどく塞ぎ込むようになり，大学にも出てこなくなった．そこで，指導教員は彼女をひとりにしておくのが心配で，自宅にしばらくあずかった．しかし，やむをえない事情で彼女を大学の寮に戻した直後，寮の職員から彼女が自殺をはかったとの連絡があった．シルビアは部屋にあったカレンダーに母国語でメッセージを書き込み，薬を多量に服用して自殺をはかったが，胃洗浄して事なきをえた．筆者が病院に駆けつけてつきそったときには，命はあったものの意識はもうろうとして危険な状態だったので，そのまま入院となった．筆者は毎日仕事を終えるとシルビアを見舞ったが，大部屋にいた彼女は外国人というものめずらしさもあってか同室の患者にも親切にしてもらって，なかよくしていた．ところがある日のこと，筆者を待ちかまえていたかのように，シルビアは突然，「私はここにいる人たちとは違う！」と訴えるように叫んだ．
>
> まもなく，彼女は退院することができた．日本での指導教員は本国での指導教員と旧知の間柄であったので，連絡をとり，帰国しても問題がないよう配慮がなされた．帰国する前日，筆者は喫茶店で彼女との別れを惜しんだが，「病院でもらった薬はいっさい飲んでいなかった」と告げられおどろいた．自殺という自傷行為の再発の恐れが強く，危険性・緊急性が非常に高いとの判断のもとに彼女を入院させ，薬物治療を試みたわけだが，実際には，彼女は薬を服用していなかったのである．

おそらく筆者とクライエントの間に信頼関係が築かれ，精神科医のサポートのもと，毎日の見舞いの際に何気ない会話（それが事実上カウンセリングになっていたのかも知れない）を続けたことが，結果として薬物療法によらずに危機を回避することを可能にしたと思われる．山中康裕は，精神科

臨床の対象はほとんどすべてが心理臨床の対象であり，病態水準がもっとも深い「精神分裂病（統合失調症）」に関しても，精神科医なり看護師なりと適切な連携をもてば，必ずしも薬物療法によらずにこのような危機をさしたる困難なしに回避できることに，すぐれた臨床家なら同意するであろう，と述べている（山中 1998）．

とはいえ，自殺願望の底にうつ病や統合失調症，境界例などが存在しているクライエントへの危機介入では，早急かつ丁寧に精神科医につなげ，服薬やカウンセリングによって再発を防止することが肝要である．

このケースのように，喪失体験により気分の落ち込みが起こり（抑うつ気分），それがさらに進むと自殺念慮や自殺企図などを引き起こす例は少なくない．多感な青春時代を日本で過ごす留学生の場合，失恋がその引き金になることもある．

3 留学生への危機介入

1 危機的状況の意義づけ

「危機（crisis）」という言葉の語源は，ギリシャ語のカイロスという言葉に由来し，神との出会いや運命の時を意味するものだといわれている．

日本語では，「危」は「あぶない，不安定，険しい」などといった意味であり，「機」は「時機，機会」など転換期としての意味がある．すなわち，危機には「経過の岐路，分かれ目」といった意味が含まれており，すべてが悪い状態ではなく，良い方向に向かう出発点にもなるということを示している．

いっぽう，心理学的に考える危機とは「人がその人生上の重要な目標に向かう時に，それまで用いてきた問題解決の方法を用いても克服できない障害に直面する時に発生する状態」である（キャプラン 1961）．

2　留学生の危機的状況と危機的対応

留学生の危機的状況とは，次のような状態である（花見 1998）．

- 留学生本人が，「自分の力では解決できない」，「精神的，肉体的，経済的袋小路にある」と自覚するような状態である．
- 時に生死にかかわり，そうでなくてもかなりの「苦痛やストレス」を伴うことが多い．
- 本人には「予測不可能」で「不意に起こる」ため，「パニック」を引き起こしやすい．
- 緊急に対処を要することが多い．
- 留学生には適応しにくい社会環境や人間関係のあり方が要因となって起こることもある．
- 日本人学生と比べて，留学生にはアクセス可能な社会的リソース（情報を含む）がより限定されているために起こりがちで，事態がより深刻化しやすい．
- 「留学生だから被る不利な状態」も含まれる．

コラム3　トラウマと外傷後ストレス障害

「トラウマ」とは，心的生活の中に短時間のうちに刺激が高度の増大をもたらすため，正常の仕方では処理したり片づけたりできずに，その結果としてエネルギー活動における持続的な障害をもたらす体験のこと．ある体験がトラウマとなるかどうかは，その体験の持つ強さと心のコーピング（対処）能力との関連によって相対的に決まってくると考えられる．

「外傷後ストレス障害（posttraumatic stress disorder：PTSD）」は，客観的側面（自分または他人の身体保全に迫る危険を体験し，目撃し，または直面していること）と主観的側面（その人の反応は強い恐怖，無力感または戦慄に関するものであること）の2つの側面から定義される．

PTSDの特徴的症状は再体験（想起），回避，過覚醒であり，障害が1ヵ月以上経った後にも生じていることである。

・結果として，留学生は「制度的にも追い込まれ」，「日本にいること自体難しくなる」状態である．

　以上を情緒的危機の課題別に整理すれば，①課題解決上の危機，②ライフサイクル上の危機（発達の節目節目，移行期），③成熟・発達上の対人関係面での危機（性同一性，依存），④トラウマとなるストレスによる危機，⑤精神病理を反映した危機，精神医学的緊急事態，といったかたちで分類できる（Baldwin 1978）．

　実際の留学生相談で危機介入が必要になるのは，①自殺企図・自殺念慮，②ハラスメント被害（アカデミックハラスメント，セクシャルハラスメント），③精神医学的緊急事態・衝動行動，④中絶，⑤DV（夫婦・恋人間）などの暴力，⑥事故・事件によるPTSD，⑦喪失体験（失恋，親の離婚など），⑧ひきこもり，⑨抑うつなどのケースである．

　こうした問題について，花見槇子（1998）は，危機管理体制の必要性を全学レベルで認識し，次に，ニーズ分析・リソース（社会環境，情報や知識，判断力や精神力，行動力，経済力，人間関係など）分析を行い，危機管理体制を築く基盤を知るとともに欠けている部分を獲得する姿勢が必要であると述べている．

　また，横田雅弘（2004）は理想的な危機管理体制を机上のものとしてだけ構想したり，完全マニュアル化をめざしたりするのではなく，自分の大学の留学生がいかなる潜在的な危機をかかえる存在なのかをよく理解すること（ニーズ分析），自分の大学がそれに対してどのようなリソースを提供できるかを分析すること（リソース分析）がぜひ必要だと述べている．

　筆者もこのような観点から留学生のニーズ分析およびリソースとしての家族が重要であると考え，本書で論じている．

3　危機介入理論の潮流

　危機介入の理論と実践の歴史を振り返っておこう（鳴澤 1986）．
　第1は，軍隊精神医学にもとづいた潮流である．危機介入や応急精神療

法は第2次世界大戦や朝鮮戦争を通して飛躍的に進歩し，体系化された．戦争神経症は，戦場という過酷で特殊な条件・体験がもとで惹起する反応で，人格障害から起こるものではない．この戦争神経症の治療には，①接近法（proximity），②即時性（immediacy），③見通し（expectancy），④委任（commitment），⑤繋留（concurrence）の5つの条件が備わっている必要があるといわれている．すなわち，できるだけ戦場に近い場所に設営した病院で治療し，故国に戻ったりしないほうがよい（接近法）．神経症にかかったらすぐに治療にとりかかり（即時性），その治療も具体的な見通し（本人の潜在能力や状況の把握，成果）をもった働きかけであること（見通し）．その際，患者の否定的・消極的な面よりも，積極的で健康な面を見出すことが大切である．さらに，患者が医療スタッフや治療を信頼し，まかせられる関係にみちびくこと（委任）と，その患者はふたたび部隊の一員としてのもち場があって，仲間に支えられているという関係があること（繋留）が大切であるという．この5つの概念は，今日でも危機介入の基礎として重視されているものであり，現代の地域精神医学や予防精神医学の治療原則にもつながっている．

　第2の流れは，自我心理学とリンデマンにはじまる対象喪失による急性悲哀反応の研究である．エリクソンは自我心理学を発展させ，全人生周期を8つの段階を設け，それぞれの段階には，発達をとげる上で解決しておかなければならない課題があるとし，乗り越えるべき段階を成熟危機とよんでいる．この成熟危機の概念は，危機理論とその危機状態におけるさまざまな研究が展開される基盤となっている．

　フロイトは，対象喪失にともなう悲哀の心理過程を「悲哀の仕事（mourning work）」とよぶ．失った対象とのかかわりを整理し，対象像をやすらかで穏やかな存在として受け入れるようになっていく心理過程を段階的に解決していくことが「悲哀の仕事」の課題であり，急性の悲嘆に遭遇した人にはすみやかな治療を行って正常悲哀反応を起こさせ，悲哀作業をなしとげられるように援助することが予防上大切だという．

　キャプランは自分で適切な悲哀反応を起こさせることができなかった

り，4〜6週間後もはっきりとした結着がなく悲哀反応が続いたり，まったくなかった時には，精神科医に委託・紹介すべきであると述べている．キャプランは悲哀の心理過程をさらに詳しく記述し，①対象喪失を予期する段階，②対象を失う段階，③無感覚・無感動になる段階，④怒り，対象をふたたび探し求め，対象喪失を否認する段階，⑤対象喪失を最終的に受容断念する段階，⑥対象を自分から放棄する段階，⑦新たな対象の発見・回復の段階，の7つに分類している．

　リンデマンらの研究では，死別した人だけでなく，愛や依存の対象の喪失（相手との別離，失恋，死，親離れ，子離れなど），住み慣れた社会的人間的環境や役割からの別離（引越，転校，進学，就職，昇進，転勤，海外移住，帰国など），自己価値・自己像の毀損・低下，自己の所有物の喪失，病気・手術・事故による身体的損傷や喪失，などを含めた対象喪失によって惹起された危機反応を提唱している．

　第3の潮流は，キャプランの地域精神衛生や予防精神医学の考え方や方法論から発展してきた研究で，精神障害の予防（発生の予防，早期治療と再発予防，社会復帰）や状況に即応した患者への対応，地域救急活動と深く結びついている．クライシスクリニック，ウォークインクリニック，緊急精神衛生サービスなど専門機関のもつ「待ちの姿勢」ではなく，積極的に出て行く姿勢のフリークリニック運動に具体化され展開されてきたもので，だれもが気軽に自由に安い経費（ときには無料）で相談でき，かつ，早期診断と短期治療を行うことをめざしている．

　第4は自殺予防運動の流れからの研究である．1953年にイギリスではサマリタンズ運動が，アメリカのロスアンゼルスでは1958年に自殺予防センターが，日本でも1971年に「東京いのちの電話」が設置され，以後各地に同種のものが開設されている．これらの運動の特徴の第1は，自殺につながる危機や他の生活上の危機の発生の時点で，電話というコミュニケーション手段を用いて直接的・即時的に働きかけることである．電話は，受話器が体にじかに接していることもあって，心の交流がしやすく容易に陽性転移が起きやすいので，孤独な人や，絶望状態の人や青少年などに有効

であるといわれている．第2の特徴は，24時間サービス体制をとったこと，第3の特徴は，危機介入はそのレベルによって非専門家によっても行えるという点を実践的に示したことで，地域精神保健活動を広げてゆく上で大きな貢献をした．

この活動にかかわってブロコップは，電話相談での一定の対応策として次の5段階をあげている．すなわち，①危機の深刻さを評価する．②危機にある人の感情に「波長」をあわせ，精神的なつながりをつける．③本人の問題を把握し，明確化する．④本人のもっている強さや周囲の援助者の能力を見積もり，その力を発揮させる．⑤治療計画を推し進めることである．

第5の流れは，キャンパスに蔓延する薬物乱用，暴力・殺人といった問題への対応として，米国において開発された，キャンパス精神保健コンサルテーションの文脈での危機介入プログラムである．米国の場合，学校における精神的な危機，すなわちトラウマとなるような災害や犯罪に子どもがまきこまれた場合には，PTSDなどの予防や早期介入を目的として，地域，学校および家庭をカバーする危機介入組織が存在している．とくに，全米被害者支援援助機構（National Organization for Victim Assistance；NOVA）は1975年にNPO（non-profit organization）として設立され，ボランティアの教育および被害者の権利運動をおもな活動としている．ボランティアによる無料電話相談，相談内容に応じた適切な機関の紹介，被害者の法廷へのつきそいおよび危機介入チームの派遣が実際の活動であり，危機介入チームは精神科医，心理学者，ソーシャルワーカーなどの被害者対応の専門家からなり，被害者が受ける心的外傷の防止，緩和および回復をめざし，重ねて，地域ケア提供者に危機介入の方法やトラウマのケアの方法を教えている．

日本の場合をみると，2001年6月8日に発生した大阪教育大学附属池田小学校事件の直後に，被害者の精神的援助を目的としたメンタルサポートチームが結成され，長期にわたり被害者の精神的支援を続けている．サポートチーム代表者である元村直靖はこれらの実践から，日本では，公的に

も民間にも危機介入を行える機関が不足しており,早急に行政としての体制づくりが求められると同時に,心の傷を予防するためには,まず平常時から危機対応意識や訓練が重要で,普段から危機時の役割を決めておくこと,危機時には養護教諭やスクールカウンセラーが中心となって,外部医療機関と連携し,被害者の精神的援助を行うこと,その際,危機直後,短期的および中長期的な展望に立って計画を立てることなどが肝要であると述べている(元村 2002).

4 留学生への危機介入・危機管理のための提言

危機管理(リスクマネジメント)とは,危機的状況に対処するための事前予知,予測,未然防止(危機回避),危機発生時への準備,危機への対応,再発防止までを含めた一連の活動である.

有効な危機介入を可能にするためには,コアスタッフ(留学生の問題解決を仕事として担当し,専門的な知識を生かして現場の中心になる学内のスタッフ)をキーパースンとした組織(システム)の連携(リエゾン)・協働(コラボレーション)を多軸化することであると考えられる.

留学生のメンタルヘルスに関しての責任(管理)体制や支援体制について,関係者に共通の意識(認識)をもたせ,留学生のメンタルヘルスの危機介入・危機管理のための提言を行うことは大きな意義がある.

そこで,筆者は本書を通して大学・コミュティ,行政,および研究者へ向けて提言を試みている.

文献

- Aguilera, D. C. : *Crisis intervention : The theory and methodology*, Mosby 7 th, 1994. (小松源助,荒川義子訳:危機介入の理論と実際―医療・看護・福祉のために,川島書店,1997)
- Baldwin, B. A. : A paradigm for the classification of emotional crises : Implications for crisis intervention. *American Journal of Orthopsychiatry*, 48, 538-551, 1978.
- Burak, P. A. & William W. Hoffa : *Crisis Management in a Cross Setting*, NAFSA, 2001.
- Caplan, G. : *An approach to community mental health*, New York : Grune & Stratton, 1961.

(山本和郎訳:地域精神衛生の理論と実際, 医学書院, 1968)
Caplan, G.: *Principles of Preventive Psychiatry,* Basic Books, 1964. (新福尚武訳:予防精神医学, 朝倉書店, 1970)
花見槇子研究代表:留学生をめぐる危機的状況にどう対応するか, 1994年度 JAFSA 助成研究報告書, 1998
稲村博:危機介入 (Crisis Intervention), 精神医学19, 1008-1019, 1977
井上孝代:留学生担当者のためのカウンセリング入門, アルク, 1999
金吉晴:PTSD (心的外傷後ストレス障害), こころのライブラリー, 2004
桑原治雄:クライシス(危機)介入の理論と実際 (特集:危機介入), 社会精神医学9(4), 331-338, 1986
Lester, D.: *Why people kill themselves : a 1990's summary of research findings on suicidal behavior*, Charles C. Thomas Pub. 1992. (齋藤友紀雄訳:自殺予防Q&A—援助のための基礎知識, 川島書店, 1995)
増野肇:危機介入と地域精神衛生 (特集:危機介入), 社会精神医学9(4), 354-360, 1986
元村直靖:被害者のこころのケア—学校災害と心のケアのありかた, 大阪精神保健福祉47(1-6), 12-16, 2002
Motomura, Naoyasuet al : School crisis intervention in the Ikeda incident : Organization and activity of the mental support team, *Psychiatry and Clinical Neurosciences*, 57, 239-240, 2003
大橋敏子:平成6年度文部省科学研究費補助金 (奨励研究B) 研究成果報告書「外国人留学生のメンタルヘルスとヘルスケアに関する研究」, 1995
大橋敏子:外国人留学生のメンタルヘルスに関する研究—危機介入の経験を通して, 神戸大学大学院国際協力研究科博士論文, 2005
大橋敏子:平成18年度文部科学省科学研究費補助金 (奨励研究) 研究成果報告書「外国人留学生のメンタルヘルスの危機介入・危機管理のための提言」, 2007
大西守編:多文化間精神医学の潮流, 診療新社, 1998
鳴澤實編著:学生・生徒相談入門—学校カウンセラーの手引とその実際, 川島書店, 1986
氏原寛他編:カウンセリング辞典, ミネルヴァ書房, 1999
山中康裕, 河合敏雄責任編集:境界例・重症例の心理臨床 (心理臨床の実際5), 金子書房, 2-10, 1998
山勢博彰:危機理論と危機介入 (特集:救急医の精神科的 minimum requirement), 救急医学26(1), 2002
横田雅弘, 白土悟:留学生アドバイジング—学習・生活・心理をいかに支援するか, ナカニシヤ出版, 2004

第2章

「つなぐ」カウンセリングの基本的な考え方

1 コーディネーションの実際

「はしがき」でのべたように，筆者は「介入」の概念を「調整（コーディネーション）」の概念としてとらえ，その主な機能として「つなぐ」（需給調整機能），「知らせる」（情報提供機能），「育てる」（養成・教育機能），「支える」（相談援助機能），「調べる」（調査・研究機能）の5つがあると主唱している．特に，「つなぐ」機能は樹木の根のような中核的な存在，いわば扇の要的な存在であり，他の機能は「つなぐ」機能と密接に連結することにより，各々の機能をより高めていくことが可能になる．

1 「つなぐ」機能とは

「つなぐ」機能には，①要援助者のニーズに援助者，さまざまな社会資産・プログラムをつなぐ，②必要に応じて他機関や団体などともつなぐ（ネットワーキング），③地域社会とつなぐ，④援助者同士をつなぐ（援助者の組織化），⑤要援助者同士をつなぐ（セルフヘルプ活動の支援），⑥出会ったさまざまな課題と社会をつなぐ（課題の社会化），といった働きがある．したがって，留学生カウンセラーや留学生アドバイザーのような援助を職務とするコーディネーターは，さまざまな学際領域，関連職種，支援組織と連携をとり，協働しながらネットワークを推進する視点をも保つことが肝要である．

2 コーディネーターの資質と専門性

　調整（介入）を展開していくに当たっての基本的原則は，①ニーズの把握，②アセスメント，③担い手の確保，④実践活動，⑤フォローアップ，⑥評価である．これらの展開原則にもとづいて，危機介入プログラムを行うことになる．

　①ニーズの把握：相手の話を共感的に聴く（積極的傾聴）力を養い，マクロレベルの視点で，広い視野，広範な知識，そして幅広い社会的関心をもって，ニーズを把握する必要がある．さらに，外国人に対する偏見や差別をもたずに，豊かな人間関係（信頼関係）を作ることのできる力を身につける．

コラム4　アクティブリスニング，積極的傾聴

　「アクティブリスニング，積極的傾聴（active listening）」とは，単に相手のことばを聞くというのではなく，相手の立場に立ってその言葉の意味とその背景にある感情をくみ取ろうとする聴き方の態度，姿勢に対する考え方である．すなわち，相手に対する関心と相手を尊重しようとする聴き手の態度が基本であり，相手の考えや気持ちを理解することである．

　積極的傾聴の態度には，相手が何を感じているかを相手の立場で受け止める共感的理解が大切であり，自分の持っている枠組みをはずし，相手の態度を受け入れる受容の心，自分の気持ちを率直に伝え，相手をいつわらない誠実な態度が重要である．

　積極的傾聴を行うには，①批判的・忠告的な態度を捨て去る，②相手のいっている意味全体を聴く，③ことば以外の表現（表情，息づかい，姿勢，視線，手の動き，態度，声の調子などの，いわゆる非言語的な表現）にも心を配る，④相手のいっていることをフィードバックしてみる，⑤感情を高ぶらせない，といったことが大切になる．

　積極的傾聴により期待される効果はクライエントがカウンセラーに深く理解されていると感じ，満足を覚え，さらに進んで自分の心情や感情，態度を伝えるようになる．また，クライエントは自分が話していることを自分でも注意深く聴くようになり，自分を理解し，人間的な成長を促される．

②アセスメント：ニーズの把握により課題や問題を明確に査定・診断・評価する力を身につける．場合によっては他のカウンセラーや機関に委託することも必要である．

③担い手の確保：個人だけでなく，チームを編成したり，グループをつくったり，あるいはいくつかのグループ同士をつなぎ，組織化していく（援助者の組織化）ことや要援助者同士をつなぐ（セルフヘルプ活動の支援）力を身につける．

④実践活動：実践と並行して，他の機関や団体等との連携，ネットワークづくりも視点に入れるとともに，何よりも各々の主体性を大切に育てる力が必要である．

⑤フォローアップ：活動を通じての悩みなどが生じた時は，本章の冒頭にあげた5つの機能を駆使することが必要である．すなわち，①適宜コーディネーターが援助していく「支える」（相談援助）機能，②関係者の参加による交流会や研修会を開催する「育てる」（養成・教育）機能，③必要な情報や援助者や要援助者の思いを伝える「知らせる」（情報提供）機能，④フォローアップの体勢へ「つなぐ」（需要調整）機能や，⑤問題解決のために「調べる」（調査・研究）機能，である．

⑥評価：活動全体を総合的に点検し効果判定を実施し，文章にまとめる（ドキュメント化）．このとりくみはコーディネーションを質的に高め，課題を社会化していく上でも重要である．

3　先行研究にみるモデル化

手塚千鶴子（1995）は自殺という危機に対し，電話を含め留学生担当者が適宜介入することは貴重な援助であるが，その場合も精神科医に「つなげる」ことが肝要だと述べている．特に自殺願望の底にうつ病や統合失調症，境界例など，かなり病的なものが存在する場合には，相手の話にただならぬ重さやしんどさ，わかりにくさを感じることが多いので，多くを語らせてしまう前に，早急かつ丁寧に精神科医につなげるのが第1だと指摘している．

第1編　理論編

　筆者は留学生相談において，精神科医や医療関係者に「つなぐ」カウンセリングの重要性を自殺企図の留学生の危機介入事例を通して論じたことがある（大橋 2000）．つなぐ機能を発揮していくコーディネーターの基本的態度は，要援助者と援助者の内なる思いに対する受容的，共感的，かつ誠実な態度（純粋性）である．

　第1章の事例でも述べたように，留学生が自分から進んで専門家のところに相談に訪れることはなかなかないのだが，信頼する人物に勧められたり同伴されたりすると，意外と素直に専門家を訪れることが少なくない．「つなぐ」カウンセラーにこそ，そのような人物，ないし同伴者となることが求められよう．したがって，留学生とかかわる場合は，日頃からの接触を心がけ，置かれている立場を熟知し，ラポールをつけ，その気持ちを共感的に理解することが求められる．また，信頼関係にもとづいたリファーできる人的資源（人脈）をもつ基盤を構築するためには，担当者自身の人格・人間性が大きな要素になることを忘れてはならない．

　下山晴彦（1996）はスチューデントアパシーという治療的分野と教育的分野の両方にまたがる学生相談の枠組みとして「つなぎ」モデルを提唱し，実践を通して，これを論じている．「つなぎ」モデルは，クライエントをとりまく複数の人間関係をつないで，クライエントが安心して悩むことができる環境を構成することを援助の目標としている．下山の援助技法はクライエントの人間関係への介入を第1に重視し，「関係」のパラダイムに立ち，その関係をつなぐことが援助の目標となる．「つなぎ」モデルによる援助では，個人面接とともに〈関係者〉や〈小集団〉を媒介とする技法を積極的に利用し，悩める環境を構成する．したがって，下山の「つなぎ」モデルによる援助関係は，当事者と臨床心理士が治療構造内に閉じこもるのではなく，〈関係者〉や〈小集団〉を媒介として社会に開かれ，広がっていくことを目指している．

　井上孝代（2004）はカウンセラーの役割として，リエゾン，コーディネーション，コンサルテーションの3つの役割を論じているが，これは下山の「つなぎ」モデルを踏まえ，教育的分野以外の地域や産業，福祉の分野

にもこれを拡張しようとするものである．さらに井上は，メゾ・システム（間システム・間接系，次節参照）のレベル，すなわち，相互の関連を問題にする「つなぐカウンセリング」について論じている．

2 カウンセリングを進める際のシステム

1 生態学的システム（モデル）の活用

　ブロンフェンブレンナー（1979）は人間をとりまく環境をひとつのシステムをもった生態系としてとらえる生態学的発達学の視点から，4つの位相的に同じ中心をもつ入れ子構造の中で，人と環境との相互作用が営まれるとした．

　その4つとは，①直接多岐個別系であるマイクロシステム，②マイクロシステム相互の関係としてのメゾシステム，③当事者が直接変革不可能な外在的規定要因としてのエクソシステム，および④価値観・態度・伝統な

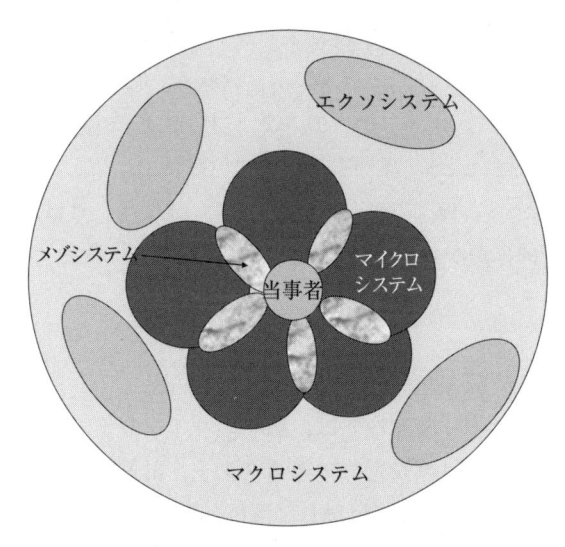

図2-1　ブロンフェンブレンナーの生態学的モデル

どの文化を含む，個人・集団・社会全体的に共有されているマクロシステムである．

ブロンフェンブレンナーの生態学的モデル（図2-1）の考え方を基礎にしながら，筆者はシステムを構成する要素として，「当事者」，「提供者」，「環境」，「関連性」，「利害関係者や機関」および「社会的背景」の6つがあり，マイクロシステムは「当事者」「提供者」および「環境」，メゾシステムは「関連性」，エクソシステムは「利害関係者や機関」，マクロシステムは「社会背景」を要素として構成されていると考える．

(1) マイクロシステム（個別系）

個人に限らず，グループ，組織，地域など，複数の人間や場を含むものであり，「環境」およびそれをとりまく「社会背景」と絶え間なく相互作用している．ここでは，障害を生きづらさとしてとらえ，「当事者」である精神障害者自身も支援の一翼を担うという観点で考えることが肝要である．「提供者」としては，コアスタッフ（留学生の問題解決を仕事として担当し，専門的な知識を生かして現場の中心となる学内のスタッフである．例えば，留学生アドバイザーなど），役割スタッフ（留学生担当者ではないが，必要に応じて役割上対応にあたる指導教員，教職員，保証人，ホストファミリー，チューターなど），ボランティアスタッフ（ボランティアとして留学生を支援する市民や学生など），専門家スタッフ（医師，看護師，ソーシャルワーカー，カウンセラー，臨床心理士）などがある．「環境」とは，マイクロシステムに直接的にかかわっている家庭，学校，病院，教会，近隣などである．

(2) メゾシステム（関係系）

メゾシステムでの「関連性」は，個々のマイクロシステムの枠を越えて，ニーズ把握から目標設定，アセスメント，計画策定，介入，評価，フィードバックまで一貫して協働し，情報を共有しながら役割とともに責任を分かち合う相互関係システムで，つまりネットワークである．メゾシ

ステムへの介入としては，ネットワークづくりのファシリテーションやコーディネーションなどがある．

（3）エクソシステム（外接系）

「利害関係者や機関」など，直接かかわることはないものの，メゾシステムに影響を与えることにより，間接的にマイクロシステムに影響を与えるものである．たとえば，留学生が所属する組織の方針にかかわる文部科学省や地方自治体，マスメディアによる留学生のとり上げ方などである．

（4）マクロシステム（全体系）

国際レベル，国レベル，地域レベルを含む「社会背景」としての文化，歴史，価値と信念などをはじめ，法律，制度，規則，広く受け入れられている規範などは，すべてのシステムに影響を与える要素である．

2　ヘルスケアシステムの活用

「ヘルスケアシステム」とは，医療人類学者のアーサー・クラインマンが台湾でのフィールドワークを通じて発展させたもので，単に医療制度だけでなく，病や癒しをめぐる信念体系，規範や役割，病者とそのまわりの人間との関係のあり方などを含んだ包括的な概念である．ヘルスケアシステムは民間セクター（popular sector），民俗セクター（folk sector），専門職セクター（professional sector）の3つのセクターに大きく分かれ，民間セクターは個人・家族や地域，民俗セクターはシャーマニズムや治療儀礼など民族宗教的な場，専門職セクターは制度的医療を主に指す（図2-2）．

3つのセクターはたがいにオーバーラップするが，病いの意味づけや病気行動の方向づけなどにおいてもっとも大きな位置を占めるのは，民間セクターとされる．この民間セクターへの注目は，世界保健機構などが推進しているプライマリヘルスケアの考えと通底する．

ヘルスケアシステムという概念は，制度的医療における現実だけを唯一全てのものと思いこむことの歪みを指摘し，素人レベルでの症状の理解

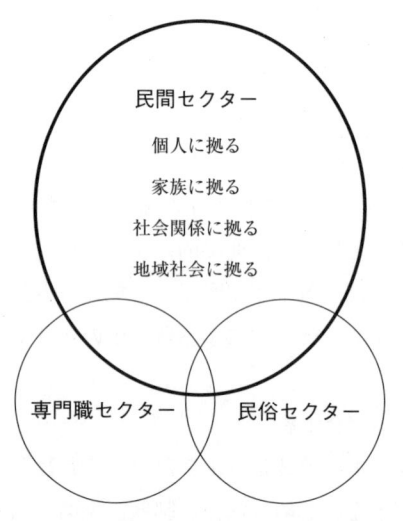

```
                   ┌─────────────┐
                   │  民間セクター  │
                   │  個人に拠る   │
                   │  家族に拠る   │
                   │ 社会関係に拠る │
                   │ 地域社会に拠る │
              ┌────┴──┬───┬──────┴────┐
              │専門職セクター│ │ 民俗セクター │
              └───────┘   └──────────┘
```

専門職セクターと民俗セクターが一部重なっているかどうかは地域の事情で異なる

図 2-2　ヘルスケアシステム

や，代替医療の提示する病気の意味や，家族をはじめさまざまな人が治療においてはたす役割などに目を向けさせるものである．特に，在日外国人の「メンタルケアシステム」を想定した場合，民間セクターが占める範囲は大きく，専門職種の把握には限界がある．宮地尚子（1999）は，病や癒しのありさまを多元的なシステムととらえることは非常に有用と述べており，筆者も，留学生への危機介入においても，民間セクターのはたす役割は大きいと確信している．

3 カウンセラー（サービス提供者）の役割

井上孝代（1998）はマクロ・カウンセリングにおける「カウンセラー」の役割を生態学的システムとの関連から**表 2-1** のようにまとめている．そして，筆者はカウンセラーを広く「サービス提供者」ととらえている．

井上孝代（2004）は，人間関係などの問題（コンフリクト）を調整（コー

表2-1 カウンセラーの役割と生態学的システムとの関連

カウンセラーの役割	生態学的システム（Bronfenbrenner 1979）			
	マイクロ 個別系	メゾ 関係系	エクソ 外接系	マクロ 全体系
個別カウンセリング	◎			
心理療法（サイコセラピー）	◎			
関係促進（ファシリテーション）		◎		
専門家組織化（リエゾン／ネットワーク）			◎	
集団活動（グループワーク）	○	○		
仲介・媒介（インターメディエーション）	○	○		
福祉援助（ケースワーク）			◎	○
情報提供・助言（アドバイス）	◎			
専門家援助（コンサルテーション）			◎	
代弁・権利擁護（アドボカシー）			◎	◎
社会改革（ソーシャルアクション）			◎	◎
危機介入（クライシスインターベンション）	◎			
調整（コーディネーション）	○	◎	○	○
心理教育（サイコエデュケーション）	◎	◎		

（井上 1998）

ディネーション）することが重要という観点から，「調整」とは，当事者も含めて，育ち合う関係を創造する主に関係系に働きかけるメゾシステムへの介入であるとしている．

4 「つなぐ」カウンセリングのあり方

1 協働・研修の重要性

「協働（コラボレーション）」とは，ヘイズによれば「単なるネットワーキング（異なる立場の人がともに活動する）に留まるのではなく，①相互性，②目標の共有，③リソースの共有，④見通しをもつこと，⑤対話の発展，という本質的要素をもち，それぞれができることを確認し合って協働することで，相互に関係が深まるものである（Hayes 2001）．

もちろん，組織（システム）の連携・協働の多軸化は責任の拡散にもつながるという懸念があるので，多軸化にあって誰が当面，その学生に対するキーパースンであるか，誰が判断の主体であるかは明確にする必要がある．

　国立大学等保健管理施設協議会メンタルヘルス特別委員会は，報告書「メンタルヘルスからの高等教育への中間提言—21世紀の人間形成に向けて」(1999)において，「職員を含めて教員も学生と出会い，どのような援助が学生の成長に役立つのかを研修する必要があるので，学内で新任教職員の研修会や定期的にメンタルヘルスの研修会をくりかえし開催することが重要である」と提言している．

　日常的に留学生に接している窓口の職員がはたす役割は重要である．やたらと不備の多い書類をもってくる，単位取得状況が悪い，ちょっとした立ち居振る舞いがおかしいなど，留学生の微妙な変化を察知することで大きな問題の存在に気づくことが少なくない．また，窓口でのさりげない心

コラム5　インテーク面接，インテーカー

　「インテーク面接（intake interview）」とは，相談や治療に入る前に行われる最初の面接で，受理面接ともいわれる．インテーク面接を実施する人，受理面接者を「インテーカー」という．
　インテーク面接はカウンセラーとクライエントの間の信頼関係があるかどうかが第一の関門である．不安や緊張などさまざまな感情を持って来談するクライエントの感情をいかに理解し，受容するか，また，クライエントの持つ問題をいかに的確に判断し，それに対応するか，高度の技術・判断力が要求される．インテーク面接は単なる「受付」と理解される場合もあるが，インテークは，後のカウンセリングを左右する重要な役割を持っているので経験豊かな優れたインテーカーが担当することが望ましい．
　インテーク面接では来談者の訴え（主訴）を聞き，問題の原因・経過・家族構成・家族との関係・生育歴などクライエントの成長・発達の過程をたどるなど情報収集により，問題を明確化し，同時にある程度の診断，ある程度の治療方針・治療計画および面接の方針などの目処をたてることが目的である．

遣いが留学生の心を慰め，励ましを与えることはいうまでもない．留学生担当者は相談にきた留学生の真の目的を知るために彼らの話にじゅうぶん耳を傾け，表情や態度をよく観察し，問題の背景や状況，程度を理解するように努め，どのような援助が可能か，どのような専門家につなぐのが適切かを判断するインテーカー（受理面接者）となることが望ましく，そのためには，一定の専門的な知識と技術が必要である．

2 留学生担当者の評価の重要性

留学生担当者，とくに留学生アドバイザーはさまざまな留学生への援助に対応する必要があり，日々それらに追われている．いっぽう，彼らの身分・待遇は決してよくはないというのが現状である．そのため，教員の業績評価のあり方を，メンタルヘルス関係の業務もある程度のウエイトを置くように改める必要がある．論文の数のみでなく，学生の専門教育や人間教育についても行うことが必要であり，妥当な評価方法を作りだす必要があろう．教員の業績のなかに学生相談を組み入れ，自己点検評価にもいれるなどの措置が求められる．

3 提　言

(1) 大学・コミュニティに向けて

職員を対象にしたSD（スタッフディベロプメント）だけでなく，FD（ファカルティディベロプメント）の一環として，教員を対象に留学生のメンタルヘルスに関する教育・指導について研修を行い，教職員は協働して学生を育てている意識をもつことが重要である．

留学交流においては「人とのつながり」がもっとも重要であり，これは長年の実績と信頼関係にもとづき，構築されるものである．留学生を支えるシステムはハード面のみならず，ソフト面でも整備されなければならず，組織を作っても人を得ないと機能が発揮されないことを念頭に置く．

留学生担当の教職員の役割の重要性を認識し，専門職としての処遇を改善・整備し，妥当な評価方法による社会的地位の確立を目指す．

文献

Bronfenbrenner, U. B.: *The Ecology of human development*, Cambridge, Harvard University Press, 1979.（磯貝芳郎, 福富護訳：人間発達の生態学（エコロジー）—発達心理学への挑戦, 川島書店, 1996）

Bronfenbrenner, U. B.: Ecological systems theory, In R. Vasta（Ed.）. *Annuals of child development*, 6. Greenwich, CT: JAI, 187-251, 1989.

Althen, Gary: *The handbook of foreign student advising*.（服部まこと, 三宅政子監訳：留学生アドバイザーという仕事—国際教育交流のプロフェッショナルとして, 東海大学出版会, 1999）

Hayes, R. L., Takaoka, A. & Blackman, L.: *Making sense of collaboration, School-university partnership for change*, 亀口憲治編：学校心理臨床と家族支援, 現代のエスプリ407, 99-112, 2001

井上孝代編：多文化時代のカウンセリング, 現代のエスプリ377, 1998

井上孝代：留学生の異文化間心理学—文化受容と援助の視点から, 玉川大学出版部, 2001

井上孝代他：共感性を育てるカウンセリング—援助的人間関係の基礎（マクロ・カウンセリング実践シリーズ1）, 川島書店, 2004

巡静一：実践ボランティア・コーディネーター, 中央法規出版, 1996

Kleinman, A.: *Patients and healers in the context of culture: an exploration of the borderland between anthropology, medicine, and psychiatry*, Berkeley: University of California Press, 1980.（大橋英寿他訳：臨床人類学—文化のなかの病者と治療者, 弘文堂, 1992）

国立大学等保健管理施設協議会メンタルヘルス特別委員会編：メンタルヘルスからの高等教育への中間提言—21世紀の人間形成に向けて, 1999

宮地尚子：移住者のメンタルヘルスケア・システム, 文化とこころ(4)1, 30-37, 1999

大橋敏子：自殺企図の外国人留学生への危機介入事例—精神科医との連携を中心にして, カウンセリング研究33(3), 60-68, 2000

大橋敏子：国際交流の専門職, 大学のSD, IDE現代の高等教育439, 2002

大橋敏子：コーディネーションに必要なカウンセリング（特集：マルチカルチュラリズム）, 現代のエスプリ432, 2003

大橋敏子：学生相談と医療との連携, 井上孝代編著：つなぎ育てるカウンセリング—多文化教育臨床の基礎（マクロ・カウンセリング実践シリーズ4）, 127-153, 川島書店, 2007

下山晴彦：つなぎモデルの実際, こころの科学69, 1996

手塚千鶴子：クライシス・マネージメント（留学生実務実践講座　留学生教育交流の理念と実践第8回）, 留学交流11, 28-30, 1995

第3章

メンタルヘルスへの影響要因を探る

1 ストレッサーとストレス反応

　マーフィーによれば，人の移住に際してメンタルヘルスの危機を引き起こす要因は，移住前の社会に関連する要因，移住自体に関連する要因，移住先の社会に関連する要因などと多角的に考えられる．これらの危険要因には，人口学的な条件（年齢，性別，社会文化的な背景），移住時の条件（未来への期待，移住前ストレス，家族構成），移住後の条件（受け入れ国の体勢，社会・経済状況，民族コミュニティの構成，滞在期間）がある（Murphy 1977）．

　したがって，留学生のメンタルヘルスについてもこれらの危険要因を，多面的にとらえることが重要である．

　ところで，ストレスとは不快と感じるさまざまな要因（ストレッサー）によって引き起こされるイライラや抑うつ，不安，身体症状など（ストレス反応）によって示される状態のことをいう（Selye 1936）．そして，ある要因が自分にとって害や脅威だと評価するかどうか，また，その外因を自分がコントロールできるかどうかという評価によって，その要因がその人のストレッサーとなるかが決まる（Lazarus et al. 1984）（図3-1）．

　ストレスを軽減する働きをもつ社会環境のひとつとして，社会情緒的サポートなどのソーシャルサポートがあげられる．ソーシャルサポートは，メンタルヘルスを維持する上で必要不可欠なものである（Caplan 1964；Cobb 1976）．

　そこで，メンタルヘルス状態を評価する尺度であるSDS（Self-rating De-

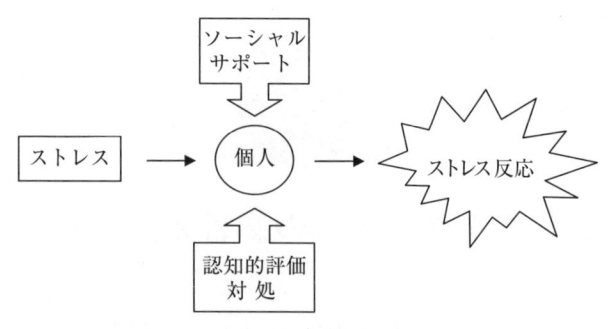

図3-1 ラザルスらの相互作用モデル

pression Scale 自己評価抑うつ性尺度）と，ストレスおよびソーシャルサポートを3つの軸として，留学生のメンタルヘルスの状況を明らかにしてみたい．

2 多変量解析による要因分析

多変量解析，特にパス分析はパスモデルの設定に結果が大きく影響を受けるため，探索的研究が多く，パスモデルが複雑になりがちなメンタルヘルスの研究は少数である．しかし，垣内洋一（1993）は，移住と精神障害の関係に関しては，探索的研究は一通りなされた観があり，仮説検証的研究が今後行われるべきであるとし，その際の手法としてパス分析は有用だと述べている．

そこで，パス分析を中心とした多変量解析の手法を用いて，留学生のメンタルヘルスに影響を与える要因について分析を行う．メンタルヘルス状態評価尺度として前節でのべた SDS を用い，①ストレス，②SDS，③サポートの3要素を軸とした「3Sモデル」（パスモデル）を考案し，仮説検証的研究を行う．

1 調査の概要

(1) 調査目的

- メンタルヘルス状態評価尺度を含む**質問票Ⅰ**（巻末に掲載）を用いて，留学生のメンタルヘルスの実態を把握する[*1]．
- 留学生の社会人口学的変数（出身地域，性別，年齢，婚姻状況等）による比較を行い，これらの要因がどのようにメンタルヘルスに影響を与えるかを検証する．
- パス分析を中心とした多変量解析の手法を用いて，ストレスやソーシャルサポートがメンタルヘルスに与える影響について検証する．

(2) 調査方法

ストレス要因がメンタルヘルスに与える影響度を測定するために，筆者が独自に作成した異文化生活におけるストレス尺度を用いた[*2]．

ここでは，ソーシャルサポート利用頻度は「サポートとなる人との接触」および「留学生を支援する団体の活動への参加」に関する9項目について，4件法（1＝1年に1回以下，2＝1年に数回，3＝月に1～2回，4＝週に1回以上）の尺度を用いて評定し，得点が高いほど利用頻度が高いことを示す．さらに，日本と本国において感情的ストレスがある時のサポート（社会情緒的サポート）要因として12項目を設定した．

また，日本で学ぶ留学生のメンタルヘルスのための来学時の情報として22項目およびメンタルヘルスプログラム（サービス）の30項目を設定した（その調査結果は，次の第4章で報告する）．最後に，質的研究に資するため

---

* 1 ［**調査対象**］京都大学に在籍する留学生で，質問票を研究室に郵送可能な者854名．回収した295部（回収率34.5％）から無効回答の多い2部を除いた293例を解析の対象とした．［**調査方法**］日本語とバックトランスレーションを行った英語による質問票Ⅰを使用し，面接に応じる者以外は無記名による郵送質問紙法をとった．［**実施時期**］2001年9月1日～10月12日．
* 2 これは16項目，4件法（1＝全く問題がない～4＝非常に問題である）の尺度であり，得点が高いほどストレスが高いことを示す．α係数は0.80で項目の一貫性は保証されていると考えた．

に回答者に対する面接の可否について設問した．

(3) 対象者の特色
- 国籍構成：計54カ国からなり，アジアからの留学生が全体の7割を占めた（表3-1-1）．
- 性別：男性が6割を占めた．
- 年齢：平均年齢は29.3歳である．
- 婚姻状況：未婚者と単身で来日している者で全体の4分の3を占めた．
- 専門分野：自然科学が約7割を占めた．
- 在学段階：大学院レベルの学生が約9割となった．
- 滞在期間：2年以上の者が3分の2を占めた．
- 日本語能力：会話能力のある者が4分の3を占めた．また，日本語読解能力については，「新聞が読める」レベルの読解能力の高い者が半数以上となった．
- 経済状況：国費（日本政府奨学生）留学生が約6割となった．
- 宿舎状況：外国人用宿舎に入居している者が約2割となった．
- 調査時における京都大学全体の留学生の構成は，アジアからの留学生が8割，男性が6割，大学院レベルが9割，自然科学分野が6割，国費留学生が3分の1であったから，ここでの調査の対象者は，国費留学生の割合が3分の2である点は異なるものの，そのほかは京都大学全体の留学生とほぼ同じような構成となっている．

2 SDS

メンタルヘルス状態評価尺度としてツァン（Zung）のSDSが汎用されており，本研究では日本語訳として福田一彦・小林重雄の用いた方法（1973）を参考にして質問票を作成した．

メンタルヘルス状態評価尺度としてSDSを選択した理由は，外国人の精神障害としてもっとも高頻度に発症するのは抑うつ状態であるが，SDS

表3-1-1　回答者の国籍構成

アジア	206	オセアニア	2
中国	83	オーストラリア	1
韓国	34	ニュージーランド	1
タイ	19	北アメリカ	7
台湾	16	米国	4
インドネシア	13	カナダ	3
フィリピン	9	ヨーロッパ	36
バングラデシュ	8	フランス	5
ベトナム	8	ルーマニア	4
マレーシア	3	連合王国	4
モンゴル	3	ドイツ	3
ネパール	3	イタリア	3
カンボジア	2	ポーランド	3
インド	2	オーストリア	2
香港	2	ハンガリー	2
シンガポール	1	スイス	2
中近東	7	ロシア	2
トルコ	3	オランダ	1
イラン	3	ポルトガル	1
サウジアラビア	1	スペイン	1
アフリカ	19	ベルギー	1
タンザニア	7	ブルガリア	1
コートジボアール	2	ギリシャ	1
エジプト	2	南アメリカ	16
モロッコ	2	ブラジル	8
エチオピア	1	コロンビア	4
アルジェリア	1	アルゼンチン	1
ガーナ	1	チリ	1
ケニア	1	パラグアイ	1
ナイジェリア	1	コスタリカ	1
南アフリカ	1	全体	293

は抑うつ状態の評価にもっとも広く使用され，信頼性と妥当性が高いとされていると同時に，抑うつ状態を総括的に把握する目的として作成されて

いるからである．

使用したSDSの質問項目は20項目からなっている．これらの20項目の合計点をメンタルヘルスの指標として用いた．得点が高いほど抑うつ傾向が強いことを示す．

3 調査結果

1 ストレス得点，SDS得点およびサポート利用頻度（全体）

正常者一般人に比べ神経症患者群，うつ病患者群のSDS得点は高いことが報告されている．本研究の対象者は，40～47点の軽症59名（20.2％），48～55点の中等症24名（8.2％），56点以上の重症5名（1.7％）となり，軽症から重症までを合わせると88名（30.1％）となった[*3]．また，得点が48点以上では治療的介入の必要性が生じるとされているが，対象者のうち29名（9.9％）がこれに相当する．これにより，留学生のメンタルヘルスに対するケアの必要性があるといえる．

さて，前述のような属性をもつ留学生のメンタルヘルス状態およびメンタルヘルスに影響を与える要因はどのようなものであろうか．そのために，留学生のストレス得点，SDS得点およびサポート利用頻度について，それぞれ分析してみた．

その結果，ストレス得点，SDS得点，サポート利用頻度について高得点順に項目をあげると次のようになった．

（1） ストレス得点（表3-1-2）

日本に留学して問題と感じる16項目について4段階の評定値の平均値を測定した．16項目を合計した得点（ストレス得点）は最高値53，最低値17，平均値32.5（SD8.0）となった．

[*3] 軽症～重症の分類はZungらによる．

表3-1-2　留学生のストレス得点

順位	項目	
1	日本人の友達をつくること	2.68
2	日本語	2.57
3	住居	2.20
4	経済問題	2.17
5	日本の文化に慣れること	2.11
6	友達をつくること	2.11
7	感情的ストレス	2.09
8	勉強・研究	2.05
9	ホームシック	1.98
10	差別	1.97
11	健康問題	1.94
12	人間関係	1.91
13	気候	1.90
14	指導教官との関係	1.78
15	日本の食べ物に慣れること	1.63
16	入管関係	1.56

　ストレス得点の平均値が3（少数点以下四捨五入）以上の項目は，「日本人の友達をつくること」および「日本語」となり，これらは留学生にとって大きなストレス要因であるといえよう．

(2)　SDS得点（表3-1-3）

　SDS得点は，最高値69，最低値20，平均値36.0（SD8.4）となった．SDS得点の平均値が3以上の項目は「日内変動」となった．

(3)　サポート利用頻度（表3-1-4）

　「サポートとなる人との接触」および「団体の活動への参加」に関する9項目について，4段階の評定値の平均値を合計した数値をサポート利用頻度として測定した．得点は最高値33，最低値9，平均値20.7（SD4.1）となった．

　調査結果から，留学生は組織的サポートより個人的サポートの利用頻度

表3-1-3　留学生のSDS得点

順位	項目	
1	日内変動	2.53
2	性欲減退	2.33
3	不決断	2.28
4	混乱	2.10
5	精神運動性減退	2.08
6	自己過小評価	2.05
7	空虚	2.02
8	疲労	1.97
9	不満足	1.92
10	食欲減退	1.91
11	希望のなさ	1.76
12	精神運動性興奮	1.72
13	憂うつ	1.71
14	焦燥	1.61
15	睡眠障害	1.55
16	体重減少	1.53
17	便秘	1.46
18	啼泣	1.45
19	心悸亢進	1.30
20	自殺念慮	1.11

表3-1-4　留学生のサポート利用頻度

順位	項目	
1	家族や親戚に電話をしたり，手紙を書くこと	3.35
2	日本にいる同じ国の友人と会うこと	3.05
3	母国にいる友人に電話をしたり，手紙を書くこと	2.86
4	日本にいる他の国の友人と会うこと	2.72
5	日本にいる同じ文化圏の出身者と会うこと	2.20
6	在日の同国出身者による団体の活動への参加	1.77
7	出身国の留学生でつくる団体の活動への参加	1.71
8	日本人の留学生の交流・支援団体の活動への参加	1.63
9	家族や親戚に会うこと	1.53

1　1年に1回以下　　2　1年に数回　　3　月に1〜2回　　4　週に1回以上

表3-1-5　留学生のサポート要員

日　本	%	母　国	%
同国の友人	64.2	同国の友人	68.5
日本人の友人	40.8	両親	58.1
他国の留学生	33.7	家族のメンバー	56.4
同じ文化圏の友人	27.4	同じ文化圏の友人	25.3
家族のメンバー	26.1	黙想	20.1
黙想	21.5	信仰治療を行う人	10.7
両親	15.6	他国の留学生	9.0
医師	12.1	医師	7.6
信仰治療を行う人	10.4	心理学者／精神科医	6.6
薬物治療	7.3	カウンセラー	6.2
心理学者／精神科医	5.2	薬物治療	5.2
カウンセラー	4.8	日本人の友人	4.9

が高いことが明らかになった.

(4) サポート要員（表3-1-5）

　留学生が，感情的ストレスがある時に受けるサポート（社会情緒的サポート）要員について複数回答を求めたところ，いずれも，心理学者・精神科医，カウンセラーといった専門家に援助を求めると回答した者が少なかったことは注目に値する.

(5) 面　接

　本調査後に面接に答えると回答した者は129名（44.0％），答えないと回答した者は164名（56.0％）となった．両群ではSDSに有意差がみられなかった．

2　留学生の属性による比較

　次に，ストレス得点，SDS得点およびサポート利用頻度の人口学的変数による比較を行うために，変数別の各指標の平均値と標準偏差値を算出し，t検定を行ったところ次のようになった．

(1) ストレス得点

[**出身地域・国別による差異**] ストレス得点の平均値を出身地域別にみると，多い順に，東アジア，中南米，東南アジア，アフリカ，中近東，欧米となった．

欧米群と非欧米群を比較すると，非欧米群のほうが欧米群に比べてストレス得点が有意に高く，各項目のストレス得点も「気候」以外はそれぞれ有意に高くなった．

アジア群と非アジア群を比較すると，アジア群のほうが非アジア群に比べて有意に高く，各項目のストレス得点も有意に高い項目が多くなった．

日本における留学生の大部分を占める東アジア（中国，韓国および台湾）群と東南アジア群を比較すると，東アジア群のほうが東南アジア群に比べて有意に高く，各項目のストレス得点は，東アジア群が有意に高くなる項目が多かった．しかし，「日本語」については東南アジア群のほうが有意に高くなった．

イスラム圏群と非イスラム圏群を比較すると，非イスラム圏群のほうがイスラム圏群に比べてストレス得点が有意に高くなった．各項目のストレス得点は，非イスラム群が有意に高い項目が多くなった．しかし，「日本語」，「日本の食べものに慣れること」においては，イスラム圏群の方が有意に高くなった．これは，敬虔なイスラム教徒にとって豚は不浄なものなので絶対に食べず，また羊・牛・鶏肉も決められた方法でアッラーの名を唱えながら処理した「ハラルフード」以外は基本的に食べないこととも関係していると考えられる．

データの数が8件以上のアジアの国別にみると，ストレス得点の平均値の高い順に台湾，中国，韓国，フィリピン，タイ，バングラデシュ，インドネシア，ベトナムとなった．

中国人留学生と韓国人留学生を比較したところ，有意差はみられなかったが，項目でみると「日本語」は中国人留学生のほうが韓国人留学生よりも有意に高くなった．これは，韓国語の文法は日本語と非常によく似ているため，韓国人にとって，日本語は学習しやすい言語であるからと考えら

れる．

　データの数がじゅうぶんではなく，個人差による影響も少なくないと考えられるので，東南アジア諸国の中でタイやフィリピンからの留学生のストレスが高いと断言はできない．しかし，後述のサポート要員の調査結果から，東南アジア諸国，とくにフィリピンやタイでは，家族のつながりが強く，両親や家族のメンバーがメンタルヘルスにおける重要なサポート要員になっているのに対して，日本ではこのような人間関係を築くことが容易ではないために，本国にいる時よりもストレスを感じるのではないかと考えられる．

　留学生全体でみると，ストレス得点のいちばん高い項目は「日本人と友達になること」であった．いずれの国においてもこの項目は上位にランクされていた．2位は「日本語」であり，韓国以外で上位にランクされていた．逆にストレス得点の低い項目は「日本の食べ物に慣れること」であり，全体で15位となった．この項目はアフリカおよびイスラム圏においては，いずれも上位3位にランクされたが，それ以外の国では下位にランクされていた．

［経済状況による差異］国費群と私費群を比較すると，私費群のほうが国費群に比べてストレス得点が高くなった．

（2） SDS得点

［性別による差異］大学で学ぶ留学生の男性群と女性群において，SDS得点を比較したところ（表3-2-1），男性群（N171）は平均値35.0，女性群（N121）は平均値37.5となった．t検定を行った結果，両値の差に有意差がみられ（$t(290)=2.56, p<.01$），男性群のほうが女性群に比べてメンタルヘルス状態が良好であるといえる．各項目について，男性群と女性群を比較したところ，女性群が高くなった項目は「憂うつ」「啼泣」「性欲減退」「便秘」「疲労」「自己過小評価」であった．なお，垣渕（1993）が日本語学校において実施した調査（表3-2-2）でも，女性群のほうがSDS得点が有意に高くなった（$p<.001$）．各項目でみると，「憂うつ」，「啼泣」，

表 3-2-1　SDS 得点と各項目得点（大学）

順位	項目	男性 人数　171 平均(SD) 35.0(7.5)	女性 人数　121 平均(SD) 37.5(9.4)	t-test
				**
1	憂うつ	1.61(0.61)	1.85(0.76)	**
2	日内変動	2.57(0.93)	2.46(1.01)	n.s.
3	啼泣	1.26(0.57)	1.73(0.72)	***
4	睡眠障害	1.53(0.76)	1.58(0.76)	n.s.
5	食欲減退	1.93(0.96)	1.88(0.93)	n.s.
6	性欲減退	2.09(1.03)	2.67(1.10)	***
7	体重減少	1.50(0.70)	1.59(0.87)	n.s.
8	便秘	1.32(0.62)	1.65(0.92)	***
9	心悸亢進	1.35(0.57)	1.23(0.51)	n.s.
10	疲労	1.88(0.82)	2.09(0.95)	*
11	混乱	2.04(0.89)	2.18(0.98)	n.s.
12	精神運動性減退	2.05(0.85)	2.12(0.98)	n.s.
13	精神運動性興奮	1.73(0.78)	1.70(0.76)	n.s.
14	希望のなさ	1.71(0.82)	1.82(0.88)	n.s.
15	焦燥	1.60(0.67)	1.62(0.70)	n.s.
16	不決断	2.21(0.88)	2.39(0.95)	n.s.
17	自己過小評価	1.94(0.80)	2.19(0.92)	*
18	空虚	1.99(0.89)	2.05(0.97)	n.s.
19	自殺念慮	1.14(0.44)	1.06(0.24)	n.s.
20	不満足	1.91(0.87)	1.93(0.95)	n.s.

*p<.05　**p<.01　***p<.001

「性欲減退」,「便秘」,「疲労」,「自己過小評価」,「睡眠障害」,「心悸亢進」,「不決断」の項目で女性群が有意に高かった．このことからも，日本で学ぶ留学生・就学生は女性群のほうが SDS 得点が高いといえよう．
[出身地域・国別での差異]　地域別に SDS 得点の平均値の高い順にあげると，東アジア，東南アジア，中南米，アフリカ，中近東，欧米となった．欧米群と非欧米群を比較すると，非欧米群のほうが欧米群に比べて有意に高くなり，各項目も日内変動以外はそれぞれ有意に高い項目が多くなった．

表 3-2-2　SDS 得点と各項目得点（日本語学校）

順位	項目	男性 人数 622 平均(SD)	女性 人数 560 平均(SD)	t-test
		42.9(8.8)	44.7(9.3)	**
1	憂うつ	2.09(0.75)	2.25(0.73)	**
2	日内変動	2.83(1.08)	2.82(1.07)	n.s.
3	啼泣	1.50(0.80)	1.99(0.83)	**
4	睡眠障害	2.10(0.99)	1.96(0.93)	*
5	食欲減退	2.38(1.12)	2.41(1.13)	n.s.
6	性欲減退	2.58(1.04)	2.78(1.02)	**
7	体重減少	2.12(1.08)	1.63(0.95)	**
8	便秘	1.51(0.84)	1.87(1.04)	**
9	心悸亢進	1.62(0.84)	1.74(0.89)	*
10	疲労	2.28(1.00)	2.51(1.00)	**
11	混乱	2.61(1.06)	2.64(1.11)	n.s.
12	精神運動性減退	2.42(1.09)	2.49(1.08)	n.s.
13	精神運動性興奮	1.89(0.96)	1.82(0.86)	n.s.
14	希望のなさ	2.12(1.10)	2.22(1.07)	n.s.
15	焦燥	1.80(0.94)	1.85(0.89)	n.s.
16	不決断	2.50(1.04)	2.65(1.04)	*
17	自己過小評価	2.13(1.07)	2.33(1.07)	**
18	空虚	2.49(1.09)	2.48(1.02)	n.s.
19	自殺念慮	1.32(0.76)	1.34(0.80)	n.s.
20	不満足	2.32(1.08)	2.46(1.08)	n.s.

$^*p<.05$　$^{**}p<.01$

　アジア群と非アジア群を比較すると，アジア群の方が非アジア群に比べて SDS 得点が有意に高くなった．各項目をみると，有意に高い項目が多くなった．

　イスラム圏群と非イスラム圏群を比較すると，非イスラム圏の方が，SDS 得点が高い傾向になった．しかし，t 検定を行った結果，両値に有意差はみられなかった．

　アジアにおける国別でみると，平均値が高い順にフィリピン，台湾，中国，韓国，タイ，インドネシア，バングラデシュ，ベトナムとなった．個

人差による影響を考慮する必要はあるが，SDS 得点が低い国の出身者において事例化しにくい傾向があると考えられる．
[経済状況による差異] 私費群のほうが国費群に比べて有意にSDS 得点が高くなった．
[専門分野による差異] 文系群のほうが理系群に比べて有意にSDS 得点が高くなった．

(3) サポート利用頻度・サポート要員
[出身地域・国別による差異] 地域別にみると，サポート利用頻度の高い順に中近東，東南アジア，中南米，欧米，アフリカ，東アジアとなった．

　非アジア群がアジア群に比べてサポート利用頻度が有意に高くなった．また，東南アジア群が東アジア群に比べてサポート利用頻度が有意に高くなった．さらに，本国における感情的ストレスがある時のサポート要員（サポートを欲している際にたよりにする人物）について，東アジア群と東南アジア群を比較したところ，東アジア群より東南アジア群のほうが「両親」および「家族のメンバー」と回答したものがそれぞれ有意に多くなった（$p<.001$）．東南アジア諸国で比較すると，「両親」と回答した者がフィリピンでは100％，タイでは89％と多く，「家族のメンバー」と回答した者もフィリピンでは100％となった．これらのことからフィリピン人やタイ人は家族のつながりが強く，両親，家族のメンバーが重要なサポート要員であることが明らかになった．

　データの数が8件以上のアジア諸国でみると，利用頻度の高い順にベトナム，インドネシア，タイ，台湾，バングラデシュ，フィリピン，韓国，中国となった．

　中国人留学生と韓国人留学生についてt検定を行った結果，両値の差に有意差がみられなかった．また，筆者が実施した調査（大橋 1994）では，中国人留学生が韓国人留学生と比較して，「日本人がつくる団体の活動への参加」の項目が有意に高かった（$p<.01$）が，本質問票調査（2001）では有意差が認められなかった．さらに，感情的ストレスがある時の援助者

について複数回答を求めたところ，「日本人の友人」と回答した者が韓国人の方が中国人より有意に多くなった．これらのことから，韓国と日本との関係がこの7年間で変わってきたと考えられる．筆者ら（大橋ら 1995）が実施した調査「留学生からみた日本観」において，韓国人留学生の中には，「今まで問題にされてきた両国の感情的なものより，今後のことについて期待したい」「これからの日韓の交流に注目したい」「日本人については，どこの国の人というより同じ人間であることが付き合いをすればわかる」「国籍なんか関係ないと思っている」といった意見があった．日中関係については考慮する必要があるが，少なくとも個人レベルにおいては日韓関係が改善されてきていると考えられる．また，これらのことは，たとえばいわゆる「韓流ブーム」といった動きなど，日本人の韓国人に対する態度の変化とも深く関係しているともいえよう．

　イスラム圏群と非イスラム圏群を比較すると，イスラム圏群が有意に高くなった．各項目でみると，イスラム圏の留学生が「在日の同国出身者による団体への参加」，「日本にいる同じ国の友人と会うこと」「日本にいる同じ文化圏の出身者と会うこと」「出身国の留学生でつくる団体活動への参加」の項目がそれぞれ有意に高くなった．これらのことから，イスラム圏の留学生は非イスラム圏の留学生よりも，同国人や同じ文化圏の者からサポートを得る頻度が顕著に高いといえる．イスラム教徒の人々は，1日に5回メッカに向かって礼拝をする．また，毎週金曜日に集団集会がモスクなどで行われるので，おのずとイスラム教徒同士が集まる機会があることが，メンタルヘルスに影響していると思われる．

［経済状況による差異］国費群のほうが，私費群に比べてサポート利用頻度が高くなった．

［婚姻状況による差異］未婚者群のほうが，既婚者群に比べてサポート利用頻度が有意に高くなった．さらに，未婚者群のほうが，家族帯同既婚者群に比べてサポート利用頻度がより有意に高くなった．

4 因子分析からみえてくるもの

SDSに関する20項目，ストレスに関する16項目，ソーシャルサポートに関する9項目についてそれぞれ因子分析を行うと，**表3-3-1**，**表3-3-2**および**表3-3-3**のようになる[*4]。

1 SDS要因

1984年の国公立大学の調査では，SDS得点の合計点で要注意者を選別する例がみられた．しかし，北村俊則・平野均ら（2001）は，3因子で構成されているSDSを合計点のみで評価するのは無意味で，今後は感情的（抑うつ気分）因子，認知的因子，身体的因子の3側面から評価すべきと論じている．本調査では日本人学生と同様に認知的因子（不満足，空虚，希望のなさ，不決断，自己過小評価，混乱），感情的因子（焦燥，憂うつ，精神運動性興奮，啼泣）および身体的因子（食欲減退，体重減少）の3つを抽出した．

これらを属性別に比較したところ，女性が男性に比べて，憂うつ，啼泣，性欲減退，便秘，疲労，自己過小評価の項目が有意に高くなり，感情的因子が高くなった．また出身地域別に比較すると，非欧米出身者が欧米出身者と比べて，憂うつ，日内変動，食欲減退，性欲減退，心悸亢進，疲労，混乱，精神運動性減退，焦燥，空虚，自殺念慮，不満足の項目が有意に高くなり，認知的，感情的，身体的因子ともに有意に高くなった．また，アジア出身者は非アジア出身者に比べて，認知的，感情的，身体的因子がそれぞれ有意に高くなった．さらに，私費留学生が国費留学生に比べて，認知的，感情的因子が有意に高くなり，文系の留学生が理系の留学生に比べて，認知的因子が有意に高いことが明らかになった．

[*4] 因子得点を解析に使用し，共通性を1として主因子を抽出し，スクリープロットにより因子数を決定し，バリマックス法による軸回転を行った．

表 3-3-1　SDS

	認知的因子	気分（感情）的因子	身体的因子
不満足	0.712	0.167	0.255
空虚	0.685	0.248	0.173
希望のなさ	0.671	0.174	0.093
不決断	0.654	0.303	0.209
自己過小評価	0.618	0.287	0.095
混乱	0.578	0.373	0.379
日内変動	0.502	−0.069	−0.158
精神運動性減退	0.476	0.343	0.488
焦燥	0.348	0.652	−0.053
憂うつ	0.287	0.626	0.115
精神運動性興奮	0.204	0.602	0.057
便秘	−0.022	0.583	0.002
啼泣	−0.019	0.542	0.211
疲労	0.235	0.528	0.346
心悸亢進	0.187	0.507	−0.036
自殺念慮	0.117	0.450	−0.363
食欲減退	0.240	−0.067	0.535
体重減少	−0.298	0.310	0.554
性欲減退	0.190	0.048	0.458
不眠	0.134	0.387	0.150
因子寄与	5.82	1.63	1.22
因子寄与率%	8.12	8.12	6.12
累積寄与率%	8.12	37.20	43.32

2　ストレス要因

　筆者が独自に作成した異文化生活におけるストレス尺度の16項目について因子分析を行った．その結果，5つの因子が抽出され，第1因子を「人間関係」，第2因子を「勉強・研究」，第3因子を「経済・住居」，第4因子を「日本語・日本文化」，第5因子を「心身健康」と命名した．SDS得点とストレス要因の相関（ピアソンの相関係数 $r=.432^{***}$）は強い相関関係を示し，ストレスがメンタルヘルスの阻害に直接的に影響する要因であることが明らかになった．

表 3-3-2　ストレス

カテゴリー(ストレス要因)	第1因子 人間関係	第2因子 勉学・研究	第3因子 住居・経済	第4因子 日本語 日本文化	第5因子 心身健康
日本人の友達をつくること	0.745	0.220	0.007	0.299	−0.098
友達をつくること	0.723	0.245	0.203	0.274	−0.077
人間関係	0.677	0.350	0.221	−0.097	0.297
差別	0.634	0.071	0.395	−0.150	0.259
勉強・研究	0.276	0.762	0.137	0.086	0.050
指導教員との関係	0.243	0.739	0.172	0.101	0.004
健康問題	0.101	0.661	0.145	0.082	0.322
経済問題	0.121	0.185	0.808	0.001	0.074
住居	0.229	0.013	0.745	0.134	0.128
入管関係	0.082	0.207	0.735	−0.006	0.136
日本の食べものに慣れること	0.135	−0.116	0.135	0.745	0.084
日本語	−0.044	0.375	−0.079	0.687	−0.080
日本の文化に慣れること	0.273	0.124	0.031	0.653	0.311
気候	−0.129	−0.104	0.177	0.195	0.705
ホームシック	0.151	0.304	0.093	0.046	0.677
感情的ストレス	0.388	0.423	0.164	−0.072	0.545
因子寄与	2.44	2.33	2.16	1.72	1.68
因子寄与率%	15.27	14.54	13.47	10.73	10.51
累積寄与率%	15.27	29.82	43.29	54.02	64.52

　また，それぞれの因子得点の相関関係について調べてみると，次のようになった．

　　・第1因子（人間関係）　　　　r＝　.290**
　　・第2因子（勉強・研究）　　　r＝　.278**
　　・第3因子（経済）　　　　　　r＝　.189**
　　・第4因子（日本語・日本文化）r＝−.005
　　・第5因子（心身健康）　　　　r＝　.294**

　すなわち，人間関係，勉強・研究，経済，心身健康のストレスはメンタ

表3-3-3 ソーシャルサポート

カテゴリー（サポート利用頻度）	第1因子 同国人	第2因子 他国人	第3因子 身内
在日の同国出身者による団体活動への参加	0.865	0.069	0.091
出身国の留学生でつくる団体活動への参加	0.862	−0.001	0.128
日本にいる同国の友人と会うこと	0.614	0.248	−0.156
日本にいる他国の友人と会うこと	0.079	0.853	0.062
日本にいる同じ文化圏の出身者と会うこと	0.379	0.634	−0.010
本国にいる友人に電話をしたり，手紙を書くこと	0.136	0.547	0.531
家族や親戚に会うこと	0.038	−0.211	0.712
家族や親戚に電話をしたり，手紙を書くこと	0.014	0.204	0.599
日本人がつくる留学生の交流・支援団体の活動への参加	0.326	0.308	0.389
因子寄与	2.14	1.68	1.35
因子寄与率%	23.82	18.64	15.01
累積寄与率%	23.82	42.46	57.47

ルヘルスと正の相関関係がある．今後，日本語・日本文化との関係については詳細な研究がされることが望まれる．

3 サポート要因

留学生が利用する9項目のサポート要因について因子分析を行い，3つの因子を抽出し，第1因子を「同国人からのサポート」，第2因子を「他国人からのサポート」，第3因子を「家族・親戚（身内）からのサポート」と命名した．SDS得点とサポート要因は弱い負の相関関係（ピアソンの相関係数 $r=-.128^{**}$）を示した．すなわち，サポート利用頻度が高いとSDS得点が低くなるという結果になった．

それぞれの因子得点とSDS得点との相関関係について調べてみると，次のようになった．

- ・第1因子　同国人　　　　　　　.054
- ・第2因子　他国人　　　　　　−.196**
- ・第3因子　家族・親戚（身内）　−.166**

すなわち，他国人および身内からのサポート利用頻度とSDS得点は負の弱い相関関係がみられた．このことから，家族・親戚からのサポートがメンタルヘルスに重要であることが示された．

5　3Sモデル（パスモデル）

メンタルヘルスに関連する要因は多く，しかもとり上げた要因以外を統制して研究することが困難であるため，2変数の関係を検討する統計方法では不じゅうぶんである．そこで，それぞれの要因と結果の影響の強さを評価し，さらに要因相互の関係の構造を把握するために多変量解析が導入されるようになった．メンタルヘルスに関する研究では質的データを扱うことが多く，多変量解析の導入も他の分野に比べて遅れており，これを用いた研究も少ない．もちろん，因果関係が存在しなくても統計的に相関が認められることがあり，これらの分析結果のみから直接的に因果関係を明らかにできない．しかし，因果関係のある場合には必ず相関関係が存在するので，相関関係をもとに因果関係の推論を行うためにはパス分析を行うことが有効と考えられる．

パス解析は，変数間に複数の独立・従属の関係が設定されている場合の分析方法である．あらかじめ用意されたモデルにしたがって，変数間の関係を図示し，従属変数に対する独立変数の直接的な影響（直接効果）と，他の変数をとおして伝えられる間接的な影響（間接効果）とを，それぞれ評価する．パス解析は変数間の因果関係を明瞭に意図して作られたモデルを用いることから，しばしば因果分析とよばれている．しかし，実際に分析されるのは変数間の相関関係で，モデルにしたがって，その因果関係を表すものと解釈される．分析は変数間の相関関係から出発し，重回帰分析を組み合わせて行うことになり，すべての変数間で相関係数が算出できることが必要である．ここでは，パス分析を中心とした多変量解析の手法を用いて，留学生のメンタルヘルスに影響をおよぼす要因について分析を行い，SDS，ストレス，サポートの3要素を軸とした3Sモデル（パスモデ

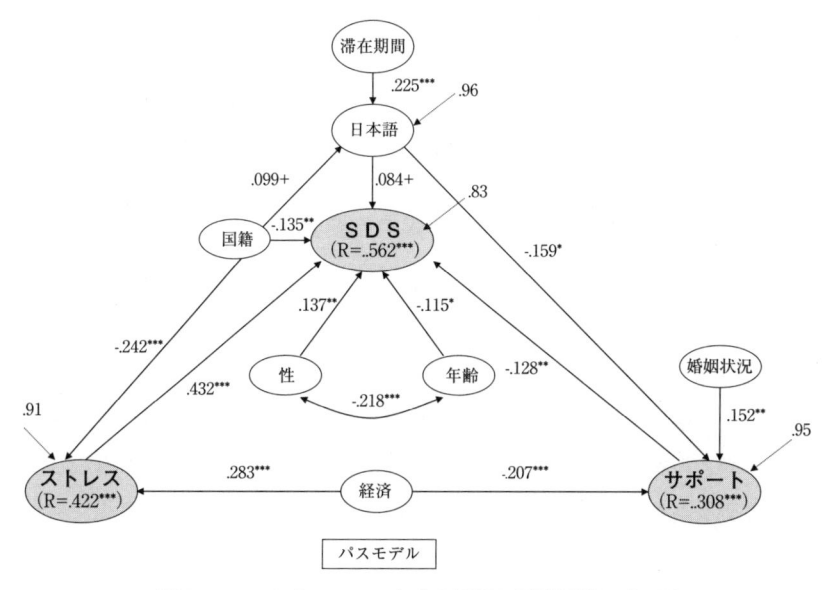

図3-2 メンタルヘスルとその要因の因果関係のパス図

ル）を考案し，ストレスやソーシャルサポートなどの要因とメンタルヘルスの関係を分析し，その結果をパスダイアグラム（**図3-2**）によって図示する．

　パスダイアグラム中の矢印はパスとよばれ，変数間の直接的な影響を表している．モデルにしたがって，この影響の大きさを明らかにしていくことが，パス解析の第1の目的である．各パスの横の数字は，パス係数とよばれ，直接的な影響の大きさを表している．パス係数の右肩の*印は危険率5％水準，**印は1％水準，***は0.1％水準で有意であることを表している．性，年齢のように，モデルの中の他の変数によって説明されない変数は外生変数，モデルの中の他の変数によって説明される変数は内生変数とよばれる．内生変数の下に記されているRは重相関係数であって，その右肩の*印は有意性検定の結果を表している．出発点のない矢印は外乱とよばれ，モデルによって説明されない内生変数の変動を表している．

　さらに，留学生の属性による比較を行い，これらの要因がどのようにメ

ンタルヘルスに影響を与えるかを検証した．

6 考　察

1　留学生のメンタルヘルスに影響する要因

　パスダイアグラムにおけるメンタルヘルス状態評価尺度SDSで測定したメンタルヘルスに影響を与える要因についてみると，ストレス要因のパス係数は.432***となり，メンタルヘルス状態にいちばん影響する要因であった．サポート要因のパス係数からサポート利用の頻度の高い者がメンタルヘルスの状態が良好であるといえる．また，人口学的変数でみると，女性であること，年齢が低いことがメンタルヘルス状態を阻害する要因と考えられる．

　年齢について，啼泣，自殺念慮で負の相関関係，性欲減退で正の相関関係があった．ここでは，年齢が低い者の方が自殺念慮が5％の有意水準で高いという調査結果は注目に値する．また国籍のパス係数から，欧米出身者群が非欧米出身者群よりメンタルヘルス状態がよいことを表している．

　さらに，日本語について興味深い結果が得られた．SDS得点と日本語については，相関関係がみられなかったが，日本語読解力は正の相関（r=.217**）がみられ，性欲減退，疲労，混乱，精神運動性興奮，焦燥が正の相関関係があった．SDS得点と日本語会話能力は相関関係がみられなかったが，希望のなさ，疲労，混乱，焦燥とは正の相関関係があった．これらのことから，日本語能力が高くなるとSDSの認知的・感情的因子が高くなるといえよう．

2　留学生のストレス状態に影響する要因

　経済状況，国籍のパス係数から，経済状況の恵まれている国費留学生に比べて私費留学生の方がストレスは高くなっており，経済状況がよいことはメンタルヘルスを増進する要因といえる．また，非欧米出身者の方が欧

米出身者よりストレスが高いといえ，筆者は欧米出身者の方が非欧米出身者と比較して，日本における金銭と仕事，住居，社会生活，家族生活，対人関係において満足度が有意に高いことを明らかにしてきた（大橋1998）．また，非欧米出身者の方が，日本人との親しい交際（人間関係）の障害が有意に高いことを明らかにし，QOL（生活の質）の差がメンタルヘルスと大きく関係していると考える．

留学生のストレス要因である日本人との人間関係（親しいコミュニケーション）について，滞在年数が1年未満の者と5年以上の者について比較し，人間関係を阻害する因子である「思考様式」，「外国人であること」，「価値観」は滞在期間が長くなっても，これらの因子は上位に位置し，むしろ滞在期間が長くなればなるほどその障害度が高くなることを明らかにした（大橋 1991）．異文化間コミュニケーションの重要な背景である精神文化，つまり，「思考様式」，「価値観」，「態度」などの相違がメンタルヘルスを阻害する要因となっていると考える．

また，筆者の先行研究においても，アジア人，非アジア人ともに滞在期間が1年以上の者が1年未満の者よりストレスが有意に高く（$p<.01, p<.05$），留学生全体としては2年以上の者が2年未満の者よりストレスが有意に高い（$p<.05$）という研究結果を得ている．さらに，日本語能力が高い者の方がストレスが有意に高かった（$p<.001$）．このように，出身地域にかかわらず，滞在期間が長くなるにともない，日本語能力が高くなっても，ストレスはむしろ高くなる点は注目に値する（大橋 1995）．

3　留学生のサポート利用頻度に影響する要因

日本語能力，婚姻状況，経済状況のそれぞれのパス係数は，日本語能力の低い者，未婚者，経済状況に恵まれている国費留学生がサポート利用頻度が高いことを示している．すなわち日本におけるサポートシステムは，滞在期間の短い者，未婚者，国費留学生がサポートを利用しやすい体制なのである．

また，SDS得点が40未満の健常者，40以上47未満の軽症者，48以上の

中・重症者において，SDS 得点とサポート利用頻度の相関係数は，それぞれ－.143*，－.330*，－.128となり，軽症者におけるソーシャルサポートの有効性が示された．ソーシャルサポートのおよぼす状況は「直接効果（direct effect）」と「緩衝効果（buffering effect）」がある．緩衝効果とは，ストレスが低い時にはサポートの高低にかかわらず，何らかの症状が現れにくく，ストレスが高い時にはソーシャルサポートの高い者は低い者に比べて何らかの症状が現れにくくなる現象である．一般に緩衝効果は，ソーシャルサポート尺度がサポートそのものの量が査定されている時にみいだされやすく，直接効果はネットワークの大きさを査定した場合にみいだされやすい（Cohen & Wills 1985）．

本調査においては，ストレスとソーシャルサポート利用頻度（量で査定したソーシャルサポート）とは相関関係がなかったが，ストレスはメンタルヘルスに直接影響する要因で，前述の軽症者におけるソーシャルサポートの有効性から考えて緩衝効果がみいだされると考えられる．

以上を総括すると，次のようになる．

- 女性および低年齢者がメンタルヘルスを阻害されやすい．
- 非欧米出身が欧米出身者に比べてストレスが高く，メンタルヘルスが阻害される傾向がある．また，アジア諸国出身者が非アジア諸国出身者に比べてストレスが高く，メンタルヘルスを阻害される傾向にある．
- 良好な経済状況によってストレスが軽減し，メンタルヘルスが増進される．
- 出身国にかかわらず，滞在期間が長くなるにともない，日本語能力が高くなってもストレスはむしろ高くなり，メンタルヘルスが阻害されている．
- 長期滞在者，既婚者とその家族，私費留学生に対するサポート体制の充実が必要である．
- 宗教がメンタルヘルスに影響を与える要因のひとつである．

また，秋山剛（1991）は来日数カ月後の「第1の危機」，3～5年後にかけて，文化的同一性などが要因となって生じる「第2の危機」があると指摘している．このように危機の時期は何度かあると考えられる．そのため，留学生のメンタルヘルスの問題を横断的研究から縦断的研究へと広げていくことが今後の重要な課題である．

7 結　論

1　異文化間コミュニケーションの重要性

ストレスはメンタルヘルスにもっとも直接的に影響を与える要因であり，そのなかでも対人関係は留学生にとって，ストレス要因であり続けると考えられる．このことは異文化間コミュニケーションの重要な背景である精神文化，つまり，「思考様式」，「価値観」，「態度」などの相違がメンタルヘルスを阻害する要因となっていると考えられる．日本人は外国人，特に日本語ができる者に対して，当然日本の社会規範，日本人の思考様式・価値観・人間関係におけるコミュニケーションを理解している，理解すべきであると考えている傾向にある．日本の文化は高文脈（ハイコンテクスト）文化で，日本人は相手がある程度の知識をもっていると考えて話をし，相手が知っているだろうと思うことに触れなくてもいいと考えるからである．

アメリカの文化人類学者ホールは，「文脈（コンテクスト）」とはコミュニケーションが生じる物理的・社会・文化的・対人的な環境を全て指し，メッセージを解釈する際に，この文脈への依存度が高い文化は高文脈文化，依存度の低い文化は低文脈（ローコンテクスト）文化であるとしている（Hall 1979）．高文脈文化では，メッセージの解釈は文脈によるので，間接的で曖昧な表現や非言語によるコミュニケーションを用いることが多く，「行間を読む」，「察する」といったコミュニケーションパターンをとることが多い．いっぽう，低文脈文化では，むしろ直接的な表現を用い，

非言語よりも言語によるコミュニケーションを用いることが多く，アメリカはこの文化にあてはまる．

　低文脈文化の出身者が日本に来た場合，日本語が堪能な者であっても，異文化に対する不安や，相手の話があいまい過ぎるために起こる不安が相まって，二重に負担がかかる．反対に，彼らは積極的に話しかけ，細かい質問をする傾向にあるので，うるさく感じられたり，押しが強く感じられたりする．このように，文脈と文化の関係の相違が，異文化間コミュニケーションにおける誤解や不満の一原因になっている．そのために，最初は日本人にとっていわなくてもわかっていると思われることでも，留学生に対してはじゅうぶんな文化的な説明や話し合いをする努力が求められよう．

2　社会人口学的変数による比較

　調査結果から，非欧米出身者の方が欧米出身者よりメンタルヘルスが阻害されていることは明らかである．非欧米出身者には経済的に恵まれていない私費留学生が少なくないことや，学位取得が留学目的である者が多いことが要因として考えられるが，日本人の異文化に対する序列意識，すなわち欧米文化に対する劣等感と憧れ，発展途上国の文化に対する優越感と蔑視が一要因であると考えられる．

　注目に値するのは，自殺念慮は非欧米群が欧米群と比較して5％水準で有意に高くなっていることである．自殺は罪深い行為だという考えは，依然として西洋社会に存在していることに起因しているともいえよう．また，イスラム教はユダヤ教，キリスト教と同様，あるいはそれ以上に強く自殺行為を否定しているが，このような信仰態度や前述の宗教に関連するコミュニティに根ざした活動が，自殺予防に役だっていると考えられる．

　WHOの集計（2004年9月現在）による国際比較の自殺率（10万人当たり）の最高の国はリトアニア（44.7）となり，順に，ロシア（38.7），ベラルーシ（33.2），ウクライナ（29.6），カザフスタン（28.8），ラトビア（28.6），ハンガリー（28.0），エストニア（27.3），スロベニア（27.1），日

本（21.6）と旧ソビエト連邦の国が高くなっている．これは，体制移行に伴うストレス増大の影響とも考えられるが，1980年代からこれらの国の自殺率は世界の上位にあり，91年末のソ連崩壊に伴う社会混乱だけが要因とはいえない．また日本が体制移行国についで高い自殺率になっているのは注目に値する．逆に，自殺率が0.1未満は，ヨルダン，エジプト，ホンジュラス，ドミニカ共和国であり，0.1以上0.5以下は，シリア，イラン，ジャマイカ，ペルー，グアテマラなどとなり，イスラム文化圏とカトリック系キリスト教徒が多い中南米の国々で自殺率が低くなっていることは注目に値する．

3 社会情緒的サポート

社会情緒的サポートとは，「ストレスに苦しむ傷ついた自尊心や情緒に働きかけてその傷を癒し，自ら積極的に問題解決に当たれるような状態に戻すような働きかけ」を意味する．そこで，水野治久（2003）は留学生の援助場面において，学習・研究，対人関係，住居経済領域を道具的サポート領域とし，心身健康領域を社会情緒的サポート領域とした．

本調査では，日本と本国のいずれの場合も，社会情緒的サポートとして，心理学者・精神科医，カウンセラーといった専門家に援助を求めると回答した者は少なかった．大東祥孝ら（1993）が行った研究においても，留学生の精神科の受診率は低いことが明らかにされ，いろいろな要因が考えられる．言葉の問題だけでなく，国によっては精神科的，心理的問題をかかえている事実を認めることを忌み嫌う傾向があることが原因と考えられよう．すなわち，発展途上国の留学生にはカウンセリングや精神科治療そのものへの抵抗感が強く，関係機関に相談に訪れること自体が地域社会からの排斥を意味するものとして認知される傾向にあることを理解する必要がある．

筆者は，家族帯同の是非に関する留学生自身の評価について回答を求めたことがある（大橋 1996）．その結果，既婚の留学生は家族帯同について，学業面，情緒面において90%が肯定的な考えをもっていることが明ら

かになり，事例化を予防するためには配偶者（家族）の存在が重要であることが示された．また，本国では社会情緒的サポートとして，家族や両親に相談する者が過半数を占めているが，家族や両親が日本にいない留学生の場合は，社会情緒的サポートを家族から得られないので問題が解決されず事例化しやすいこと，さらに，留学生のメンタルヘスの保持と増進のためには，専門家より，個人・家族や友人，地域の場などの占める範囲が大きいことが明らかになった．この結果はプライマリヘルスケアの考えと通底するものがあり，人間がどう病に向き合うかは，文化的なシステムの中で方向づけられていく必要がある．

今回の調査結果でサポートの利用頻度をみると，組織的サポートより個人的サポートを求める者の方が多いことが明らかになった．しかし，組織的サポートは留学生が重層的で多様な人間関係のネットワークを築く上で重要と思われるので，組織的なサポートの一層の充実が望まれよう．

水野（2003）はサポートを供給するとともに，ヘルパーへの呼応性に介入することで留学生の被援助志向性を高める可能性を示しているが，筆者も留学生の被援助志向性を高め，メンタルヘルスを予防するためには，オリエンテーションが重要な役割を担うと提唱している（大橋 2003）．

4 留学生のメンタルヘルスと日本語

山本和儀ら（2002）は，ジャカルタ在留邦人の精神健康の状態について，独自に作成した異文化生活におけるストレス尺度得点とGHQ（Goldbergらが開発したGeneral Health Questionnaire，日本名：精神健康質問票）得点が正の相関を示し，GHQ高得点者の人口学的特徴は女性，年齢が低く在留期間が短い者，語学の能力が低い者であると報告をしている．逆にいえば，一般に，滞在期間が長くなり，語学が上達するとメンタルヘルスがよくなると考えられている．しかし，本章で示した結果をみると，滞在期間が長くなるにともない日本語能力が高くなっても，ストレスはむしろ高くなり，メンタルヘルスが阻害されるという逆の結果となった．

田中共子（1990）は，滞在年数の経過は日本語能力向上を説明するが，

ソーシャル・スキルや異文化適応とは直接のかかわりをもたないことをパス図を用いて明らかにしている．また，加賀美常美代（1995）は日本語教育者の立場から，トラブルに遭った留学生および就学生の日本語能力は39.6％が上級者で，中級者が30.0％，初級者が21.0％，全くできない者が9.0％となっており，7割以上が中上級者であると報告している．これは，日本語能力の高い者ほど日本人に対するイメージが否定的になるという岩男寿美子・萩原滋（1988）の調査結果と同様の傾向であり，否定的態度形成の結果，トラブルという顕在化した行動に現れたと述べている．

　また，加賀美は日本語上級者ほど日本語をめぐるトラブルが多いことを確認し，本来，留学生の日本語能力が高まり，日本社会に対する知識が蓄積され，対等に日本人とのコミュニケーションができることは望ましいことであるが，結果として反日感情が高まり，対人関係上のトラブルが多いとしたら，この問題について何らかの対策を講じる必要がある，と指摘している．さらに，加賀美はその解決方法として中上級者向きに異文化教育（渡辺 1987）を行うための教育内容と教授方法の検討が必要で，その際，表面的な社会的スキルの学習だけでなく，日本人との異文化間コミュニケーション・ギャップと誤解の原因を分析し，ステレオタイプ的な日本人像を助長させない配慮を行いながら，背後にある日本人個人の思考様式を説明し，情動的側面からもこれらを理解させることが必要であるとする．

　そして，渡辺文夫（1987）が指摘するように，異文化の中での主体的に生きていく外国人学生の自己理解を深める視点が必要とされるであろうと述べている．

　筆者はこのような問題意識から留学生に面接調査を実施した．その結果，日本人は日本語ができる外国人に対して，当然日本の社会規範，日本人の思考様式・価値観・コミュニケーション（人間関係）を理解している，理解すべきであると考えている傾向にあることが明らかになった．そのために異文化教育は留学生だけを対象にするのではなく，日本人をも対象に実施することが急務であると考えている．その際，大橋ら（1992）が留学生の危機的事例を収集，カルチャーアシミレーターの手法を用いて著

した『外国人とのコミュニケーション・ハンドブック—トラブルから学ぶ異文化理解』は有効な教材の一つであると確信している．

5 日本語学校生の課題

日本語教育機関で学ぶ学生の多くは高等教育機関への進学を目的としているが，彼らに対する社会的認識は高いとはいえず，奨学金などの支援制度は公的レベルにおいても民間レベルにおいても低レベルで，大学で学ぶ留学生との格差は改善されていない．この現状を勘案すると，日本語学校で学ぶ就学生・留学生のメンタルヘルスに関する垣渕洋一（1993）の研究と筆者による調査では，時期に8年間の隔たりはあるものの，両群を比較し考察することは有意義と考えられる．

垣渕の先行研究における日本語学校生と本研究における大学で学ぶ留学生のSDS得点を比較すると，日本語学校生のほうが最高値および平均値が高い結果になった．さらに，日本語学校生は軽症者から重症者までを合わせると67.0%という高い割合になり，大学で学ぶ留学生の2倍となった．つまり，日本語学校生の方がメンタルヘルスを阻害されているといえる．彼らに対する支援制度の遅れもさることながら，日本語教育を履修した後の進学などに不安をもつ者が多いことが，その最大の要因であろう．すなわち，多大な初期投資をしても志望校に進学できるかどうかの保証はなく，合格できなければ帰国するしかない．文部科学省が平成12年度から留学生政策の一環として，日本語学校で学ぶ留学生・就学生を学習奨励費の支給対象者に加えるなど，少しは改善されたとはいえ，日本語学校生に対する施策はいまだじゅうぶんとはいえないのが現状である．

6 提　言

(1) 大学・コミュニティに向けて

異文化間教育は留学生だけを対象にするのではなく，日本人をも視野に入れて実施する．

留学生のメンタルヘルスの保持と増進に有効であると同時に最善の予防

策として，留学生とかかわる者が彼らの出身国における精神医療・保健サービスの実態など諸外国の事情を踏まえながら，日常的に留学生と交流をもち，学内外のさまざまな学際領域，関連職種，支援組織との連携をとり，サポート体制や緊密なネットワークを構築する．

(2) 行政に向けて

大学で学ぶ留学生の予備軍ともいえる日本語学校の就学生を，留学生政策へ組み込み，日本語学校生への施策を充実する．

(3) 研究者に向けて

日本語と留学生のメンタルヘルスとの関係に関する詳細な調査・研究を実施する．

ソーシャルサポートとメンタルヘルスの関係に関する詳細な調査・研究を実施する．

留学生のメンタルヘルスの研究を横断的研究から縦断的研究へと広げる．

文献

秋山剛：異文化における適応過程の諸側面と精神科治療の臨床的諸問題について，京都大学学生懇話室紀要21，109-118，1991

Caplan, G. : *Support systems and community mental health*, New York : Behavioral Publications, 1974.

Cobb, S. : Social support as a moderator of life stress, *Psychosomatic Medicine*, 38, 300-314, 1976.

Cohen, S., & Wills, T. A. : Stress, social support, and the buffering hypothesis, *Psychological Bulletin*, 98, 310-157, 1985.

福田一彦，小林重雄：自己評価式抑うつ性尺度の研究，精神神経学雑誌75，673-679，1973

Hall, E. T. : *Beyond Culture*, Doubleday, 1976.（岩田慶治，谷泰訳：文化を超えて，TBSブリタニカ，1979）

第1編　理論編

岩男寿美子，萩原滋：日本で学ぶ留学生―社会心理学的分析，勁草書房，1988
加賀美常美代：日本人ホスト側から見た外国人学生のトラブル事例，日本語と日本語教育24，133-152，1996
海保博之編著：心理・教育データの解析法10講応用編，福村出版，1986
垣渕洋一：日本語学校に在籍する就学生・留学生の精神保健に関する研究，筑波大学大学院博士課程医学研究科博士論文，1993
北村俊則，平野均，平田牧三：学生人口におけるSelf-rating Depression Scale（SDS）の因子構造とその適合度，精神科診断学12(1)，117-118，2001
Lazarus, R. & Folkman, S.: *Stress, Appraisal, and Coping*, 1984.（本明他訳：ストレスの心理学，実務教育出版，1991）
水野治久：留学生の被援助志向性に関する心理学的研究，風間書房，2003
Murphy, H.B.M.: Migration, culture and mental health, *Psychological Medicine*, 7：677-684, 1977
野田文隆：多様化する多文化間ストレス，臨床精神医学講座，多文化間精神医学23，19-31，1998
大橋敏子：留学生オリエンテーションの課題―二つの実態調査から，異文化間教育5，49-65，1991
大橋敏子：平成6年度文部省科学研究費補助金（奨励研究B）研究成果報告書「外国人留学生のメンタルヘルスとヘルスケアに関する研究」，1995
大橋敏子：外国人留学生の家族に関する調査，異文化間教育11，156-164，1996
大橋敏子：留学生からのメッセージ―日本留学の光と影，北斗書房，1998
大橋敏子：外国人留学生のメンタルヘルスと予防に関する調査―オリエンテーションを中心として，留学生交流・指導研究7，2003
大東祥孝，丸井英二，鈴木國文，大橋敏子，坂本なおこ：留学生の医療状況と疾病構造（第一報）その3，東京大学と京都大学，保健の科学35，874-878，1993
Selye, H.: *The Stress of Life*, 1956.（杉靖三郎他訳：現代社会とストレス，法政大学出版局，1988）
新福尚隆：アジアの精神医学・精神医療と精神保健の国際的課題，臨床精神医学31(7)，745-753，2002
田中共子，高井次郎，神山貴弥，村中千穂，藤原武弘：在日外国人留学生の適応に関する研究（1）―異文化適応尺度の因子構造の検討，広島大学総合科学部紀要14，77-94，1990
山本和儀，仲本光一，沢谷厚子，宮地尚子，新福尚隆，鈴木満：ジャカルタ在留邦人の精神保健・ストレス調査（第2報），第9回多文化間精神医学会抄録集24，2002
渡辺文夫：異文化教育とその問題点，文化と人間の会編．異文化とのかかわり，川島書店，1987
WHO.: *World Health Report: Mental Health: New Understanding, New Hope*, 2001

第4章

留学生への危機介入と予防

1 オリエンテーションと メンタルヘルスプログラム

　本章では，留学生のメンタルヘルスの予防・開発的援助の研究として，オリエンテーションを中心とした第1次予防，第2次予防および第3次予防について検証する．また，メンタルヘルス評価尺度（スクリーニング）および危機介入プログラムについて論じる．

　筆者は，異文化オリエンテーションが留学生の異文化への適応を助ける過程で，その最終の目標は彼らを異文化に適応させ，勉学の成果を上げさせることであると考えている（大橋 1990, 1991, 1993, 1994）．また，留学生関係者が留学生のメンタルヘルスに対応する場合には，社会的・文化的適応上の問題を認識することが非常に重要であり，オリエンテーションの充実をはかることが重要であると考えている（大橋 1995, 1998）．そして，必要な際の有効な危機介入を可能にするためには，オリエンテーションが重要な役割を担うという認識をもって研究を行っている．

　オリエンテーションは異文化で生きるための最小限の「知識」を提供することと考えられているが，一般的には，訓練（異文化の中で生きるための「技能」の訓練）や教育（異文化の歴史的および理論的「理解力」を促進）とは区別されている．オリエンテーションと訓練は，しばしば置き換えることができ，たいていの訓練を行う者は教育に関与していると筆者は考えている．

　いずれにせよ，オリエンテーション，訓練および教育の3領域は相互補

表4-1　3領域の目的，内容，過程

	オリエンテーション	訓練・研修	教育
目的	認知的 行動的	感情的 行動的	認知的 感情的 行動的
内容	文化特定型 だれが，何を いつ，どこで	文化特定型 だれが，何を いつ，どこで どのように	文化特定型 文化一般型 だれが，何を いつ，どこで どのように なぜ
過程	知的	経験的	経験的 知的

(Bennet 1986)

完的な関係にある（**表4-1**）．オリエンテーション，訓練，教育における目的は，それぞれ，認知（知ること）レベル，感情（感じること）レベル，行動（すること）レベルに分けることができ，内容的には文化一般型と文化特定型がある*1．その過程で分類すれば，知的情報を提供するものと体験から学ばせるものがある．

　筆者は，滞在国の価値観の受容度に違いがあるものの，どこの国の留学生でも留学中に滞在した国の思考様式，価値観，態度をとりいれることから，帰国後，本国の環境に再適応するまでの間に，心理的にも社会的にも不安定な時期があることに注目している．

　質問票調査およびカルチャーアシミレーター（第12章）の手法を用いた事例研究から，留学生の再適応問題は，来学時の適応問題と同様もしくはそれ以上に重要な課題であることを検証した（大橋 1990）．こうした結果から，オリエンテーションを本国出発前から帰国までの継続的な適応過程（プロセス）としてとらえ，認知的，感情的および行動的局面が立体的に

　＊1　文化一般型とは「文化の定義，文化の類型など文化一般」であり，文化特定型とは「アメリカ文化，日本文化など特定の文化」に関する内容である．

統合したオリエンテーションプログラムが必要であると考えている．

1 オリエンテーションの評価

「オリエンテーションを中心とした留学生のメンタルヘルスに関するとりくみ」について，**質問票Ⅱ**（巻末に掲載）にもとづいて実態調査を実施した*2．

(1) 実施時期・期間と対象者，要員

国立大学の場合，全学留学生を対象（新入生）にオリエンテーションを実施している大学では4月に12校，4月と10月に7校が実施しており，期間は1～2時間が79％，3～6時間が21％となった．

また，留学生センターが関与する特別プログラム（交換留学生，日本語・日本文化研修生，日本語研修生など）の留学生を対象に，4月と10月に13校，10月に3校が実施しており，期間は1～2時間が6校，3～5時間が3校，渡日前～渡日後～滞在中～帰国前の6か月～1年間にかけて実施している大学が1校あった．

その他に国際交流会館入居者やチューターを対象に実施している大学や，地域ボランティア，内外学生センター，日本人グループとの顔合わせオリエンテーションを実施している大学もあった．

いっぽう，日本語研修生には授業を通したオリエンテーションを実施しているという回答や，学部新入生を対象にした日本事情の講義にもオリエンテーションの要素を含めているという回答があり，オリエンテーション

---

*2 ［調査対象］国立36校，公立6校，私立67校，計109大学（国立大学は留学生センターを設置している大学を抽出，公・私立大学は「平成14年度国際交流執務ハンドブック付録」に掲載されている大学の留学生担当課リストから無作為抽出）．
［調査方法］郵送質問紙法．［調査項目］オリエンテーションの実施時期・期間・対象者・参加要員，来学後の情報，メンタルヘルスプログラム（サービス），メンタルヘルスの予防：第1次予防（事例化の予防），第2次予防（早期発見，早期治療），第3次予防（社会復帰の援助，再発防止），の4分野に関して設定した．［調査時期］2001年9月1日～10月12日．［回収数］73校で回収率は67％（国立69％，公立67％，私立66％）．

表4-2　オリエンテーションの参加要員

参加要員	校	%
留学生担当部局の代表者	60	82.2
留学生関係教員	52	71.2
日本語教員	38	52.1
留学生会など先輩の留学生	33	45.2
日本人学生	21	28.8
チューター	12	16.4
カウンセラー	11	15.1
保健管理センターなど	11	15.1
機関の代表者	9	12.3
警察，入国管理事務所	5	6.8
地域のボランティア	3	4.1
内外学生センター	3	4.1

のあり方を考える上で，参考になる．

　また公・私立大学の場合，3月下旬または4月に実施している大学が18校，9月または10月には8校，4月または5月と9月または10月には12校，入学時または入学前は6校が実施しており，期間は10日間が2校，4日間が1校，3日間が5校，2日間が4校，6～7時間が4校，2～3時間が20校，1時間以内が8校（公立大学2校含む）となり，私立大学におけるオリエンテーションに対するとりくみは，国立大学に比べて重要視されている傾向があることが明らかになった．

　なお参加要員について複数回答を求めたところ，**表4-2**のようになった．

　オリエンテーションの参加要員は留学生課（国際センター）などの留学生担当部局の職員と留学生関係教員の割合が高いといえる．

（2）　来学時の情報とその評価

　実際のオリエンテーションにおいて，来学時の情報に関する23の項目について，それぞれの重要度を4段階で評定し（値が4に近いほど重要度が高いことを示す）回答を求めた．また，これらの項目がオリエンテーション

表4-3　新入留学生の来学時の情報

順位	項目	重要度	オリエンテーション	ハンドブック	HP
1	緊急時の連絡先	3.85	71.2%	67.1%	15.1%
2	医療費補助制度	3.84	73.1	91.8	23.3
3	利用可能な学内の医療施設	3.68	78.1	74.1	21.9
4	加入可能な健康保健	3.68	82.8	80.8	19.2
5	学内の留学生のための相談機関	3.68	75.3	64.4	19.2
6	学内のカウンセリング・サービス機関	3.63	71.2	65.8	21.9
7	日本の医療・福祉制度	3.35	65.8	58.9	11.1
8	チューターの紹介・役割	3.32	42.5	31.5	5.5
9	異文化適応（カルチャーショックなど）	3.31	20.5	9.6	4.1
10	外国語で診察が可能な病院	3.31	16.4	21.9	2.7
11	日本の文化・生活様式	3.25	67.6	24.7	1.4
12	文化の特異性（価値観，思考方法）	3.24	19.2	9.9	1.4
13	外国語で診察が可能な施設	3.22	9.9	13.7	2.7
14	異文化間コミュニケーション	3.22	15.1	4.1	1.4
15	対人関係	3.19	13.7	4.1	1.4
16	留学生会（同国人）の紹介	3.04	34.2	9.6	4.1
17	カウンセリングのコンセプト	3.01	12.3	4.1	2.7
18	留学生会（一般的）の紹介	2.96	30.1	17.8	8.2
19	精神障害とその徴候	2.89	4.1	4.1	1.4
20	女性の医師が診察可能な施設	2.89	2.7	4.1	1.4
21	友好学生サークルの紹介	2.87	41.1	16.4	6.8
22	学内のスポーツ施設やその他の施設	2.82	42.5	39.7	12.3
23	慣れ親しんだ食物や香辛料の入手	2.42	2.7	5.5	2.7

の内容として包括されているか否かについて調べるとともに，ハンドブック（配布している場合）への掲載の有無およびホームページへの掲載の有無について調査し，表4-3にまとめた．

　その結果，来学時の情報として重要度の高い順にあげると緊急時の連絡先，医療費補助制度，加入可能な健康保険，利用可能な学内の医療施設，学内の留学生のための相談機関，学内のカウンセリング・サービス機関，日本の医療・福祉制度となり，いずれも評定値の平均が3.5以上であった．

　ここで注目すべきは，オリエンテーションの項目として，異文化適応，

文化の異質性，異文化間コミュニケーション，対人関係，カウンセリングのコンセプトについての実施率が低いことである．このことについて，「重要だと思うが，これらの分野の専門知識を有する人材がいないので対応が遅れている」，「オリエンテーションに含めるのはむりである」，「重要な項目と考えるが，オリエンテーションの場面で実施すべきか疑問である」といった意見もあった．しかし，留学生のメンタルヘルスのためには，これらの項目は必要不可欠と考えられるので，できれば授業やホームルームおよび合宿などで実施されることが望ましい．

例をあげれば，日本語・日本文化研修生を対象に異文化間コミュニケーション，対人関係，カウンセリングのコンセプトに関する講義（15コマ）や日本語研修コースの留学生を対象に「日本事情」の授業（90分）を実施しているところがある．また，交換留学生や予備教育生を対象に文化の異質性，日本の文化・生活様式，異文化適応，異文化間コミュニケーション，対人関係についてホームルームでとり上げたり，異文化適応について別途合宿形式で実施したり，ホームステイの留学生を対象に日本の生活様式に関する資料を配布してオリエンテーションを実施しているところがあった．今後のオリエンテーションの方法を考える上で，これらの実施例は参考になると思われる．

（3） 大学側の評価と留学生側の評価の比較

このように実施されるオリエンテーションを，留学生自身はどのように受け止めているのだろうか．調査の対象・方法・時期は第3章の質問票調査と同じである（**質問票Ⅰ**，巻末に掲載）．日本で学ぶ留学生のメンタルヘルスのために重要であると考えられる来学時の情報22項目について4段階の評定値で回答を求めた．

その結果，評定値の平均値が3以上の項目を得点の高い順にあげると，医療費補助制度，加入可能な健康保険，日本の医療・福祉制度，緊急の連絡先，対人関係，異文化間コミュニケーション，利用可能な学内の医療施設，日本の文化・生活様式，外国語での診療の可能な病院，文化の異質性

（価値観，思考様式），学内の留学生のための相談機関，外国語での診療の可能な施設，学内のスポーツ施設やその他の施設となった．

　来学時の情報として，留学生を受け入れている大学を対象に実施した調査結果と留学生を対象に実施した調査結果とを比較すると，対人関係や異文化間コミュニケーションの項目は，留学生にとっては来学時に重要な情報であるが，大学ではそれほど重要な情報であるとは考えていない．このギャップが大きいことに注目し，このことを念頭において，オリエンテーションが行われることが重要である．

2　留学生のためのメンタルヘルスプログラム

(1) 受け入れ大学を対象にした調査結果から

　大学でメンタルヘルスサービスとして実施されている項目および参加要員について複数回答を求めたところ，設問が複雑であったためか未回答の項目が多くみられた．そこで，各項目において，参加要員の「該当がない」と回答があった大学の割合から，メンタルヘルスプログラムの項目が実施されている傾向をとらえた．

　「該当なし」の低い順，つまりサービスが行われている割合の高い順に列挙すると次のようになる*3．

- ヘルスケアを促進するための留学生との交流（5％）：交流会（スポーツ大会，パーティ），旅行，ホームステイ・ホームビジット，ボランティアグループの活動の紹介，ソーシャル活動
- 留学生センターなどの関係機関との連携（21.9％）
- ヘルスケア（メンタルヘルス）への援助（34.2％）：カウンセリング，留学生のための健康診断，面接，個別オリエンテーション，留学生の健康に関するデータの収集，eメールによる相談，メンタルヘルスチェック

　＊3　（　）は参加要員の「該当がない」と回答のあった大学の割合を示す．

- メンタルヘルスに関する情報の提供（35.6%）：ヘルスケアに関するオリエンテーション，講演・講義，ニューズレターの発行，留学生の家族へのオリエンテーション
- 医療に関する文化的・言語的援助（39.7%）：通訳のサービス（緊急時），健康に関する情報の翻訳（日本語から，日本語へ）
- ヘルスサービス機関（保健管理センター，カウンセリングセンター）ツアー（49.9%）
- 健康に関するバイリンガルの資料（本，パンフレット，テープ，ビデオ）の提供（作成）（52.1%）：多言語による医療用語集提供（作成），多言語によるヘルスケアの資料の提供（作成）
- 医療費などの貸し付け（56.2%）：病気により帰国する際の留学生への帰国旅費の援助，病気により帰国する際の付添者への帰国旅費の援助
- コミュニケーション，医学，カウンセリングの専門家によるトレーニング（71.2%）：異文化間コミュニケーションワークショップ，異文化適応プログラム，ストレス対処法

そして，留学生の家族へのオリエンテーションの項目は，「該当なし」が74.0%となり，もっとも実施されていない項目であることが分かった．

（2） 留学生を対象にした調査結果から

先のオリエンテーションの場合と同様，留学生がこれらのプログラムをどう評価しているか，みてみよう．調査の対象・方法・時期は第3章の質問票調査と同じである．メンタルヘルスプログラム（サービス）の重要度について4段階の評定値で回答を求めたところ表4-4のようになった．その結果，留学生はヘルスケアに関するオリエンテーションや大学が企画する旅行がメンタルヘルスの増進のために役立っていると考えられる．

表4-4　メンタルヘルスプログラム（サービス）重要度（留学生）

順位	項目	平均値
1	情報の提供	3.38
2	留学生と留学生センターなどの関係機関との連携	3.28
3	健康診断の実施	3.26
4	旅行	3.19
5	ヘルスケアに関するオリエンテーション	3.12
6	多言語による医療用語集	3.06
7	個々のヘルスケアに対するニーズに合った援助	3.05
8	多言語によるヘルスケアの資料	3.02
9	健康に関するバイリンガルの資料	3.00
10	留学生の家族へのサービス	2.96
11	健康に関する情報の翻訳	2.95
12	医療に関する文化的・言語的援助	2.95
13	交流会（スポーツ大会、パーティ）	2.88
14	通訳のサービス	2.88
15	ホームステイ、ホームビジット	2.86
16	ストレス対処法	2.84
17	異文化適応	2.81
18	ヘルスケアを促進するための留学生との交流	2.77
19	留学生の健康に関するデータの収集	2.74
20	ソーシャル活動（ランチョンなど）	2.71
21	メンタルヘルスチェック	2.68
22	異文化間コミュニケーションワークショップ	2.65
23	ヘルスサービス機関ツアー	2.63
24	ボランティアグループの活動	2.63
25	専門家によるトレーニング	2.63
26	個別オリエンテーション	2.61
27	ニューズレター	2.59
28	講演、講義	2.57
29	eメールによる相談	2.49
30	面接	2.45

（3）　関係機関などとの連携

　この調査では，具体的にさまざまな回答を得たので，ここに列挙する．

・オリエンテーションの時に留学生と保健管理センターを訪問し，相談

件数の報告を受けている．精神科医（附属病院）とは事例が発生したときに連携をとる．
- 「なんでも相談室」が開設された．相談の内容によって，留学生センター教員，留学生課職員，保健管理センター教員・カウンセラー，所属学部の指導教員・事務担当者と連絡をとり合い，対処する．また，直接留学生課に来た留学生で精神面のケアが必要であると判断した場合は，保健管理センターへ連絡し，必要に応じて所属学部の指導教員・事務担当者へも連絡する．
- 深刻なケースに関しては留学生課長，副学長（教務担当），学生部長，当該学部長，指導教員，保健管理センターの医師，留学生指導担当者，信頼できる同国人留学生などでこれに対応する．
- 学内の関係者で横のつながりをもち，数カ月に1度のミーティングおよびメーリングリスト上での連絡をとる．
- 学内の保健管理センターとつねに情報交換を行う．
- 保健管理センターで行う留学生の健康診断の際に通訳やその他のサポート（検査結果の英訳や再検査時のつきそいなど）を行う．
- 急病，外来診察，入院などの際に通訳やつきそいが必要な場合は，保健管理センターや附属病院と連携してサポートをする．
- 留学生相談室所属のボランティア学生約50名，NGO12団体，指導部門教員および留学生専門教員によるサポート体制を組む．必要に応じて，留学生課の職員，学生相談室協力委員とも連携をとる．
- 専門家によるカウンセリングが必要な場合は，保健管理センターと連携する．また必要に応じて，英語でカウンセリングを受けることのできる病院などを紹介する．
- 保健管理センターで病気などの学生を受診させ，必要があれば大学附属病院の紹介を受ける．
- 保健管理センターのカウンセラーと定期的に情報交換を行う．
- 留学生センターと留学生課でオリエンテーションプログラムを作成する．

・担当教員（アドバイザー），カウンセリングセンター（必要があれば精神科医を含む），学生サービス部，国際教育交流室（交換留学にかかわる部署）などが連携をとってサポート体制を組む．
・公式の組織や会合はないが，同じキャンパス内の担当者とは随時話し合いをもつ（医務室，学生相談室，学部事務室など）．
・新入生が入学後に接する機会が多い日本語教師で留学生のメンタルヘルスに対応ができる教員と日常の問題点について必要に応じてミーティングを行い，連携をとる．

　精神科医と留学生担当者（カウンセラー）との連携の重要性については，筆者自身の事例研究（大橋 2000）でも明らかにしたが，今後は関係諸機関との連携，とりわけ保健管理センターとの連携についての検討が急務である．メンタルヘルスの問題は留学生だけに限ったことではなく，日本人学生の問題でもある．留学生のメンタルヘルスが増進され，彼らが勉強・研究をする上で暮らしやすい環境整備が進めば，それが日本人学生にとっても望ましい環境であることは疑う余地がない．

2　留学生のメンタルヘルスの保持・増進

1　第1次予防（事例化の予防）：来日前

（1）　精神科を含めた健康診断の実施

　精神科を含めた健康診断の実施の必要性について回答を求めたところ，肯定が47.9%，否定が32.9%，無回答が19.2%であった．また，国費留学生の健康診断書について設問したところ，内容がじゅうぶんであるとの回答は49.3%，不じゅうぶんが26.0%，無回答が24.7%であった．なお，大学独自の精神科を含めた独自の健康診断書作成の有無について設問したところ，作成していると回答した大学は11.0%のみであった．

　また精神科を含めた健康診断（書）について自由記述を求めたところ，

さまざまな記述がなされたので，整理して列記してみる．

- 過去の病歴などがわかったほうが対応しやすいケースがあるが，人権の問題が起こる可能性がある．健康診断では身体の健康を調べればそれだけでじゅうぶんと考える．精神科領域を含むことは，個人のプライバシーに踏み込む気がする．
- 精神科医は患者の不利益になる病名などは記さない傾向にあるので，診断書の読みとり方は難しい．プライバシー，人権の侵害に触れる面があるので〈特記事項〉として記入してもらう程度でよいと思う．
- 本学ではプライバシーなどの問題を考慮し，健康診断書を入学手続き関係書類から除外している．
- 面談などによる医師の所見なら『はい』，詳細な検査なら『いいえ』である．
- 病歴を隠して留学し，日本で再発するおそれがあるので受け入れ側としては知りたい情報であるが，正確な情報は入手困難ではないかと思う．
- 入学前に診断できればもちろん入学させないという処置ができるのか？
- 国によって実施できるところと難しいところがあると思う．
- 精神科を含めた健康診断が海外諸国で統一した基準で作成可能なのかどうか分からない．WHOなどで定めた検査などが有効なのでしょうか．交換留学生に関しては，協定校のスクリーニングを強化することで予防は可能かもしれませんが．
- 留学生のみを対象に，そこまでの項目を求めることは議論が分かれると思う．
- 「精神異常」が健康診断で事前にわかるものであろうか？
- 受診について本人の了解を得る必要がある．

ここでは，精神科を含めた健康診断（書）についての問題点が指摘され，人権やプライバシーに配慮することの重要性が指摘された．これらの

意見は日本人学生に対して健康診断書の提出を求めない傾向にある今日において，健康診断（書）のあり方を検討する上で参考になる．

(2) 来日前のオリエンテーションの実施

来日前のオリエンテーション（情報提供など）の必要性について回答を求めたところ，73.5％が肯定し，実施（資料の送付などを含む）している大学は34.2％となった．しかし，私費留学生を対象に実施している大学は6.8％となり，現地で実施している大学は4.1％と低い実施率となった．

留学生のメンタルヘルスを考える上でまず重要なことは，留学の目的，動機の確認である．さらに，留学は「さまざまな環境の変化」を強いるものであることを認識し，留学に対する心構え，留学する学校や生活する土地の環境，生活習慣などをよく理解させることが必要であると考えられる．来日前のオリエンテーションにおいて，そうした点を確認しておくことが肝要である．

調査回答の中でも，留学生のメンタルヘルスのためのオリエンテーションの内容として，健康保険の情報をはじめとして，日本文化（事情），文化の異質性，異文化適応，カルチャーショックの過程と症状などの予備知識，リエントリーショック，異文化間コミュニケーション，対人関係，カルチャーショックなどによる症例や精神障害などの具体的な事例，精神的苦痛や変化を自覚した時の対応・対処の具体的方法があげられた．また，精神的な疾患は決して特異なものでなく，薬による治療が可能なものが多いこと，受診をためらわないこと，秘密は守られることを周知させ，大学が何を提供できるかを明確にし，問題が生じた時のサポート体制の存在を知らせておくことなどの重要性が指摘された．

(3) 来日前の予防策

筆者はかつて，認知的オリエンテーションだけでなく，経験的オリエンテーションの重要性について指摘した（大橋 1993）．受け入れ機関が歓迎していることや困ったときに誰に問い合わせればよいかを知らせることが

重要であり，来日前の不安をとり除くための認知的オリエンテーション（生活情報や日本における人間関係，生活習慣，価値観，異文化における対処法およびカルチャーショックに関する知識の提供）とともに経験的オリエンテーション（異文化適応訓練など）が重要であることも示している．

オリエンテーションの方法としては，HP（ホームページ）開設にあわせてメールによる海外入学者からの多様な質問への個別対応（随時回答），生活ガイドブックのHPへの掲載，各機関のHPの提供などが考えられ，ビデオレターなどある程度人間性の伝えられる手法による情報の交換や受け入れ教員とのeメールや手紙のやりとりの中で見出される問題についての報告があれば，さらなる来日前の予防につながる．また，参加要員として現地在住の日本人による，日本での生活や問題対処法および異文化における問題などについての情報の提供や，来日前に同じ出身地（国）の在学生と連絡をとり合うことも有効な方法である．

今回の調査でも，「国立大学の留学生センターが協力してハンドブックを作成し，それを活用したほうがいい」といった建設的な提案があり，早期の実現が望まれる．日本からアメリカへの派遣交換留学の場合，受け入れ大学から留学生宛に詳細なオリエンテーション資料が事前に送られてくる場合がある．今後は多くの留学生を受け入れている欧・米・豪諸国におけるこれらの対応を参考にしながら，日本への留学希望者についても来日前の情報提供をするなど，メンタルヘルスへの対応策の検討が急務であるといえよう．

2　第1次予防（事例化の予防）：来日後

来日後の予防について自由記述を求め，まとめたものを列挙する．ここでは留学生を対象にしたオリエンテーションだけでなく，留学生の関係者を対象にしたオリエンテーションやコンサルテーションの重要性が示される．

(1) オリエンテーションの実施

　留学生を異文化に適応させ，彼らのメンタルヘルスを予防するという観点からオリエンテーションの充実を図る．また，オリエンテーション，訓練，教育の3領域は相互補完的な関係にあるととらえ，出発前からリエントリーまでの全体の適応過程として，認知的，感情的および行動的局面が立体的に統合したオリエンテーションを実施することが重要である．留学生を対象とするオリエンテーションのみならず，留学生の周りの者へのオリエンテーションが留学生のメンタルヘルスには不可欠である．

(2) 留学生が気楽に相談できるような環境の整備

　留学生にとっていろいろな援助を求めやすい雰囲気を学内に作り，各部局に気軽に相談できる相談室を設けるなど身近な相談相手や部署の存在が必要であり，それらとのアクセスを容易にし，留学生の不安を軽減する環境を整備することが求められる．特に留学生が来日後，早期に人間関係を形成し新しい環境への適応を促進するためには，ことの軽重を問わず問い合わせることができる人物が身近にいるかどうかが重要なポイントである．可能なら，留学生が1か月に少なくとも1回は担当窓口に来て話をするような状況が望ましい．

(3) 留学生を孤立させない

　留学生を孤立させないようにするためには，ネットワーク（学内，地域社会）の中に入れることが大切である．交流室の設置を行うなど学生間の交流を促進するとともに，先輩留学生の協力を得ながら，留学生同士の情報交換が行えるようにする．また，日本人学生との接点が多くなるようにして，日本社会に溶け込みやすくする．そのためには，ピアアドバイザーによるサポート（新入留学生と日本人，先輩留学生とを組み合わせ，留学生の日本の大学生活への適応を，ひいては勉学を助ける仕組み）など日本人のボランティア学生や国際交流サークルの学生との密な人間関係の形成を促進し，さらに地域住民との交流によるサポート体制によって，精神的なより

どころを早期にみつけられるようにする．

(4) ネットワークサポート体制の構築
　問題をかかえている留学生が自ら留学生担当部局などに足を運ばない（運べない）場合，危機的事態の顕在化が遅れる．初期段階での対応を可能にするためには，留学生の所属機関や生活をサポートするボランティア学生との緊密な連携が欠かせない．また，留学生の個々の状況を把握しやすい立場にある日本語教員や留学生担当部局とのネットワークの強化，指導教員が留学生センターなどに相談しやすい，また周囲の者から早期に情報を入手しやすい体制（留学生会との連携など）の整備を行う．さらに，地域のボランティア，NGO関係団体と連携し，留学生の人間関係の形成への促進をサポートするための制度の構築が重要である．情報共有と守秘義務のしばりの中で，どのように外部のサポートシステムと連携をとるかという課題がある．

(5) 留学生の関係者への啓発活動
　留学生個人へのサポートはもちろん大切だが，受け入れ側の教育が不足している．そのために，日本人学生や留学生担当教員および留学生が所属する研究室の教員に対してメンタルヘルスに関するオリエンテーションや研修を実施し，啓蒙活動を行う．また，留学生の心理的な発達を促進し，社会生活で必要なライフスキルを育て，困難な問題に対処する力やストレス耐性を高めたり，日常から社会的ネットワークをつくる機会を提供したり，留学生と地域の人が異文化理解を深められるような交流を行い，地域の人を巻き込んだ予防的，開発的カウンセリングも大切である．留学生担当者（カウンセラー）が留学生の関係者に対して行うコンサルテーションも重要である．

(6) コミュニティにおける予防力の強化
　程度によるが，通常の範囲でのカルチャーショックなどであれば，コ

ミュニティを作ることでかなり予防できる．コミュニティ心理学のアプローチで考えられている諸策すべてが予防につながると考えられる．特にメンタルヘルスの危機介入では，カウンセラーは密室である相談室を出て，地域社会を土俵にした心理臨床の専門的援助をすることや，地域社会に社会支援ネットワークを強化することが重要である．

(7) ソーシャルサポート利用の促進

　留学生にメンタルな問題があると感じた場合，留学生の関係機関・関係者と連携してサポートできるように，日頃からさまざまな活動や交流会を通して，教職員，日本人学生，留学生，ボランティア，地域住民などとのネットワークを形成する機会を提供する．そうすることにより，留学生は必要に応じてサポートを得ることができ，これが問題の早期発見のための環境づくりにもなる．大学および留学生会などによる交流行事（新入留学生歓迎会，スポーツ大会，ホームビジットなどの留学生を対象とした交流事業の他，日本人学生とのふれあいを目的とした行事や留学生が企画する行事など）を実施することにより，留学生同士，あるいは，教職員や日本人学生との交流を促進する．しかし，メンタル面での問題をかかえた留学生が自ら進んでそのようなサポートを受けにくるとは思えないので，こちらから情報収集することにより，できるだけ早く手を打つのが最大の予防策である．そのためには，留学生担当者は小まめに学内を動くことが重要である．

(8) 宿舎での環境整備

　寮の管理人やホストファミリーなど生活をともにする人々のサポート体制が重要である．ホストファミリーから情報の第一報が提供される場合がある．また，寮のチューターとの交流やRA（レジデントアシスタント）による日常生活へのサポートにより，初期のスムーズな適応の促進を行うことが可能であると考えられる．

(9) ストレスマネジメント教育の実施

学業や友人関係などのストレス源に対し，自分自身で対処する術を教え，自らの力で問題を解決する能力を高めるストレスマネジメント教育を，健康教育の一環として学校や地域で実践することが必要である．ストレスマネジメント教育の第1段階はストレスの概念を知る，第2段階は自分のストレス反応に気づく，第3段階はストレス対処法を習得する，第4段階はストレス対処法を活用することである．

冨永良喜ら (1999) は「心の教育」という点に関して，サイコエデュケーション（心理教育）は個人のストレスマネジメントを基礎とし，その上によりよい人間関係の形成や自己発見・自己開発を目指して，個の確立を主眼とすると述べている．ストレスマネジメント教育は，学業や友人関係などのストレス源に対し，自分自身で対処する術を修得し，自らの力で問題を解決する能力を高める心理教育の一環として学校や地域で実践されることが望ましい．さらに加えるならば，留学生をいつも援助される側に置かず，援助する・貢献する側になれる場へつなぐことや，留学生自身が何か社会に役立てるという有効感がもてるようにすることが肝要である．このような，心理教育も留学生のメンタルヘルスの予防のためには必要であるといえる．

東北大学が平成15年度から学生支援の一環として，学生相談所スタッフ全員が担当する全学教育科目「学生生活概論：学生が出あう大学生活の危機と予防」を開講していることは注目に値する．このように授業の一環として心理教育が行われることは，学生および授業担当者（学生相談スタッフ）の双方に大きな効果をもたらすと考えられるので，このような教育的なとりくみが広く行なわれることが望ましい．

3　第2次予防（早期発見・早期治療）

早期発見，早期治療のための対応策について，自由記述による回答をまとめたものを次に列挙する．

（1） 母国語による医療情報の提供や受診が可能な体制の整備

　留学生に対して多言語による医療相談や医療情報の提供が必要であり，NGO関係団体など多言語で対応している団体などとのネットワークを構築する．また，可能なら母国語で相談できるカウンセラーを配置するのも一方法である．さらに，言語はもちろん文化を理解している大使館や領事館の協力を得ることも必要であるだろう．

　大学によっては，留学生のほとんどが中国，台湾，韓国からの留学生であるため，留学生担当部局の窓口には韓国出身の職員の他，留学生アドバイザーとして，中国，台湾出身の留学生を配置しているところがあった．たんにその国の言語ができるだけでなく，同じ国の出身者（同胞）が窓口に座っていることが安心感を与える効果があると考えられる．用件がなくても，留学生担当の窓口で気楽なおしゃべりができるような雰囲気作りをすることがなによりも大切である．

（2） 面接の実施

　可能であれば，渡日当初の面接により不安要因のある学生を把握する．しかし，部局単位であっても，全員に面接を行うことはなかなか困難であるが，成績が急に悪くなったり，単位がとれていなかったりする学生（なんらかの問題をもっている場合が少なくない）に面接を行う．可能なら，留学生が普段から留学生担当の窓口を訪れるように指導する．

　留学生の話をよく聴き，気持ちを理解するとともに，留学生をとりまく環境・状況を正しく把握し，適切なアドバイスやスキル教育，環境調整などを行い，問題の発生を未然に防いでいくことが求められる．留学生とのラポールの形成と情緒的な支えが重要であり，カウンセラー自身のスキルアップを行い，留学生の自己肯定感を高めていく予防的カウンセリングが有効である．

（3） 情報の収集・共有化

　情報の収集により，早く手を打つのが最大の予防策であり，留学生担当

者は小まめに学内を動くことが必要である．さらに，発症者の周囲の人々への情報提供などを行うことも必要である．緊急の場合の留学生間での連絡網は，いちばん気安く頼りになるものである．携帯電話が普及している昨今，各自が連絡網の一員となっていることを自覚し，変化の起きている学生の状況を速やかに把握し，サポートしあえるように指導する．また，関係者間で対応の主窓口者（キーパーソン）を定めることが，特に危機対応では重要で，情報の収集・共有が大切である．

　その時に問題となるのは情報管理で，個人のプライバシーの保護に留意しなければならない．さらに，留学生の所属する組織内だけでなく，それをとりまく広義の関係者にも事態を理解させるために，いつどのような情報を発信するかは，当該組織の風評をいかに守るかにもかかわってくる．特にメディア対応は重要である．

（4）　ネットワークの構築・強化

　早期発見のために管理体制と留学生にかかわるすべての関係者・支援者間のネットワークの構築と強化が重要である．留学生と普段から密接にかかわっている教員や研究室の学生などから情報が入りやすくし，状況の把握ができるようなネットワークを構築する．そのためには，日本語教員や職員などとの日常的なコミュニケーションを円滑にし，保健管理センターなどの専門家（臨床心理士，医師，カウンセラーなど）との協力体制や学内・学外の留学生関係者間のネットワークを強化し，普段から連携を密にしておくことが重要である．

（5）　サポートシステムの充実

　受け入れ側のサポートシステムの充実が早期発見につながると考えられる．留学生と接している日本人学生，教員などに対してメンタルヘルスに関する一般的な情報提供などを行うことで，周囲の人達の「気づき」が問題の早期発見，早期治療につながるのである．また，処方された薬を正しく飲んでいるか確認するなど治療中のケアも必要である．留学生センター

の教員やカウンセラーが留学生ともっとも多く接するとは限らず，指導教員やチューター，同国人留学生，学内教職員・学生および学外の留学生支援団体（あるいは個人）などとの横のネットワークを確立することで，誰かが留学生の異変に気づき，適切な人に必要なサポートを求めることのできる体制を整える．さらに，留学生にとって重要な役割を担う指導教員に対してメンタルヘルスに関する情報の提供やコンサルテーションを実施するとともに，学内における医療機関や学生相談室などとの連携による相談体制の充実をはかり，地域の外国人相談機関と連携することも重要である．

4　第3次予防（社会復帰への援助，再発の防止）

　精神科治療が必要になった事例においても，言葉の問題や文化の違いに加えて，留学という強いストレスがメンタルヘルスに影響を与えている場合が多い．帰国して留学というストレスがとれれば何事もなかったかのように治ってしまう，反応性かつ一過性のものが少なくない．

　また，問題をもっている留学生が移動に耐えられる状態まで回復した場合，治療上は帰国することが望ましいと考えるのが一般的だろう．しかし，帰国するのがいちばんよいかどうかの判断は，帰国してからの受け入れ（治療の継続など）状況を配慮しなければならない．その留学生の家庭状況が悪い場合，帰国しても温かく迎える人がなく，ましてや周囲の人たちは途中で挫折した者とみなすため，ストレスがより大きくなることも考えられる．じゅうぶんな配慮が必要である．帰国時のつきそいや航空会社・政府機関との折衝，費用や帰国後の治療の継続についても今後の検討課題である．

3 留学生のメンタルヘルスに関する評価尺度（スクリーニング）

1 評価尺度の特徴と限界

不安障害や感情障害などメンタルヘルスが阻害されている可能性をチェックするための自己記入式の精神状態の評価法には，東大式エゴグラム，コーネルメディカルインデックス（CMI），自己評価抑うつ性尺度（SDS）などがある．

ウーリーらは，Two questions are as good as many と題する論文で，2つの質問でのうつ病の検出力は，多くの質問のそれと同等であると論じている．その2つの質問とは，During the past month, have you often been bothered by the feeling down, depressed, or hopeless ?（この1ヵ月，落ち込んだり，憂うつになったり，絶望的になって悩んだことがたびたびありましたか）と，During the past month, have you often been bothered by little interest or pleasure in doing things ?（この1ヵ月，なにをするにも興味や喜びが希薄になり，悩んだことがたびたびありましたか）で，この2つの質問のどちらかが yes というスクリーニングで，感度96％，特異度57％であると述べている（Whooley et al. 1977）．

また，ワトキンズらは，Do you often feel sad or depressed ?（たびたび悲しみや憂うつを感じますか）というひとつの質問項目で，これを検出し，その有効性を確かめた（Watkins et al. 2001）．

武本一美（2002）はうつ病のスクリーニングにおいては，うつ的な気分と意欲の低下または無快感症を質問すべきで，情緒的な波とうつを鑑別するため，若干時間的な要素を盛り込むべきであると考え，最終的にはうつ病のための質問は，「このところ何もする気が起きない」または，「落ち込んでいる日が続くか」とした．さらに，統合失調症のための質問は，「妙な考えが勝手に浮かんでくるか，または，監視されているように感じるか」としている．

UPI（University Personality Inventory）は，大学の保健管理センターで開発された日本の大学独自の質問紙で，多岐にわたる60の質問項目に yes と no の2段階で回答し，大学生のかかえる問題を把握するものである．yes の項目数が多い場合（通常30項目以上）や，「死にたくなる」など危機的な状態を示す項目が選択されている場合には本人に連絡をとり，カウンセリングや薬物療法などを行う．このように，UPI は大学生の心の問題を早期発見し，早期治療するために開発された．

大正大学学生相談室では，4月に，学生の全学検診において，UPI 健康調査表を学生全員に配布し，高得点の人を対象に本人宛に手紙を送り，学生相談の利用を呼びかけた．しかし，実際にこの呼びかけで来室した学生は数名であった．いっぽう，自発的に来室した学生の中に UPI 高得点の学生が含まれていたという現実もあり，調査の利用の仕方は今後の検討課題であると報告している．

また東京大学においては，磯田雄二郎（1998）が，発病危険群と正常群との間に UPI の点数に有意差が認められず，新入学予定者を UPI の結果で評価して個別に対策を打つことよりも，大学の保健センターに精神科があることを PR する方向に軌道修正されてきていることを報告している．東京大学では，UPI は質問内容が多岐にわたっており広範囲に受診者の状況を把握する手がかりが得られるものの，回答が2段階であるなどいくつかの問題点があったため，平成12（2000）年度からは国際的に広く利用されている NEO–FFI を用いて検診がおこなわれるようになった．その結果の一部（yes と回答した人数）を「東大保健センター平成12年度健康管理概要」に報告している．NEO–FFI 人格検査（Five Factor Inventory）は NEO–PI–R 人格検査（Revised Neo Personality Inventory）の短縮版で，5因子[*4]を測定するものであり，NEO–PI–R との相関は0.86〜0.66でじゅうぶんな妥当

[*4] 5つの因子とは，すなわち，ストレスに対する敏感さを含む「神経症傾向（neuroticism）」，社交性，活動性，快活な傾向を示す「外向性（extraversion）」，想像力，感受性や知的好奇心の強さを要素とする「開放性（openness）」，利他的な度合いを示す「調和性（agreeableness）」，自己統制力や達成への意志を示す「誠実性（conscientiousness）」である．

性が有り，質問は60項目から構成されている．

筆者は，留学生の場合はUPIの質問内容を理解できるだけの日本語能力がじゅうぶんでない者も少なくないので，その面においてもUPIは留学生にとって負担があると感じている．NEO–FFIを用いた場合についての研究・検証はまだ少ないが，留学生を対象に検査を行う場合，NEO–FFIを用いたほうが有効ではないかと考えている．

2　留学生のメンタルヘルス質問票

筆者は，「留学生のメンタルヘルスおよびヘルスケアに関する研究」（大橋 1995）において，**質問票Ⅲ**（巻末に掲載）を作成し留学生を対象に質問票調査を実施した．さらに，質問票調査後にメンタルヘルスの危機的な状況が起こった被調査者のケースとその被調査者が質問項目に回答した内容との関連性について言及し，使用した質問票が危機対応をするに当たって非常に有効であると論じた．

使用した質問票の内容は基本的属性（国籍，性別，年齢，婚姻状況，専門分野，日本滞在期間，日本語能力：会話能力および読解能力）と，①来日後のもっとも重要な問題（複数選択），②来日後の実際あった健康上の問題（複数選択），③日本での感情的ストレスがある時の援助：ソーシャルサポート要員（複数選択），④ソーシャルサポート利用頻度，⑤医師との日本語でのコミュニケーションの自信度，⑥医師の話す日本語の理解度，⑦医師との日本語でのコミュニケーションが困難な時に用いる手段（複数選択），⑧風邪をひいた時の治療法（複数選択），⑨医師の性別志向性，⑩本国でのソーシャルサポート要員（複数選択），⑪日本でのメンタルヘルスおよびヘルスケアでもっとも重要な問題（複数選択），および⑫本国の健康保険制度について設問した．この調査の結果，危機的な状況に対応する時に特に重要である設問項目は，上記の①，②，③，④，および⑩であることを示した．

また，筆者は，留学生のメンタルヘルス状態評価尺度としてツァンのSDSを使用した質問票調査を行い，事例研究との対照研究を行った（大橋

2002).調査後に面接に応じると回答した者と回答しなかった者について両群を比較したところ,SDS 得点に有意差はみられなかったが,メンタルヘルスが阻害されている(SDS 得点が高い)留学生が面接に応じることに同意するのも事実である.すなわち,SDS 得点が高い者も被援助志向性をもち,これによって介入可能となる.

このように,筆者が作成した質問票は予防的側面である早期発見だけでなく,発症した場合の危機対応においても有効である.これらの研究結果を基に,留学生のためのメンタルヘルス評価尺度(スクリーニング尺度)・質問票を開発し,その有効性を検証することが今後の課題である.

4 危機介入プログラムのあり方をめぐって

1 危機介入の諸説から

嶋崎政男(1998)は危機管理(リスクマネジメント)の意味・意義は危機的状況に対処するための事前予知・予測から,未然防止(危機回避),危機発生時への準備,危機への対応,再発防止までを含めた一連の活動であると述べている.そして,組織(システム)として対応することの重要性を指摘している.これを参考に筆者は,危機介入には「さしすせそ」の原則が重要であると考えている.すなわち,「〈さ〉サポート体制の,〈し〉指揮系統を明確にし,〈す〉素早く,〈せ〉正確に状況を把握し,〈そ〉組織で危機対応する」ということである.

この点に関し,花見槇子(1998)はまず危機管理体制の必要性を全学レベルで認識し,次にニーズ分析・リソース(社会環境,情報や知識,判断力や精神力,行動力,経済力,人間関係など)分析を行い,危機管理体制を築く基盤を知るとともに欠けている部分を獲得する姿勢が必要だと述べている.また,危機発生のときこそ足りない部分を獲得するチャンスだと指摘している.留学生アドバイザーにとって,自らの存在意義を確認することにもなり,ピンチ(危機事例)はチャンス(システムの充実を図る契機)で

あるといえよう.

　また,横田雅弘(2004)も「ニーズ分析」および「リソース分析」は,重要であり,基本的に次の3つのことが必要であると述べている.

- ・いざという時にどのような基本方針で動くかという大筋を決めておくこと.
- ・危機が発生したときに支援を要請できるネットワークを日頃から築いておくこと.
- ・柔軟に活用できる程度の資金を用意しておくこと.

　こうした日頃の基盤整備を推進するコアスタッフの役割について,次のように述べている.すなわち,コアスタッフとは日常的に留学生のケアや業務にかかる留学生担当者および大学の国際交流を実際に推進するキーパーソンとなる人物(留学生センター長,国際交流委員長等)であり,大きく分けて3つの役割があると述べている.

　第1の役割は,危機的状況が起こりにくい環境をつくることである.そのためには,留学生のサポートを担う広範なネットワークを構築し,問題が起きても危機的な段階に至る前に解決の手を打てるようにしておかなければならない.異文化に生活する留学生の生活を教職員,日本人学生,あるいは市民に知ってもらい,日頃の交流が進むように環境を整備する.

　第2の役割は,危機管理や生活支援等にかかわる学内の制度を整えていく役割であり,緊急時のための基金の設立を呼びかけることなども含まれる.

　第3の役割は,具体的な危機に臨んで迅速に対策チームを編成し,実質的なリーダーシップをとって対応の中核となることである.

　留学生が日本人学生と大きく相違する点は,家族(親)のサポートが得にくいなど,そのリソースが限られていることである.リソースとしては学内組織・地域社会・留学生(個人および留学生会)などがあるがそれらは大学によって異なっているので,留学生の危機介入プログラム(マニュアル)は個々の大学のニーズやリソースを勘案して作成されるべきことは

いうまでもない．すなわち，どこででも通用するマニュアルは存在しないということである．大学間での情報，経験の共有と統合を図りながら，独自のプログラムを開発することが求められている．

2　学校危機対応モデル

日本における学校危機対応モデルに関して参考となる，ピッチャーらの示した事前の準備，危機発生時の対応を紹介する．

（1）　事前の準備

危機が発生した時の教職員の役割分担を決めておく．危機対応マニュアルを作成する．定期的に教員に必要な応急処置や危機カウンセリングなどの危機対応研修会を開催する．緊急事態時に利用できる地域の医療機関をリストアップしておく．児童・生徒のために危機対応訓練，児童生徒のためのストレスマネジメント訓練を行う．

危機カウンセリングの通常のカウンセリングとの相違点は，①期間が短い，②危機の直接的原因に焦点を合わせ，危機状態の回避を目的とすること．③技法としては，直接的な指導が重視されることである．

（2）　危機発生時の対応

危機発生時には，事前に決められていた役割分担に従って，速やかに行動を開始する．保護者への連絡や協力体制，全児童への連絡，警察への連絡，学校内統率，マスコミ対応などを行う．また，養護教諭，保健主事，スクールカウンセラーは，危機時に救急処置を行う医療機関やこころのケアの専門機関への連絡や支援要請を行う．後方支援チームとして，教育委員会，PTA，同窓会などが重要となる．さらに，地域行政や医療福祉保健機関との平常からの連携が大事である．

危機時には，児童・生徒のニーズに注意を払い，対応方法を検討し，さらに，教員が感情をコントロールし，学生に冷静に適切な対応ができるように援助する．また，学校危機から影響を受けた子どもについては，専門

の機関を紹介することが肝要である．

このような危機介入の理論的考察は，伝統的心理臨床の発想からの転換が必要で，コミュニティ心理学と同じ概念にもとづいている．

3　コミュニティ心理学の視点から

山本和郎（1999）はコミュニティ心理学の基本的特徴を次のように述べている．

- 悩める人びと，ニーズをもつ人びとへの援助は地域社会の人びととの連携の中で行われ，心理臨床の専門家もその連携とネットワークの一員として専門性を役立たせている．クライエントは地域社会のさまざまな人びとによって支えられて生活をしている．
- 心理臨床の専門性の枠を広げ，新しいアイデンティティを確立する．アセスメントと心理相談またはカウンセリングをするだけでなく，他の専門家，専門機関との連携，地域社会のキーパースンへのコンサルテーション的な働きかけ，地域社会の人びとの間での社会的支援のネットワークづくりなど，さまざまな働きかけが心理臨床のなかで確立され位置づけられなくてはならない．
- 密室である相談室を出て，地域社会を土俵にした心理臨床の専門的援助をしていくには，伝統的心理臨床の発想からコミュニティ心理学的発想への転換が必要である．

伝統的心理臨床にはないコミュニティ心理学的発想について，山本（1999）によれば次のように整理される．

- 伝統的な心理臨床家は心的内界至上主義であり人中心主義である．これに対してコミュニティ心理学的臨床は，人の行動は人とそのおかれた社会的環境との相互作用で成り立っているために，心的内界の要因と同時に社会的環境の要因を重視すべきと考えている．
- 社会的およびコミュニティ的介入（システムを志向した介入）は，個人

の心的内界に介入（個人を志向した介入）だけをめざすよりも，より効果が期待できると考える．個人の行動変化には，その個人をとりまく集団，組織，社会制度という上位システムへの介入がより効果的である．
・治療だけではなく予防の視点を重視する．メンタルヘルスの対策を予防の概念によって，第1次予防，第2次予防，第3次予防を含めた総合的な対策としてとらえる必要がある．
・たんに心的悩みを軽減することよりはむしろ，社会的能力を強化することにその介入の目標が置かれる．本人の弱い側面の修復を目指すよりも，本人の強い側面，健康な側面をより支え，強化していく姿勢である．発達課題をうまく乗り越えていけるように援助する「成長モデル」的発想や本人を支えていく社会的支援システムづくりをする介入を基にしている．
・来談者がサービスを求めてくるのを受動的に待つのではなく，来談者の方へ積極的に近づいていかなければならない．それゆえ，心理臨床サービスの利用しやすさについてじゅうぶんに考慮し，利用者の立場に立った多面的サービス，メニューの用意，24時間サービスの発想，利用者に理解しやすい言葉を用いることなどの配慮が必要である．
・みずからの専門性の影響をより広げるために地域社会にいる非専門家的協力者と連携し，地域社会でクライエントを支えているボランティアの人びとなど非専門家的協力者を大切にし，非専門家的協力者の養成やコンサルテーションとしての援助を行いながら，地域社会に社会的ネットワークを強化していくことを重視する．

学生相談における危機介入プログラムを構築する上では，こうした観点が非常に参考になることはまちがいない．

4　ガイドライン

留学生における危機は，その危機が天災的であれ，人災的であれ，自然

的要因(大学の自然条件)や社会的要因(住民の特性)といった,その大学に特有な外的条件の影響を受ける.また,その大学の規模・教職員構成といった内的条件により,その危機に対する対応も異なることが予想される.その意味では,留学生の危機管理の方法は,個別の大学の特性に応じて経営構想される必要がある.このときの第1の課題は,管理職のリーダーシップによる危機管理の計画化によって,教職員集団の「危機意識」を形成することである.第2に,危機管理のための協働化(学校外との連携)を方法としなければならない.第3に,留学生のための危機管理でなければならない.危機に対して留学生の生命と安全を最大限に保障する実質的な事前予防措置と,危機におちいってしまった留学生の恐れや不安による精神の不安定をいかにケアするかという事後予防措置の2つが重要となる(篠原 2001).

これらのことをふまえたうえで,JAFSAの多文化間メンタルヘルス研究会SIG(後述)の会員を中心に,2006年度JAFSA調査・研究助成金により「外国人留学生のメンタルヘルスのための危機介入ガイドライン」報告書をとりまとめた(大橋編著 2008).

本ガイドラインの趣旨は,異国で勉強している留学生とその支援にかかわるすべての人々が彼らのメンタルヘルスの危機介入に対応するときに,標準的指針として機能し,彼らの留学生活が充実したものとなることを目標としている.

本報告書では,大阪教育大学学校危機メンタルサポートセンターの初代センター長である元村直靖が「危機管理マネジメント」における危機介入の実際を論じている.そこでは,米国における事前モデル的な危機管理モデルについて概説するとともに,兵庫県立心の教育総合センターが日本の学校の現状にそって策定した危機対応実践プランを紹介している.さらに,「事前の準備」と「危機対応」における教職員がはたすべき任務,危機対応サポートシステムの短期的・中期的・長期的な展望に立った活動・計画,およびオーストラリアで行われているメンタルヘルス応急対応(Mental Health First Aid)についても概説している.さらに,資料編では災害と

テロの被害を受けた子ども，思春期の青年，大人，家族の心理的ニーズに対する「最適の緊急介入」として，米国の災害精神保健の専門家から支持されているPsychological First Aidについても概説している．構成内容の多くは，研究成果から導き出されたものであり，災害やテロ直後の援助方法をモジュール式にまとめ，トラウマによって引き起こされる初期の苦痛を軽減すること，短期・長期的な適応機能と対処行動を促進することを目的としている．日本でそのまま利用できるかは検討が必要であるが，留学生のメンタルヘルスのための危機介入に参考になると考えられる．

5 結 論

留学生の危機介入のあり方について考察し，提言を試みたい．

1 考 察

(1) オリエンテーションのあり方

対人関係や異文化間コミュケーションの項目は，留学生にとっては来学時に重要な情報であるが，大学ではそれほど重要な情報であるとは考えていない．このギャップが大きいことを念頭においたオリエンテーションが行われることが重要である．

異文化オリエンテーションの目標は留学生を異文化に適応させ，勉学の成果を上げることである．唯一の理想的なオリエンテーションはありえず，それぞれの大学のニーズに合ったオリエンテーションプログラムを計画することが必要である．

知識や情報を増やす認知的局面に加えて，感情的および行動的局面が立体的に作用する異文化間コミュニケーション訓練も重要である．異文化間コミュニケーション訓練は，日本人と留学生が相互補完の関係にあることはいうまでもなく，文化間の相互理解と相互尊重ができる日本人の育成が急務である．

オリエンテーションの充実を図るため，次の4点を指摘したい．

[内容に関して] 繰り返しになるが，留学生は人間関係や異文化間コミュニケーションの問題が重要であると考えているが，留学生受け入れ大学ではそれほど重要な情報とは考えておらず，オリエンテーションの項目としての実施率が低くなっている．人間関係，異文化間コミュニケーションは留学生のメンタルヘルスには必要不可欠であり，授業，ホームルーム，合宿などでこれが実施されるようにすべきである．

[リソース（関係するスタッフ）に関して] 留学生のオリエンテーションにおいては，新入留学生を日本人学生もしくは先輩留学生と組み合わせ，新入留学生が日本の大学生活に適応し，ひいては順調に勉学を推し進める手助けする仕組みを検討することが重要である．今後は留学生会や日本人学生による留学生支援団体およびチューターをオリエンテーションの参加要員（リソースパーソン）として活用するなど多様なとりくみが望まれる．

　一例をあげよう．広島大学では学生同士が気軽に相談しおたがいに助け合う学風を醸成することを目標に，学生ボランティアが学生の相談に応じる部屋としてピアサポートルームを設置している．設置の背景としては，郊外へのキャンパス移転に伴う社会資源の不足や相談の多様化，ピアカウンセリング（非専門家もしくは当事者自身の潜在能力を活用した対人関係援助）への関心の高まりなどをあげているが，このようなとりくみは注目に

コラム6　ピアカウンセリング

　「ピア」とは「同じものを共有する対等の仲間」を意味する．「ピアカウンセリング（peer counseling）」とは，何らかの共通点（同じような経験や背景）をもつ（または経験した）者（グループ）間で行う非専門家によるカウンセリングである．準専門家（パラカウンセラー）による対人的援助（物質的援助ではない）行動である．
　大学生（留学生）などの非専門家が，カウンセリングについてある程度の訓練を受けて，専門家によるスーパービジョンを受けつつ，専門的カウンセリングを受けることができない仲間を，傾聴，支持などの言語的・非言語的介入により，心理的・社会的に成長するように人間的に援助することである．

値する．また，ペンシルバニア州立大学でもピアアシスタントを実施しており，留学生や配偶者の健康維持のための援助に関心のあるトレーニングを受けた先輩留学生やアメリカ人学生による健康管理に必要な援助，健康に関する情報の翻訳，健康に関するバイリンガルの資料の作成，学内医療機関の案内，医療機関の紹介，緊急時における通訳，学生と医療機関の連携を行っている．

[方法に関して] オリエンテーションの一環として，異文化の認知・理解のために ICW（異文化間コミュニケーションワークショップ）を実施することなどは，有効である．ここでは，講義形式だけでなく，グループディスカッション，ロールプレイ，ケーススタディ，シミュレーションなどの経験学習形式によるトレーニングが行われる．異文化シミュレーショントレーニングは，認知的，感情的・行動的な3局面を立体的に統合したもので，異なる文化背景，価値観，規範などをもった者同士が接触することによって，異文化を擬似体験し，同時に異文化における心理状態も経験する．シミュレーション終了後には，その内容を振り返り，各自が体験したこと，気づいたこと，感じたことについて述べ合い，文化や価値観の違いを認識し，実生活や実社会でどのように応用し，対応すべきかを考えていく．主なものに，「バファバファ」，「スターパワー」，「バーンガ」，「エコトノス」[*5]などがある．ICW を行うことにより，留学生は，滞在文化についての洞察を深めることができるとともに，日本人学生とのコミュニケーションによってピアグループの広がりができる利点がある．また，これらは異文化適応に対するカウンセリングとしての役割もはたしている．

[*5] 「バファバファ」，「スターパワー」，「バーンガ」，「エコトノス」とは，いずれも，異なる文化への疑似体験をとりいれたシミュレーションゲームで，異文化トレーニング法のひとつである．個人ではなくグループでとりくみ，知識，感情・行動の3側面から異文化を体験することができる．また，異なる文化背景，価値観，ルール等をもった者同士が接触することによって，異文化を擬似体験し，同時に異文化における心理状態も経験することができる．シミュレーションゲーム終了後には，その内容を振り返り，各自が体験したこと，気づいたこと，感じたことについて述べ合い，文化や価値観の違いを認識し，シミュレーションから学んだことを実生活や実社会でどのように応用し，対応すべきかを考えていくことができる．

[プログラミング上の留意点について] オリエンテーションを構築する上で問題になる点として，留学生の語学力（日本語等）の差，留学生の多様性，プログラムの開発・スタッフの増員のための経費などがあげられよう．しかし，よいプログラミングはよりよい協力体制，援助（人的・経済的）を得られ，スタッフの時間の問題の解決，オリエンテーションへの留学生の関心を高めることになる．こうした「外部（間接的）効果」も評価することが，プログラム作りには肝要である．

（2） 危機介入における通訳の問題

外国人用の「ライフライン（命の電話）」では，カウンセリングは母国語でなければならないとしている．どんな外国語の上手な人でも，その国の人と同じような気持ちをもって悩みを聞くことは不可能で，相談者は同じ国の人と話したがる傾向がある．ただし，鈴木國文は留学生の精神保健の留意すべき点は，ひとつは彼らには自国に住む人なら当然あるべき「隠れ家」がなく，ともすれば，「隠れ家」と受けとられがちな同国人のグループもその中での競合や秘密の漏洩が懸念されるので，プライバシー保護に対する理解と配慮が担当者に求められていると指摘している（鈴木 1989）．実際，通訳を介してカウンセリングを行う場合，相手が日本人である場合以上に同国人通訳に対して警戒する例もあり，この点では注意を要する．

通訳を通してのカウンセリングには3つのモデルがある．①「ブラックボックスモデル」通訳は器械と同じで，情緒的な伝達ができない．②「正3角形モデル」通訳を交えることによって，クライエントの態度，印象，振る舞いが観察できる．③通訳はクライエントと同国人で，さらに，日本文化に受け入れようとするケースワーカーが入ることにより，クライエントが2つの文化の中を気持ち的に自由に行き来でき，通訳がいる存在自体が治療の手段になるモデル．このモデルがもっとも望ましい．

AMDA（アジア医師連絡協議会）国際医療情報センターは外国人患者対応の各種対訳の出版，東京と関西において電話による相談（言葉の通じる

医療機関の紹介，医療制度の案内）を多言語で行っている．また，情報の多言語化（医療通訳含む）について積極的にとりくんでいる横浜市のように，地方公共団体によっては多言語による生活ガイドブックなどを作成しているところも少なくない．京都市でも日本語が不得意な外国籍市民に安心して医療を受けてもらうため，京都市国際交流協会および民間ボランティア団体である「多文化共生センター・きょうと」との協働により，英語，中国語，韓国・朝鮮語の医療通訳を4か所の病院に派遣している．

京都の医療通訳派遣事業では，診療時は逐語訳・中立性を保って通訳を行うという大前提ではあるが，通訳のレベルではなく，通訳するスタンス別に受診サポーターと通訳サポーターの2種類に分けている．双方とも診察室に入り通訳を行っている．受診サポーターは患者支援というスタンスで通訳を行う．患者の受診に対する不安や医療文化の違い，医療制度についての説明などを行うのが特徴である．これに対して通訳者は，手術や手術説明・同意書など，専門性の高い分野の通訳を行う．通訳者は，受診サポーターと比べると医療者，患者に対して中立的にかかわることが重視されているのが特徴となっている．筆者は長年の経験から受診サポーターの存在・役割が通訳者とともに重要であると感じている．

こうしたとりくみは国内の各地域で，少しずつではあるが進められており，2007年2月には第2回「医療通訳を考える全国会議」が開催されている．今後のとりくみとして，「医療機関の理解と協力」，「通訳人材の確保と育成」，「財源の確保」，「通訳をコーディネートする人材の確保」，および「行政の理解と協力」が重要課題である．

病院精神医療研究会が平成4・5年度厚生省科学研究費によって行った「異文化適応障害に対する精神健康医療システムに関する研究」では精神保健対策および精神医療が円滑に行える通訳ネットワークを確立する．そのため，関東と関西にそれぞれ1箇所ずつ「医療通訳センター」を設置し，留学生やボランティアなどを組織化する．そして，「医療通訳センター」は通訳の派遣のみならず，各保健所，医療機関に対して電話回線を利用した通訳サービスも行う．それを利用する各保健所，医療機関は患者と

第1編　理論編

「医療通訳センター」を同時に結ぶ3方向会話の可能な機器を設置することを提言している．また，外国人の精神障害の早期発見と早期治療のために，外国人のための「異文化適応障害相談センター」を関東と関西の入院可能な医療機関に1カ所ずつ措置し，「医療通訳センター」を併置することも提言している．さらに，外国人コミュニティ内の自助活動団体や，外国人に対する援助団体を育成するための助成制度を完備することについても提言している．

（3）マクロ的視野からの支援ネットワークの課題

天野恵子（1990）は学内の留学生センターと保健管理センターを中核とした他機関とのネットワーク作り，学外保健医療機関とのネットワーク作

> **コラム7**　NAFSA
>
> 　1948年に NAFSA：The National Association of Foreign Student Advisors として設立された国際教育交流団体で，1990年に NAFSA：Association of International Educators と名称変更された．国際教育交流にかかわる専門家や担当者の専門性の開発およびネットワーキングを目的とする世界的規模の非営利団体で，大学・語学学校・交流団体・エージェントなど3,500の機関の外国人学生カウンセラー・語学教員・入試担当者・ボランティア活動家など150ケ国を超える約10,000人が会員となっている．毎年，数千人が集まる大規模な国際会議を開催し，留学生が安心して質の高い教育を受けられるよう，留学生のための受け入れ体制の充実や教育環境の向上を図っている．NAFSA は，調査研究，研修，助成，出版，広報など幅広い活動を展開しており，留学交流に関する米政府への圧力団体的な活動も行っている．
> 　最近，海外留学部門（Education Abroad KC），国際教育推進部門（International Education Leadership KC），留学生および外国人研究者サービス部門（International Student and Scholar Services KC），学生募集・入学選考および入学準備部門（Recruitment, Admission, and Preparation KC），国際教育論教授・学習・研究部門（Teaching, Learning, and Scholarship KC）という5つの知識コミュニティ（Knowledge Community；KC）に再編成されており，各KCの下にさらに細分化された専門別ネットワークや，SIG と呼ばれるテーマごとの研究グループがあり，会員同士のネットワーク・交流が積極的にはかられている．

り，全国レベルでの保健情報収集伝達システム作りに踏み出すことが必須であるとしている．米国では NAFSA : Association of International Educators と American College Health Association が1986年に Joint Committee on International College Health を設立し，留学生の異文化適応に関するヘルスケアの実施と増進を図るようになった．さらに WISH（Annual Workshop on International Student Health）を開催するようになった．これは12の NAFSA の地域の代表者からなり，留学生アドバイザーと医療従事者がいっしょになって留学生のヘルスケアの質の向上のために，キャンパスや地域におけるリソースパースンのネットワークを発達させることを目指している．

　日本でも JAFSA（国際教育交流協議会）とメンタルヘルスの専門家（精神科医やカウンセラーなど）が協力して，ネットワークができれば，留学生

コラム8　多文化間精神医学

　「多文化間精神医学（transcultural psychiatry）」とは，多くの文化の間に生じる精神医学的問題を扱う学問であり，臨床的実践である．いわば文化と文化を跨ぐ（トランスする）精神医学である．このような精神医学の性格から，人類学（文化人類学，医療人類学），民族学，社会学などの多様な専門分野とも学際的連携を保っている．研究内容としては，難民，移民や留学生の適応問題，文化や社会が精神障害発生や処遇に与える影響の研究，精神保健に関する国際・文化比較研究，少数民族や先住民の精神保健問題などである．

　1980年代から90年代にかけて，日本の各地に，インドシナ難民，中国帰国者，外国人花嫁，外国人労働者が増えはじめた．また，日本人の海外進出も活発となり，「こころ」と「文化」のかかわりが重要になってきた．そこで，「文化」と「こころ」という領域に関心を持つ精神科医，精神保健専門家，教育関係者があつまり多文化間精神医学会（JSTP: Japanese Society of Transcultural Psychiatry）が1993年に設立された．

　「学術大会」と「ワークショップ」が研究と啓発活動の中心になっており，学会の機関誌として「こころと文化」を発行している．

　平成14年度より学会員を対象として，多文化間精神医学に関する優れた学識と高度の技能および倫理観を備えた専門家を養成し，多文化間精神保健に貢献することを目的とする「多文化間精神保健専門アドバイザー」という専門資格認定制度を発足した．

のメンタルヘルスやヘルスケアを考える上で，たいへん有効であろうと考えられる．また，NAFSAによるコンピュータベースによる健康に関する情報やリソースのクリアリングハウスである「ヘルスリンク」のようなことも将来的には検討する必要があるのではなかろうか．

これにかかわって，筆者らがJAFSAサマーセミナー2005において，「留学生のメンタルヘルス：危機介入と危機管理」のワークショップを実施したところ，これを機にメンタルヘルスに関する研究を継続して行いたいとの要望が参加者全員から出された．そこで，JAFSAのSIG（Special Interest Group）活動によって継続的にメンタルヘルスに関する研究活動を行うことは有意義なことであると考え，「多文化間メンタルヘルス研究会」を設立し，多文化間精神医学会，日本カウンセリング学会などと連携をとりながら研究活動を行うことになった．そして，SIGの会員が中心となって，JAFSAの助成金により「外国人留学生のメンタルヘルスのための危機介入ガイドライン」の策定を行った．さらに，NAFSAやEAIE（European Association for International Education）などの海外の専門家（団体）との連携を視野に入れて活動を行うことを目的としており，今後の研究会の活動が期待される．

2　提　言

(1)　大学・コミュニティに向けて

オリエンテーションを出発前からリエントリーまでの全体の適応過程（プロセス）としてとらえ，留学生を異文化に適応させ，彼らのメンタルヘルスを予防するという観点から知識や情報を増やす認知的局面に加えて，感情的および行動的局面が立体的に作用するオリエンテーションの充実を図る．

それぞれの大学のニーズに合った内容，方法，リソース，タイミングを統合した独自の弾力的なオリエンテーションプログラムを計画する．オリエンテーションは留学生を対象とするだけでなく，留学生を支援するリソース（教職員，学生，ボランティアなど日本人）を対象にも実施する．

(2) 行政に向けて

　大学は地方公共団体の国際交流機関などと連携して，留学生のメンタルヘルスの問題に対応することが望まれる．しかし，なによりも留学生のメンタルヘルスへのとりくみに対して，国および地域レベルでの制度・政策の改善などマクロ的視野からもバックアップ体制を確立する．

(3) 研究者に向けて

　留学生のためのメンタルヘルス評価尺度（スクリーニング尺度）・質問票を開発し，その有効性を検証する．

文献

Bennet, J. M. : Modes of Cross-Cultural Training : Conceptualizing Cross-Cultural Training as Education, *International Journal of Intercultural Relations*, 10(2), 127-134, 1986.

Brislin, R. W. & Pedersen, P. : *Cross-Cultural Programs*, New York : Gardner Press, 1976.

Brock, S. E., Sandoval, J. & Lewis, S. : *Preparing for crises in the schools : a manual for building school crisis response teams* (2 nd Ed.), John Wiley & Sons Inc ; 2001. （今田里佳監訳，吉田由夏訳：学校心理学による問題対応マニュアル―学校で起きる事件・事故・災害にチームで備え，対処する，誠信書房，2006）

遠藤康夫，天野恵子：外国人留学生の健康問題，留学交流11, 22-23, & 12, 22-23, 1990

磯田雄二郎：外国人留学生のメンタルヘルス，大西守編：多文化間精神医学の潮流，診療新社, 228-239, 1998

Mitchell, J. T. & Everly G. S. Jr. : *Critical Incident Stress Debriefing : An Operational Manual for CISD, Defusing and Other Group Crisis Intervention Services* (3rd Ed.), Chevron, 2001. （高橋祥友訳：緊急事態ストレス・PTSD対応マニュアル―危機介入技法としてのディブリーフィング，金剛出版，2002）

Rogers, J. & Larsen, D. : *Optimizing Health Care*, NAFSA, 2002.

加賀美常美代，箕口雅博：留学生相談におけるコミュニティ心理学的アプローチの試み―チューター制度導入後の留学生寮相談室活動の質的変化，コミュニティ心理学研究1(1), 1(15), 1997

Martin, J. N. : Theories and Methods in Cross-Cultural Orientation, *International Journal of Intercultural Relations*, 10(2), New York : Pergamon Press, 1986.

Mestenhauser, J. A. (Ed.) : *Culture, Learning, and the Disciplines : Theory and Practice in*

Cross-Cultural Orientation, Washington, D. C.：NAFSA, 1988.

小椋力編：精神障害の予防をめぐる最近の進歩，星和書店，2002

大橋敏子：平成元年度文部省科学研究費補助金（奨励研究B）研究成果報告書「外国人留学生のための社会的・文化的適応におけるオリエンテーションに関する研究」，1990

大橋敏子：留学生オリエンテーションの課題—二つの実態調査から，異文化間教育5，49-65，1991

大橋敏子：平成4年度文部省科学研究費補助金（奨励研究B）研究成果報告書「外国人留学生の帰国適応のためのオリエンテーションに関する研究」，1993

大橋敏子：外国人留学生の帰国適応問題—調査結果を基にして，異文化間教育8，96-105，1994

大橋敏子：平成6年度文部省科学研究費補助金（奨励研究B）研究成果報告書「外国人留学生のメンタルヘルスとヘルスケアに関する研究」，1995

大橋敏子：外国人留学生の異文化適応とメンタルヘルス，井上孝代編：留学生の中途退学者に関する異文化間臨床心理学的研究，平成8・9年度文部省科学研究費補助金（基盤研究C）研究成果報告書，1998

大橋敏子：自殺企図の外国人留学生への危機介入事例—精神科医との連携を中心にして，カウンセリング研究33(3)，60-68，2000

大橋敏子編著：外国人留学生のメンタルヘルスのための危機介入ガイドライン，2006年度JAFSA助成調査・研究報告書，2008

Paige, R. M.：*Cross-Cultural Orientation：New Conceptualization and Applications*, New York：University Press of America, 1986.

Parad, H. J. & Parad, L. G.：*Crisis intervention Book 2：the practitioner's sourcebook for brief therapy*, 1999.（河野貴代美訳：心的外傷の危機介入—短期療法による実践，金剛出版，2003）

Pitcher, G. D. & Poand, S.：*Crisis Intervention in the School*, Guilford Press, 1992.（上地安昭，中野真寿美訳：学校の危機介入，金剛出版，2000）

嶋崎政男：生徒指導の危機管理，学事出版，1998

篠原清昭：求められる危機意識の形成—学校の経営的課題，季刊教育法131，16-21，2001

鈴木國文，大東祥孝：留学生のメンタルヘルス—その基本的留意点，第27回全国大学保健管理研究集会報告書，1989

多文化間精神医学会編：多文化社会と「こころの健康」，こころの臨床ア・ラ・カルト13増刊号，星和書店，1994

武本一美：大規模大学における学生の精神障害のスクリーニング，第23回全国大学メンタルヘルス研究会報告書，2002

冨永良喜，山中寛編著：動作とイメージによるストレスマネジメント教育展開編—心

の教育とスクールカウンセリングの充実のために,北大路書房,1999
Watkins, C., Daniels, L., Jack, C., Dickinson, H. & van Den Broek, M. : Accuracy of a single question in screening for depression in a cohort of patients after stroke ; comparative study, *BMJ*, 323 (7322) 1159, 2001.
Whooley, M. A., Avins, A. L., Miranda, J. & Browner, W. S. : Case-finding instruments for depression. Two questions are as good as many, *J Gen Intern Med*. Jul ; 12(7), 439-45, 1997.
山本和郎:コミュニティ心理学―地域臨床の理論と実際,東京大学出版会,1986
山本和郎:コミュニティ心理学,氏原寛他編:カウンセリング辞典,220-221,ミネルヴァ書房,1999
山本和郎:危機介入とコンサルテーション,ミネルヴァ書房,2000
横田雅弘,白土悟:留学生アドバイジング―学習・生活・心理をいかに支援するか,ナカニシヤ出版,2004
平成4・5年度厚生科学研究総合研究報告書「精神科の医療と処遇に関する研究(II)」,異文化適応障害に関する精神保健医療システムに関する研究,病院精神医療研究,1994

第5章

異文化適応とメンタルヘルス

1 留学生が抱く日本・日本人のイメージ

　留学生が日本・日本人に関して留学生がいだいているイメージについて，筆者が白土悟および重松スティーブンとの共同研究で実施した調査（大橋 1995）から紹介する．

　なお，回答のうち日本語によるものは原文のままの表現とした．

1　調査の概要と結果

　調査対象者は，国立大学で留学生を多く受け入れている7大学に在籍し，家族を帯同している留学生で，日本語と英語による**質問票Ⅵ**（巻末に掲載）を使用し，無記名で回答を求めた．回答者231名，回収率42.2％であった．回答者の属性については，本書第7章「配偶者・家族の重要性」に詳しく掲載しているので，そちらを参照してほしい．

　日本・日本人についてもっとも多かった記述は，日本人は「誠実・勤勉」「礼儀正しい」「真面目」「規律がある」というものだった．ついで，日本人は「優しい」「親切」と回答した者も多かった．しかし，「建前があり，本音をいわないので，つきあいが難しい」「表面と内心が違う」「日本人はつねに2つの心（マインド）をもっている」「本心を理解するのは難しい」「心を開かないので壁を感じる」「本当の友達になりにくい」「友達になっても距離感がある」「閉鎖的であるので，もっと広い心と開放性をもつべきである」といった意見も多くあった．また，「忙しすぎて，生活にゆとりがなく，ストレスがたまっている」「規律を守る民族であり，自

分の創造力と個性がなくなった民族である」と回答した者もあった．

　さらに，「同じアジア人なのに，アジアの留学生には高慢な態度で，欧米の留学生にはやさしい態度で接している」「アジアの仲間を差別している」「人種差別がある」「アジア人を見下している」「日本人は西洋人を中心として交流し，日本人はアジア人ではない」といった意見もあった．この点に関しては，「密入国したり，日本語学校を卒業したが大学に入学できず不法滞在をしたりしている中国人が多いので，社会的に悪い影響を与えている．これらの問題は，日本で真面目に留学生活をしている留学生の評判まで悪くしている．日本の社会が不法滞在の者と留学生を区別して，中国の留学生に対して米国の留学生と同じような対応をすることが望ましい」といった要望や，「留学生と水商売の人とをいっしょにして同じように扱う人もある」といった不満の意見もあった．

　また，「日本人は個人レベルでは優しいと思うが，日本人全体となるとどうしても理解しにくい点が多い．たとえば，歴史観の欠如と被害者に対する無関心などがある．日本は国際社会において，何をやるかを考える前に，何が間違っていたかを認識する必要があると思う」「個人としての日本人に対しては非常にいい印象をもっているが，政府・官僚や一部の政治家（団体）の戦争意識などの曖昧さに対して不満を感じる．日本人は戦争責任から日常生活に至るまで責任を避ける意識が強い．靖国神社に行ったときの感触は非常に悪かった」といった意見もあった．

　こうした声のあるいっぽう，「一般人は多くの人達が外国からの留学生を優しく接待してくれる（たとえば，ホームステイ）」，「ホームステイや日常生活で，多くの日本人と接触することによって，日本人の生活や考え方が徐々にわかってきて，自分が日本という国の理解者として，将来帰国した時に日本と本国の交流に役立ちたい」といった意見もある．「日本人に対する偏見が少し変わった．今まで問題にされてきた両国の感情的なものより，今後のことについて期待したい」「これからの日韓の交流に注目したい」という意見や，「どこの国の人というより，同じ人間であることが，付き合いをすればわかる，国籍なんか関係ないと思っている」といっ

た意見もあった．

2　日本・日本人イメージの時間的変遷

ここで，岩男寿美子の在日留学生調査の結果と比較したい（岩男 1988）．1975年と1985年の調査結果では対日イメージのプロフィールはきわめて似通っていることが確かめられた．すなわち，日本人は「勤勉」で「競争心が強い」「正直」「責任感があり」「信頼できる」という具合に〈勤勉性〉や〈信頼性〉は高く評価されるいっぽうで，「男女差別的」「身分主義」などと〈先進性〉では低く評価されている．

ただし，日本人に対する評価は，前回の調査結果に比べると，全体に悪化する傾向が認められる．「男女差別的」「身分主義」「考えが古い」「偏見がある」といった否定的評価には大きな変化が認められないものの，「正直」「競争心が強い」「勉強好き」といった好意的評価は減少しており，また日本人との人間関係に直結した「つめたい―暖かい」「つきあいにくい―つきあいやすい」といった〈親和性〉に関する項目でも日本人に対する留学生の目が以前よりも厳しくなっている．

その理由は明らかではないが，在日留学生の多数派を構成する国々，例えば韓国と台湾からの留学生間では，対日イメージが全般に悪化する傾向が強くなっている．また，日本人はかなり「心が狭い」という評価が示されるいっぽうで，「傲慢」というよりも「謙虚」という見方が一般的になっていると述べている．

ただし，筆者自身が1994年と2001年に実施した調査結果からみると，個人レベルでのたがいのイメージにおいては日韓関係が改善されてきているのではないかという見方もできる．こうした傾向は，いわゆる「韓流ブーム」に代表されるように日本人の韓国人に対する態度の変化とも深く関係しているともいえよう．

2 留学生の異文化適応の課題と過程

　外国という新しい環境に置かれた留学生が，この環境にうまく適応できなければ，留学の所期の目的の達成もおぼつかないうえ，恐怖や不安定感，ホームシックや憂鬱，集中力低下や学業不振，また極端な場合，精神的にも身体的にも衰弱をきたすなどの問題を起こしかねない．留学生が，これらの問題に対処し，さらに積極的に与えられた教育上および社会上の機会から恩恵（ベネフィット）をじゅうぶんに享受できるように，留学生の置かれている特徴，適応課題および異文化への適応過程に留意しなければならない．

　ここでは，新しい文化環境に投げ込まれた存在である留学生の，適応課題・適応過程および不適応現象について概説する．

1　留学生が置かれている状況の特徴と適応課題

　トーマスとオールセンは留学生の特徴として，次のことをあげている (Thomas & Althen 1989)．

・移行期にある人間である．
・受け入れ国との間に基本的な考え方や価値観の相違がある．
・ソーシャルサポートの状況が特有である（家族との連絡がとりにくいなど）．
・5つの点で，習慣的なコミュニケーションのスタイルが異なっている（話題，交流形式，関与の深さ，コミュニケーションのチャンネル，意味のレベル）．
・カウンセラーの役割についての概念が大きく異なる．
・独自の問題と適応課題に直面する．

　そして，留学生の適応課題として，次のように整理している．

- 言語，孤立，文化ショック，地位ショック等の新しい文化への最初の適応
- 教育システムの違いによる学業面での困難
- 地域社会での同国人の間で起きる政治・宗教・社会的対立・摩擦
- 戦争・政変・経済危機など，本国の事件の影響
- 異文化間の男女関係
- 社会的孤立，抑うつ，パラノイア
- 固有の経済的困難
- 出入国管理局への恐れから来る不安
- 指導教員，ルームメイト，家主など受け入れ国の特定の人との関係から来るストレス
- 新しい自由への対処（高文脈社会から低文脈社会に来たときなど*1)
- 期待のプレッシャーへの対処
- 本国の不幸（友，家族の死など）への対処
- 卒業後の進路の選択
- 帰国についての不安

　これらの項目を，日本で学ぶ留学生に照らし合わせてみると，新しい自由への対処を「低文脈社会から高文脈社会に来たとき」と変更する項目以外は，日本で学ぶ留学生についても当てはまるだろう．

2　異文化への適応過程

　「カルチャーショック」とは，個人が自身の文化がもっている生活様

---

*1 「高文脈社会／低文脈社会」という言葉について補足しておく．日本のように，伝えたいメッセージが，実際に話された言葉以外にも存在する割合が高く，コミュニケーションをする人どうしの間に，文化，伝統，習慣，価値観，知識などメッセージを解釈するのに必要な共有前提の程度が高い社会を「高文脈社会」という．高文脈社会では，言葉を使って話をするときでも，相手に言外の意味を推し量ってもらう割合がより多く必要である．そのため，その文化を理解していないと，言葉だけではうまくコミュニケーションができない．このようなことが異文化適応上において大きな問題となる．

式，行動，規範，人間観とは多かれ少なかれ異なる文化に接触したときの当初の感情的衝撃，認知的不一致として把握されることが多いが，決してそれだけにとどまらない．それに伴う心身症状や累積的に起こる潜在的，慢性的なパニック状態も含んだ概念である（星野 1980）．そしてカルチャーショックは，ほとんどの留学生が程度の差はあるものの経験している．したがって，いかにその衝撃を緩和させ，適応させるかが課題となる．同時に，カルチャーショックが自文化をあらためてみつめる機会となり，その衝撃を乗り越えてこそ留学生本人が成長し，異文化理解が深まる，という積極的な側面を考えて対応することが肝要である．

オバーグ（Oberg 1960）は，カルチャーショックとそれに続く適応過程を5段階の位相に分けている．

①孵化期（異文化に感動し魅了される蜜月期）
②移行期（戸惑いや欲求不満，また敵意すら感じる時期であるが，そうした経験をへて異文化への理解も進む敵意期）
③学習期（異文化にある程度なれてきて自分の平衡感覚をとり戻し，異文化の特徴・自文化との差異などを冷静にとらえることができるようになる適応期）
④受容期（自分の内部に2つの文化が併存し，状況に応じた使い分けが可能になる2文化併立期）
⑤復帰ショック（自文化への再適応期）

オバーグのこのカルチャーショックへの適応過程に，日本へ来た留学生が置かれた状況を当てはめてみよう．留学生は，自文化の価値観から異文化の価値観へと移行することによって異文化を理解しはじめ，やがて異文化を客観的に受容するようになる．異国での適応過程において起こる問題は，とくに移住後3カ月からとりわけ1年前後（これをとくに「アニバーサリーリアクション」という）にあるといわれる．

しかし，このようにしていったん異文化を受容した留学生が帰国すると，今度は自文化への再適応のために逆カルチャーショックを体験するこ

とになる．リスガードは，適応過程はアルファベットのUの字に似たカーブをたどっているとし，これをU字曲線として提示した（Lysgaard 1955）．また，ガルホーンは，異文化でのカルチャーショックへの適応過程と帰国後におこる逆カルチャーショック（帰国文化ショック）への適応過程のU字曲線を合わせてW字曲線として提示している（Gullahorn & Gullahorn 1963）．

また，アドラー（Adler 1975）は，次の5つの段階をあげている．それらは，

①異文化との接触（ハネムーン期）：文化的差異に興味をそそられる．新しい文化を自文化の視点からみる．文化の深い違いは認識されない．類似点が目につく．
②自己崩壊期：人の行動，考え方や価値観の違いが衝撃的に大きく目につく．それが頭から離れない．
③自己再統合期：自文化と滞在国との文化の差を拒絶する．
④自律期：文化の類似点と相違点をありのままに受け入れることができる．

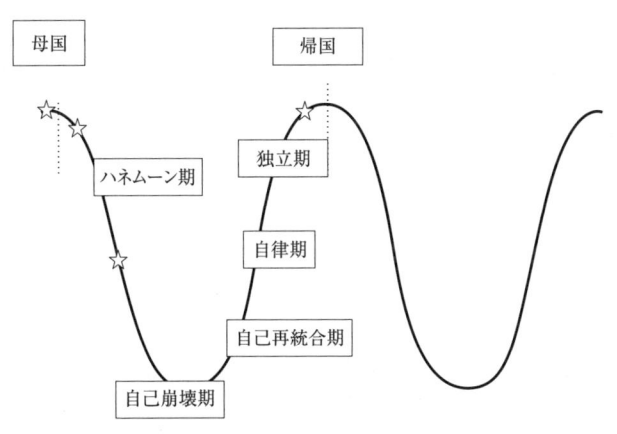

☆印：オリエンテーションプログラム（出発前，到着後，フォローアップ，帰国前）

図5-1　適応曲線とオリエンテーションプログラム（Barker 1990）

⑤独立期：文化の類似点と相違点をマイナスとしてではなく，プラスにとらえられるようになる．

そこで，適応曲線とオリエンテーションプログラム（出発前，到着後，フォローアップ，帰国前）の関係を示したものが図5-1である．

横田雅弘（1997）は，留学生の適応のプロセスには，かなり大きな個人差があることや，受け入れる人々や社会との関係の中でダイナミックなものであることに注意する必要があると述べている．筆者はU/W字曲線と留学生の異文化適応については先行研究においても一般化できるとはいえず，U/W字曲線の調査・研究をするよりも異文化適応に影響をおよぼすさまざまな要因について，調査・研究することが重要であると考えている．

3　異文化生活への不適応現象と精神障害

（1）　異文化生活への不適応現象

一般に，海外生活に不適応な場合には，①身体面，②行動面，③精神面にそれぞれ次のような現象が現れる（稲村 1987）．

①身体面に現れるもの（身体化）：各種の心身症（ストレスや悩みから身体に不調をきたすもの．症状は，胃潰瘍，過敏性大腸炎，慢性気管支炎など），心気症（ストレスや悩みから身体症状が現れるものの，身体そのものは悪くないもの．症状は，頭痛，めまい，下痢，発熱など）．

②行動面に現れるもの（行動化）：登校状態が乱れる，勉学が手につかない，対人関係が悪化する，各種の逸脱行動（アルコール依存，事故頻発，異性トラブル，ギャンブル，犯罪，自殺など）に陥るなど．

③精神面に現れるもの（精神化）：情緒不安定，易怒，不機嫌，ヒステリック化．人格変化．さらには各種の精神障害．

ただし，これらの症状は単一で現れるだけでなく，身体化，行動化，精神化の3つが混じった行動様式をとる場合も少なくない．

(2) 留学生の精神障害

　留学生の精神障害に対応する場合，メンタルヘルス以前の問題，すなわち，異文化生活へうまく適応できているかを認識することが非常に重要である．また，その障害の種類としては，たんに留学直後の言語，生活，環境，文化の違いが誘因となって発病する一過性のものだけでなく，医学的治療を必要とするものがある．

　精神障害がその社会においてもつ意味や対処法は，時代と場所によって多様である．したがって，メンタルヘルスの保持と増進に関する諸問題は必然的に文化的な色彩を帯びる．留学生の精神障害に対するケアがじゅうぶんにその効果を発揮するためには，ケアにかかわる者が医学的知識のみならず，彼らの出身国の諸事情・関連法規に関する知識を有し，置かれている社会的立場および研究環境をじゅうぶん理解していることが不可欠である．また，コミュニケーションにおいて言語による障害を最小限にし，相互に信頼関係が成立した場合に，はじめてこれが可能になると考えてよい．

　さらに，留学生は差別や人種偏見という「文化の病」を経験し，それが精神障害発症の危険性を増しているとも考えられ，彼らをとりまく社会全体がこの重い「病」を認識し，克服することも重要な課題であろう．

(3) 精神障害と社会

　人間はすべて精神的に不健康になる可能性をもっている．ところが，「精神障害者」というと社会になかなか受け入れられない．そこには歴史的な偏見や精神医学の遅れのせいばかりにできない問題が含まれている．ここで，精神障害と社会の関係について強調しておくことは重要である．

　社会的なコンフリクトの理由としては，次のようなことが考えられよう．

　第1に，精神障害者の診断は，いっぽうでは身体医学と同じ自然科学的方法を用いるが，それと並行して，心理学的方法も用いられるためである．この場合には治療者の主観が入るのを避けることができない．

第2に，精神障害者の疾病には原因が不明なものが少なくなく，治療法も対症療法，あるいは経験的治療に頼らざるを得ない現状がある．

　第3に，正常・異常あるいは健康・病の判断には社会的価値基準が大きく関与する．これは，精神医学が身体的存在としての人間だけでなく，対人関係を含めた社会的存在としての人をも対象にするからである．個人，社会，文化についての価値基準が異なれば，精神異常者の判定は容易でない．現代のように国際化等により価値基準が多様化している時代には，とくにそうである．

3 復帰ショックと自文化への再適応

1　異文化受容と帰国適応

　留学生は，日本での留学生活をとおして，多かれ少なかれ日本社会に適応し，日本的な思考様式，価値観，態度をとりいれる．日本での留学生活を終えて帰国する．そうした留学生は，本国と日本との国際理解や国際交流を推進するうえで重要な役割をはたしてくれることだろう．しかし，帰国文化ショックや帰国適応問題は，来学時のカルチャーショックや適応問題に比べて予想し難く，母国文化への復帰ショックや再適応問題に悩む留学生も少なくない．

　留学生の帰国適応問題の実態を調査・研究することは，帰国留学生がそれぞれの本国において日本留学の成果を生かし，活躍できるように支援する意味からも重要である．

　筆者は，まず帰国適応問題の実態を把握するために，京都大学に在籍した帰国留学生を対象に調査を実施した（大橋 1993）．

（1）　調査の概要

　カルチャーショック現象は，緊張関係にある文化的・社会的要因と個人的要因が相互に影響し合う力動的作用の結果として発生する．文化的・社

会的要因としては，価値観，通念，期待などのほかに両文化間の政治的，経済的な地位や国際的な立場などがあげられる．個人的要因には学歴，年齢，性別，社会的地位，性格，コミュニケーション能力などがあげられる（近藤 1981）．

この調査では，思考様式，価値観，態度はたがいに関連しているとみなし，価値観の変化が留学生の帰国適応問題の大きな要因であると考え，価値観の変化と帰国適応問題を中心に検討を行った[*5]．

（2） 調査対象者の特色

質問紙を回収できたのは95名，また無回答で返送されたものが5名であった．95名の内訳をみると，

- 国籍：合計30カ国，アジア（中国，韓国，タイ，インドネシア，インド，マレーシア，バングラデシュ，ミャンマー，香港，台湾）42名，ヨーロッパ（ドイツ，フランス，ユーゴスラビア，オランダ，ベルギー，スイス，スペイン，イタリア，デンマーク，ノルウェー，イギリス，オーストリア）30名，北米（アメリカ，カナダ）11名，アフリカ（エジプト）2名，中南米（ブラジル，グアテマラ，アルゼンチン）8名，中近東（トルコ）1名，オセアニア（オーストラリア）1名．欧米およびオーストラリア出身の留学生が44.2％，その他の非欧米諸国出身の留学生が

[*5] ［調査対象］京都大学に在籍していた帰国後4年未満の帰国留学生200名．［調査方法］日本語と英語による**質問票Ⅳ**（巻末に掲載）を使用し，すべて無記名による郵送質問紙法にて実施するとともに，帰国留学生で来日した者について若干の面接調査も行った．［設問内容］調査対象者の属性に関する項目として，国籍，性別，年齢，配偶者の有無，現在の職業，日本の大学での最終身分および所属部局，日本滞在期間および帰国後経過期間を設問し，また，価値観を12項目によって概念化し，価値観の変化を7段階の留学前と留学後の価値観の評定値の差により測定を行った．帰国適応問題については，11項目の尺度を用い，4段階の評定値により，測定を行うとともに，これらの問題解決に要した期間についても設問した．その他に「帰国後に帰国適応問題が起こることを予想したか」「日本に来た当初，適応問題をもったか」「日本によく適応できたか」「来学時よりも帰国時の方がより多く適応問題をもったか」の有無について回答する項目を設けた．

55.8%.
- 性別：男性が4分の3.
- 年齢：30歳以上が約3分の2.
- 配偶者の有無：既婚者が約6割.
- 現在の職業：教育，研究職に従事している者が半数以上.
- 日本の大学での最終身分：大学院生レベル以上の者が約9割.
- 日本の大学での専攻分野：7割が自然科学系.
- 日本での滞在期間：2年未満の者と2年以上の者がそれぞれ約半数.
- 帰国後の経過期間：1年未満が28.4%，1年以上2年未満が22.1%，2年以上4年未満が約半数.

（3）　調査結果

[帰国時の適応問題の有無]「来学時よりも帰国時の方がより多く適応問題をもった」と回答した者は，留学生全体では39.6%，欧米出身の留学生では43.9%，女子留学生では50%とたいへん多くなっており，帰国適応問題の重要性が認められた．

また，帰国後に起こるこれらの問題を予想しなかった者も留学生全体では47.6%と多く，欧米出身者および女性においても，約50%となっており，帰国適応問題が本人にとって予想しにくいといえる．

[来日時の適応と帰国適応の関係]「日本によく適応できた」と回答した者は欧米出身者では100%，非欧米出身者では88.7%であった．また，来日当初，適応問題をもった者より当初適応問題をもたなかった者の方が，帰国文化ショックが有意に大きいことが認められた（$p<.05$）．これだけのデータでは，「日本によく適応できた者が，帰国後はより順調に適応できるのか，それともむしろ困難を感じるのか」について考察するには不じゅうぶんである．しかし，サスマン（Sussman 1985）が，「異文化によく適応できた者のほうが，適応できなかった者に比べてより帰国適応問題をもつ」「異文化によく適応できた者のほうが，帰国適応問題が少ない」という2つの仮説を考慮すると，「たいていの場合，最初の帰国文化ショック

は，異文化によく適応できた者の方が大きいが，次回からは，次第に適応のスキルや方法を学ぶにつれて，異文化によく適応できた者の方が，帰国文化ショックが少なくなる」と研究結果から述べている点を考えると興味深い．

2 帰国文化ショックと価値観の変化

(1) 帰国文化ショック

この調査にもとづき，帰国文化ショック，価値観の変化，さらに帰国文化ショックと価値観の変化との関係について詳しくみてみよう．

適応尺度については，アスンシオン＝ランデ（Asuncion-Lande 1976）の文化，社会，言語，政治，教育，職業面における留学生の帰国適応問題のインベントリーを考慮したうえで，帰国文化ショックを測定するために上原麻子（1987）の使用した尺度を用いた．

そして，不安定な気持ち，沈んだ気持ち，孤独感，喪失感，家族との関係，古い友人との関係，同僚との関係，指導教員または上司との関係，滞在国を懐かしむ気持ち，本国の政治問題，職業問題（就職）の11項目の概念化した尺度を用いて，4段階の評定値により測定した．これらの帰国文化ショックについて，各項目でみると**表5-1**のようになる．

(2) 調査結果から

これらの結果について，対象留学生の国籍，性別，専攻分野，帰国経過期間ごとに詳しくみると，次のことが明らかになった．

[**出身地域別**]「滞在国を懐かしく」思っていたのは，欧米出身者群（以下欧米群と略）が97.6％，非欧米出身者群（以下非欧米群と略）が79.2％となった．欧米群と非欧米群との帰国文化ショックについて，t検定（2群の平均の差に関する検定）を行ったところ，とくに有意差は認められなかったが，それぞれの項目について調べると，欧米群が非欧米群に比べて，「滞在国を懐かしむ気持ち」が有意に高くなった（$p<.01$）．このよう

表5-1 帰国文化ショック4段階評定値の平均および統計（％）

	全体	欧米	非欧米	男性	女性
不安定な気持ち	1.69 (47.4)	1.45 (28.5)	1.89* (62.2)	1.65 (44.4)	1.83 (56.5)
沈んだ気持ち	1.79 (51.6)	1.69 (45.2)	1.87 (56.6)	1.67 (47.2)	2.17** (65.2)
孤独感	1.62 (44.2)	1.69 (50.0)	1.57 (39.6)	1.53 (40.2)	1.91+ (56.5)
喪失感	1.91 (58.5)	2.00 (60.9)	1.85 (56.6)	1.90 (57.7)	1.96 (60.8)
家族との関係	1.43 (28.4)	1.48 (28.6)	1.40 (28.3)	1.40 (23.6)	1.52 (43.4)
旧い友人との関係	1.72 (44.2)	1.79 (45.2)	1.66 (43.3)	1.69 (41.6)	1.78 (52.1)
同僚との関係	1.73 (51.6)	1.78 (50.0)	1.70 (52.8)	1.73 (52.9)	1.74 (47.8)
指導教員または上司との関係	1.54 (38.3)	1.51 (29.2)	1.57 (45.2)	1.59 (40.8)	1.39 (30.4)
滞在国を懐かしむ気持ち	2.89 (87.4)	3.24** (97.6)	2.58 (79.2)	2.86 (87.5)	2.91 (87.0)
母国の政治問題	1.75 (47.3)	1.55 (35.0)	1.91+ (56.6)	1.79 (47.8)	1.64 (45.4)
職業問題（就職）	1.73 (46.2)	1.76 (48.7)	1.71 (45.3)	1.77 (50.7)	1.59 (31.8)

+ $p<.1$　* $p<.05$　** $p<.01$

に欧米群が「滞在国を懐かしむ気持ち」「喪失感」が高いのは，日本人の異文化に対する序列意識，すなわち欧米人に対する劣等感と憧れによって，日本に滞在中に特別扱いされていた欧米人が帰国後，そういう扱いをされなくなることが一因と考えられる．本調査以外でも，アメリカ人帰国留学生のなかには，「日本滞在中の扱われ方が特別な客人待遇で，絶えず注目の的であったが，帰国後には群衆のひとりになり，自信や自我像についての再検討にかからねばならなかった」という者もかなりいたとの報告

もある（上原 1987）．

　また，欧米群では，心理的問題のうち「喪失感」が高くなっているが「不安定な気持ち」はいちばん低くなった．「不安定な気持ち」については，非欧米群が欧米群に比べて得点が高く，有意差が認められた（$p<.01$）．

　そして，非欧米群は，「孤独感」以外の心理的問題はいずれも高くなっており，「本国での政治問題」も高い傾向になっていた（$p<.1$）．これは，国情，とくに政局の安定と関係があると考えられる．また帰国後の対人関係の問題については，非欧米群が指導教員または上司との関係に問題をもった者が多く，本国の社会構造と関係があると考えられる．

[性別] 女性の場合「不安定な気持ち」「沈んだ気持ち」「孤独感」など心理的な問題が，男性に比べて，かなり高くなっている．t検定を行ったところ，「沈んだ気持ち」では有意差が認められ（$p<.01$），「孤独感」でも高い傾向がみられた（$p<.1$）．「指導教員または上司との関係」，「本国での政治問題」，「職業問題」については男性よりも低くなっているが，それ以外は，女性群が男性群より帰国文化ショックが大きくなっている．

　これは，不安定な文化の過渡期に，女性の方が影響されやすい別の要因があると考えられる．その要因には妊娠・出産といった生物学的性差だけでなく，社会的・文化的性差の役割（ジェンダーロール）は女性のメンタルヘルスとも関係していると考えられる．さらに，女性の帰国適応問題については詳細な研究を行う必要がある．

[専攻分野] 文系と理系の学生についてみると，文系の学生の方が帰国文化ショックを高くもつ傾向が認められた（$p<.1$）．

[帰国経過期間] 帰国文化ショックの4段階評定値は，1年未満が1.87，1年以上2年未満が1.61，2年以上4年未満が1.86となった．また，1年以上2年未満の者は，1年未満の者および2年以上4年未満の者と比べて有意な差が認められた（それぞれについて $p<.05$）．

　すなわち，帰国後1年未満に帰国文化ショックを経験するが，1〜2年の間に再適応する．しかし，2年を超えると再び適応問題（自文化への批

判)を経験する傾向がみられた．しかし，今後は，U/W字曲線の調査・研究をするよりも，異文化適応に影響をおよぼすさまざまな要因について調査・研究をすることが重要であろう．

[問題解決に要した期間] 問題解決に要した期間は，「滞在国を懐かしむ気持ち」がいちばん長く，1年以上要した者は，欧米群が64.2%，非欧米群が30.4%である．回答のなかには，「まだ」「いまでも」「解決できない」「無限」といった回答も少なくなかった．

その他の問題に関しては，解決に要した期間は平均して，4～5カ月であった．

心理的な問題についてみると，6カ月未満で問題を解決している者が66%，さらに，1年までには85%が問題を解決しているが，15%の者は問題解決に1年以上かかっている．このように問題解決のために1年以上の長期間を要している留学生がいることは注目に値する．

欧米群と非欧米群の留学生の対人関係の問題について比べてみると，同僚および指導教員・上司との関係は非欧米群の方が問題を解決するのに時間がかかっている．このことは，欧米の文化では新しい同僚や指導教員・上司に変えることを非欧米の文化より容易に許容するからであろう．北米出身者とヨーロッパ出身者を比較すると，「同僚との関係」の項目においてヨーロッパ出身者がより高いレベルの帰国文化ショックをもっている（$p<.05$）以外は有意差がなく，ほぼ同じ程度の帰国文化ショックをもっていた．

ここでの調査では，帰国文化ショックの項目として「身体・健康上の問題」については設問しなかった．しかし，帰国文化ショックが身体化することを考慮する必要があり，帰国適応問題の身体化について，今後詳細な調査が必要である．なお，上原による調査では約20%のアメリカ人学生が帰国後，身体的問題をもったが，その60%以上がそれらの困難を1～2カ月以内に解決したと報告している（上原 1987）．

(3) 留学生が直面する価値観の変化

コールズによるアメリカ人の価値観と，たとえば日本のような伝統的な価値観の比較において使われているものを参考にして，12項目の概念化した尺度を用いて測定した（Kohls 1984）.

アメリカ人の価値観としては，「直接的」「考え方が新しい」「競争心が強い」「能力主義」「未来志向」「行動志向」「非形式的」「個人主義」「実用主義」「物質主義」「時間を大切にする」「性に対する平等主義」が考えられる．それに対する伝統的な国の価値観として，「間接的」「伝統的」「協調的」「身分主義」「過去志向」「受身志向」「形式的」「団体主義」「理想主義」「精神主義」「時間を気にしない」「性に対する不平等主義」が考えられる．ただし，これらには個人差があることはいうまでもない.

北米とヨーロッパ出身の留学生について，留学前の価値観についてt検定を行ったところ，北米出身者が「競争心が強い」，ヨーロッパ出身者が「協調的」であることに有意差が認められたが（それぞれ$p<.01$），他の項目においては有意差が認められなかった.

欧米出身の留学生と非欧米出身の留学生との留学前の価値観の比較を，それぞれの項目において行った結果，欧米出身者は「考え方が新しい」「個人主義的」「非形式的」であり，非欧米出身者では，「伝統的」「団体主義的」「形式的」であることについて，それぞれ有意な差が認められた（$p<.05$）．男女を比較したところ，いずれの項目も有意差が認められなかった．次に，留学前と留学後の価値観の変化を測定するために，「たいへん直接的な人」は1，「たいへん間接的な人」は7，「どちらでもない人」は4といったように，留学前と留学後の価値観を7段階の評定値で回答してもらい，その差により価値観の変化を測定した.

12の項目について，それぞれの項目ごとに価値観の変化を出身地域，滞在期間，年齢，および性別について分析した結果は次のとおりである.

[**出身地域別**] ヨーロッパ出身者と北米出身者について価値観の変化を検定したところ，有意差は認められず，ほぼ同じ程度の価値観の変化がある.

次に，欧米出身者と非欧米出身者を比較するためにt検定を行ったところ，非欧米出身者は，「考えが新しくなった」（p<.001），「競争心が強くなった」（p<.01），「未来志向になった」（p<.05），「個人主義になった」（p<.05），「時間を大切にするようになった」（p<.05）と回答した者が有意に多いことが認められた．

さらに，欧米出身者では，「間接的」「形式的」「団体主義」の価値観の方向に変化したと回答した者が3分の1以上あり，「未来志向」「行動主義」「実用主義」の方向に変化したと回答した者が30％以上あった．このことから，留学をすることにより，欧米出身者も，より「未来志向」「行動主義」「実用主義」といった傾向になることが考えられるが，「間接的」「形式的」「団体主義」の傾向になったことは，滞在国である日本の価値観（文化）の影響によるものと考えられる．

いっぽう，非欧米出身者においては，「直接的」「考え方が新しい」「競争心が強い」「能力主義」「未来志向」「行動主義」「非形式的」「個人主義」「実用主義」「時間を大切にする」「平等主義」の方向に変化したと回答した者が，3分の1以上〜2分の1となった．やや脱線になるが，このあたりの比較結果は，日本の価値観が，非欧米型の価値観と比較して欧米型にいくぶん近い面があるのではないかといえよう．

[性別・年齢・滞在期間] 男女について比べたところ，有意差が認められなかったが，30歳未満の者と30歳以上の者について比較すると，30歳未満の者が有意に価値観の変化が認められた（p<.01）．また滞在期間が2年未満の者と2年以上の者について比較してみると，滞在期間の長い者ほど，価値観の変化（留学後と留学前の価値観の7段階の評定値の差）が大きく，有意な差が認められる（p<.05）．

（4） 帰国文化ショックと価値観変化との関係

次に，価値観の変化と帰国文化ショックの関係を，ピアソン相関係数を用いて分析し，その結果を表5-2にまとめた．全体としてみると，正の弱い相関（r=.260）があることが認められた．

表5-2 帰国文化ショックと価値観の変化

区分		N	ピアソン相関係数
国別	全体	95	.260*
	欧米	42	.398*
	非欧米	53	.180
性別	男性	72	.228+
	女性	23	.382+
年齢	30歳未満	35	.569**
	30歳以上	60	.119
配偶者の有無	有	56	.201
	無	39	.369*
専攻	文系	28	.360+
	理系	67	.187
滞在期間	2年未満	52	.160
	2年以上	43	.319*
帰国後の経過期間	1年未満	27	.421*
	1年以上	68	.201

*p＜.05　**p＜.01　***p＜.001

[**出身地域別**] 欧米出身者（r＝.398）と非欧米出身者（r＝.180）に分けてみても，価値観の変化と帰国文化ショックとのあいだにそれぞれ正の相関関係が認められた．欧米出身者の方が，相関関係が高くなり，価値観の変化と帰国文化ショックの関係が強いことを示している．非欧米出身者のなかには，「日本社会の効率のよさ，清潔さ，安全性を懐かしく思います．日本には貧困が少ないということはすばらしいことです．再びこのような社会問題をもった社会で生きていくのに慣れるには時間がかかり，みじめな気持ちです」という帰国適応問題について報告があった．このように，帰国適応問題の大きな要因のひとつとして，生活水準の違いからくる不便さなどの物理的な要因が考えられる．

[**性別・年齢・婚姻状況**] 男女の比較では，ピアソンの相関係数は男性がr＝.228，女性がr＝.382となり，女性の方に高い相関関係が認められる．また年齢でみると，30歳未満の者（r＝.569）と30歳以上の者（r＝.119）と

を比較すると，30歳未満の者において，比較的強い相関関係が認められた．また，配偶者の有無についてみると，未婚の留学生が r = .369，既婚の留学生が r = .201となり，未婚者が既婚者よりも相関関係が強いことが認められた．

[**専攻・滞在期間・帰国後の経過期間**] 専攻でみると，理系の留学生は r = .187，文系の留学生は r = .360となり，文系の留学生において弱い相関関係が認められた．さらに日本での滞在期間についてみると，2年以上の者が r = .319となり，弱い相関関係が認められた．また帰国後の経過期間についてみると，1年未満の者が r = .421となり，比較的強い相関関係が認められ，1年以上の者は r = .201となり，弱い相関関係が認められた．

（5） 調査結果からみえてくるもの

- 帰国文化ショックは，異文化に滞在の後，どの国の留学生にも起こる問題で，欧米出身の留学生と，非欧米出身の留学生は，ほぼ同じ程度の帰国適応問題を経験している．
- 女性は男性とは異なる問題を帰国後に経験する．
- 帰国後1年未満に，価値観の変化に伴う帰国文化ショックを経験するが，その後再適応する．しかし，再び適応問題（自文化への批判）を経験する傾向がみられた．
- 人間関係に関して問題解決に要する期間が欧米出身者と非欧米の出身者で異なる．これはこれらの文化における人間関係対処法の違いによると思われる．
- 異文化に滞在することによる価値観の変化が，帰国適応問題に影響をおよぼす一要因である．価値観の変化と帰国適応問題の関係は，滞在期間の長い者，欧米出身者，未婚者，文系の者において正の相関関係が認められた．
- 滞在期間が長くなるほど，価値観の変化が大きくなり，長期滞在者において，価値観の変化と帰国適応問題に関して，弱い相関関係が認められた．

・年齢が低い者ほど価値観の変化が大きくなり，30歳未満の者においては，価値観の変化と帰国適応問題のあいだには比較的強い相関関係が認められた．

4 結論

1 リエントリーオリエンテーションの必要性

帰国留学生はもちろん母国での環境に再適応することが必要であるが，すぐには難しいことも考えられる．そのような時，日本人の指導教員等がサポートすることは，帰国後の適応問題に対して，重要な役割をはたすだろう．ある帰国留学生は「自分の能力の問題もありますが，帰国後は設備の不備や雑務が原因でなかなか思うように研究できない．情報にも恵まれていない．このままでは時代遅れになるので，ぜひ再研修の制度があれば日本に来たい」と訴えている．村田翼夫（1992）も帰国留学生から帰国後の問題点として，施設設備・研究費・研究時間の不足，文献資料の入手困難をあげ，日本の研究者との共同研究を望む声があると報告している．

帰国適応問題は，予期しがたい，留学生自身に変化が起こりしばしば気がつかない，母国で起こった変化を留学生が正確に認知していない，帰国留学生と母国の人びととの期待が合わない等の特徴がある．

2 元留学生同窓会（同窓生）の活用

帰国前のリエントリーオリエンテーションは，留学生を受け入れる日本の大学において実施可能であるが，帰国後はなかなか実現が難しい．そこで，元留学生同窓会（同窓生）を通じて，帰国留学生のフォローアップ，情報提供体制の整備，帰国後の就職問題への助言・指導を行うことも有効と考えられる．さらに，帰国留学生は留学を希望する学生に対する出発前のオリエンテーションへの参加要員としても重要である．

3 提　言

（1） 大学・コミュニティに向けて

　留学生が自分自身や母国文化に起こった変化についての気づきを高め，再適応のプロセスを理解させ，母国での環境に適応する対処策に資するために，帰国文化ショックを問題として考えるのではなく，成長するための機会としてとらえ，自分の経験を母国の生活に統合させ，再適応よりも学んだものをさらに進展させ，できる範囲で生かすリエントリーオリエンテーションの充実を図る．

（2） 行政に向けて

　帰国後のアフターケアとして，日本学生支援機構，日本学術振興会，外務省および大学による事業がさまざまに行われているが，さらに充実することが必要である．また，国のレベルでは，同窓会（帰国留学生）への支援が行なわれているが，政治的・経済的思惑の下に設立されたものではない，熱心な同窓生の自主性によって自発的に作られたものや，大学が自覚しイニシアティブをとって作られたものに対しても，国や地方公共団体などが支援する．

（3） 研究者に向けて

　帰国留学生同窓会についての現状，問題点および大学とのかかわりについて詳細な調査・研究が早急に望まれるとともに，文化人類学，心理学，精神医学といった学際的な帰国適応問題についての調査・研究を実施する．

文献

Adler, P. S. : The transitional experience : An alternative view of culture shock, *Journal of Humanistic Psychology*, 15, 13－23, 1975.

Asuncion-Lande, N.: Inventory of re-entry problems, In H. Marsh (Ed.), *Re-Entry/ Transition : A Report on the National Leadership Training Seminar*, June 3‐5, Washington D. C. NAFSA, 1976.

Austin, C. N. (Ed.): *Cross-cultural Reentry : A Book of Readings*, Abilene Christian University Press, 1986.

Barker, M. (Ed.): *Orientation for Success : A Resource book on Overseas Student Service*, Australian International Development Assistance Bureau, Commonwealth, Australia, 1990.

Gullahorn, J. T. & Gullahorn, J. E.: An extension of the U-curve hypothesis, *Journal of Social Issues*, 14, 33-47, 1963.

稲村博：日本人の海外不適応, NHKブックス, 1980

岩男寿美子, 萩原滋：留学生が見た日本—10年目の魅力と批判, サイマル出版会, 1987

星野命編：カルチャーショック, 現代のエスプリ161, 1980

Kohls, R. L.: *The values Americans Live by*, Washington DC : Meridian House International, 1984.

近藤裕：カルチュア・ショックの心理—異文化とつきあうために, 創元社, 1981

La Brack, B.: *Orientation as process : The integration of pre and post experience learning*, 223-246, 1984.

Lysgaard, S.: Adjustment in a foreign society : Norwegian Fulbright grantees visiting the United States, *International Social Science Bulletin*, 7, 45-51, 1955

村田翼夫：トヨタ財団助成研究報告書「海外における日本文化の受容に関する実証的研究—タイとその周辺地域の事例」, タイにおける日本文化の受容—元留学生に対する調査結果からみた, 123-135, 1992

Oberg, K.: Cultural Shock : Adjustment to New Cultural Environments, *Practical Anthropology*, 7, 177-182, 1960.

大橋敏子：平成4年度文部省科学研究費補助金（奨励研究B）研究成果報告書「外国人留学生の帰国適応のためのオリエンテーションに関する研究」, 1993

大橋敏子：「外国人留学生の帰国適応問題－調査結果を基にして」, 異文化間教育8, 96-105, 1994

大西守：異文化ストレス症候群, バベル・プレス, 1992

Sussman, N. M.: Re-Entry Research and Training : Methods and Implications, *International Journal of Intercultural Relations*, 10, 235-254, 1986.

Thomas, K., & Althen, G.: Counseling foreign students. In Pedersen, P. B., Draguns, J. G., Loner, W. J. & Trimble, J. E. (Eds.): *Counseling across Cultures* (3rd Ed.), Honolulu, University of Hawaii Press, 205-241, 1989.

上原麻子：異文化受容と帰国適応問題—日米帰国留学生の比較研究より, 広島大学教育学部紀要, 2(36), 313-323, 1987

第1編 理論編

横田雅弘：外国人留学生の受け入れ，石井敏他編：異文化コミュニケーション・ハンドブック―基礎知識から応用・実践まで（有斐閣選書），160-164, 1997

第6章

危機介入における留学生のニーズ分析

　メンタルヘルスに関する危機介入とは，自殺企図・自殺念慮，精神医学的緊急事態・衝動行動，事故・事件によるPTSD，喪失体験，ひきこもり，抑うつなどの危機に直面する人に対し，迅速で効果的な対応を行って危機を回避するとともに，その後の適応をはかる援助である．

　危機介入を実践するにあたっては，介入を受ける人びとのニーズとリソースを分析し，危機管理体制を築く基盤を知ることが必要である．こうした問題意識から，社会的・文化的適応における留学生のニーズの特色を理解・把握するために調査を実施した（大橋 1989）[*1]．

1　留学生の異文化適応面でのニーズ分析

1　調査対象者の特色

　留学生415名から回答があり，回収率は60.9%，その国籍は51カ国におよぶ．回答者の属性は次のようになった．

[*1] **[調査方法]** 1989年5月1日現在，京都大学に在籍する留学生681名を対象に，日本語と英語による**質問票Ⅴ**（巻末に掲載）を使用し，すべて無記名による郵送質問紙法をとった．**[調査時期]** 1989年8月16日〜9月30日．**[調査内容]** 被調査者の属性に関する項目として，国籍，性別，年齢，配偶者の有無，教育段階別，専門分野，日本語能力（会話能力と読解能力），日本における滞在期間，奨学金の種類などを設定した．また，留学生のニーズに関する項目としては，日本における金銭と仕事，住居の必要性，社会生活，家族生活，対人関係に関する41項目，日本人との親しい交際（コミュニケーション）の障害14項目を設定した．さらに，それぞれのニーズの重要度および満足度を測定するために4段階で評定する形式の質問を導入した．コミュニケーションの障害・壁については自由記述法も用い，その結果は本章の第2節で詳しく触れる．

- 国籍別（**表6-1**）：アジアからの留学生が全体の約8割．
- 性別：男性が73%，女性が27%．
- 年齢：20歳代後半および30歳代前半が多い．
- 配偶者の有無：既婚者が49.4%と約半数．家族を帯同している者は3分の1．
- 教育段階：全体でみると大学院生が約6割ともっとも多く，非欧米諸国の研究生などについては，大学院生になる前段階の者も少なくないと考えられる．
- 専門分野：自然科学が約7割．
- 日本語会話能力：「不自由しない」者が約4割．
- 日本語読解能力：「新聞が読める」者が3分の2．
- 滞在期間：1～2年の者が36.9%でもっとも多く，中国，韓国といったアジアの国では，3年以上滞在する者も少なくない．これは学位取得（博士号）を目的とする者が多いからである．
- 奨学金の種類：日本政府奨学生が約6割を占め，自費留学生のなかには，民間奨学金などを受けている留学生も含まれている．

2 留学生のニーズの重要度・満足度

　在学中のニーズを日本における金銭と仕事（6項目），住居の必要性（4項目），社会生活（15項目），家族生活（6項目），対人関係（10項目）について，4段階で評定する質問を導入し，それぞれの重要度，満足度およびそのギャップを測定した（評定値が4に近いほど重要度，満足度が高いことを示す）．留学生全体，欧米出身の留学生，および学部留学生におけるニーズの重要度，満足度，ギャップについて，それぞれをまとめた．なお，中国人留学生については文系と理系に分けてまとめてみたが，両系とも，ほぼ同じような傾向になった．

　留学生全体，欧米出身者，学部留学生におけるニーズの重要度について，ランキング別にまとめると，**表6-2-1**，**表6-2-2**，**表6-2-3**のようになった．

危機介入における留学生のニーズ分析 | 第6章

表6-1　回答者の国籍構成

中国	126	オーストリア	1
韓国	58	ベルギー	1
その他のアジア	136	デンマーク	1
インドネシア	28	ソ連	1
タイ	25	北アメリカ	15
台湾	16	アメリカ	11
マレーシア	16	カナダ	4
香港	12	アフリカ	14
フィリピン	9	エジプト	7
バングラデシュ	6	タンザニア	2
シンガポール	5	ケニア	1
ミャンマー	5	ギニア	1
インド	5	エチオピア	1
スリランカ	3	ガーナ	1
マカオ	2	ザイール	1
ネパール	2	南アメリカ	13
ベトナム	1	ブラジル	5
パキスタン	1	アルゼンチン	3
ヨーロッパ	41	ベネズエラ	2
西ドイツ	15	メキシコ	1
フランス	5	グアテマラ	1
ユーゴスラビア	4	ペルー	1
オランダ	3	中近東	7
イギリス	3	イラン	5
ブルガリア	2	ヨルダン	1
イタリア	2	トルコ	1
ポーランド	1	オセアニア	5
ポルトガル	1	オーストラリア	4
スイス	1	ニュージーランド	1

第1編　理論編

表6-2-1　留学生のニーズの重要度-満足度ランキング（全体）

重要度　上位10	順位	平均	順位	平均
指導教官と好ましい関係をもつこと	1	3.78	1	3.11
生活費が十分あること	2	3.68	8	2.81
学費が十分あること	3	3.66	4	2.98
研究室のメンバーと好ましい関係をもつこと	4	3.64	3	2.99
学科の教官との好ましい関係をもつこと	5	3.63	6	2.91
日本人の友人がいること	6	3.58	15	2.63
適当な住まいを持っていること	7	3.53	28	2.33
日本人のものの見方，考え方を理解すること	8	3.52	17	2.58
医療費が十分あること	9	3.50	12	2.72
日本の風俗，習慣を理解すること	10	3.49	13	2.68

満足度　下位10	順位	平均	順位	平均
友達と一緒に共同生活をすること	41	2.43	30	2.27
大学外でのアルバイトをみつけること	40	2.55	37	2.10
社会的活動の場面で異性と交流する機会をもつこと	39	2.58	25	2.42
宗教的習慣を遵守すること	38	2.66	11	2.74
日本人と一緒に住むこと	37	2.67	36	2.14
娯楽費が十分あること	36	2.76	32	2.22
個人的な悩みを相談できる母国以外からの留学生の友達がいること	35	2.82	19	2.53
日本人の家庭を訪問すること	34	2.84	27	2.38
カルチャーショックに対処すること	33	2.86	14	2.66
社会活動および娯楽のために十分な時間があること	32	2.88	29	2.30

　留学生全体，欧米出身者，学部留学生におけるニーズの満足度について，ランキングをまとめると，**表6-3-1，表6-3-2，表6-3-3**のようになった．

　留学生全体，欧米出身者，学部留学生におけるニーズのギャップ（重要度を示す評価値と満足度を示す評価値の差を意味するもの）についてまとめると，**表6-4-1，表6-4-2，表6-4-3**のようになった．

3　調査結果からみえてくるもの

　留学生にとって，「生活費がじゅうぶんあること」「学費がじゅうぶんあ

危機介入における留学生のニーズ分析 | 第6章

表6-2-2　留学生のニーズの重要度-満足度ランキング（欧米）

重要度　上位10	順位	平均	順位	平均
日本人，日本社会を理解する機会をもつこと	1	3.67	9	3.04
生活費が十分あること	2	3.66	3	3.34
日本人のものの見方，考え方を理解すること	3	3.64	26	2.69
日本の風俗，習慣を理解すること	3	3.64	18	2.82
日本人の友人がいること	5	3.62	28	2.67
指導教官と好ましい関係をもつこと	6	3.55	12	2.94
研究室のメンバーと好ましい関係をもつこと	7	3.53	23	2.76
適当な住まいを持っていること	8	3.48	5	3.25
学費が十分あること	9	3.46	1	3.46
医療費が十分あること	10	3.39	7	3.07

満足度　下位10	順位	平均	順位	平均
留学生のための特設宿舎に住むこと	41	1.95	31	2.56
宗教的習慣を遵守すること	40	1.98	29	2.63
学内で自分の専門に関係のあるアルバイトをみつけること	39	2.11	41	1.83
母国から来ている友人のいること	38	2.24	12	2.94
配偶者に適切な教育（日本文化）の機会を与えること	37	2.30	34	2.44
大学外でアルバイトをみつけること	36	2.32	37	2.29
配偶者に適切な教育（日本語）の機会を与えること	35	2.40	36	2.40
友達と一緒に共同生活をすること	34	2.55	24	2.75
個人的な悩みを相談できる母国以外の留学生の友人がいること	33	2.60	17	2.86
カルチャーショックに対処すること	32	2.70	14	2.91

ること」「医療費がじゅうぶんあること」という経済面でのニーズの重要度はいずれも高く，満足度も比較的高くなった．「適当な住まいをもっていること」の重要度は，留学生全体，欧米の留学生，学部留学生の三者いずれの場合も高いが，満足度に関しては，欧米の留学生がもっとも高くなった．他のグループでは満足度が相対的に低く，ギャップも大きくなった．

「指導教員との好ましい関係をもつこと」は留学生全体としての重要度は1位である．国籍別でみると多少の差異が認められた．欧米では重要度は6位であるが，満足度は12位，ギャップが0.61であった．学部留学生に

表6-2-3　留学生のニーズの重要度-満足度ランキング（学部学生）

重要度　上位10	順位	平均	順位	平均
日本人の友人がいること	1	3.81	19	2.68
学費が十分あること	2	3.78	4	3.09
生活費が十分あること	2	3.78	10	2.85
研究室のメンバーと好ましい関係をもつこと	3	3.76	20	2.66
適当な住まいを持っていること	5	3.72	21	2.65
指導教官と好ましい関係をもつこと	6	3.67	26	2.58
日本人のものの見方，考え方を理解すること	7	3.67	17	2.72
日本の風俗，習慣を理解すること	8	3.67	14	2.78
日本文化，日本人社会を理解する機会をもつこと	9	3.65	22	2.63
医療費が十分あること	10	3.63	13	2.80

満足度　下位10	順位	平均	順位	平均
娯楽費が十分あること	35	2.76	23	2.61
大学外でアルバイトをみつけること	34	2.89	23	2.61
日本人の家庭を訪問すること	33	2.91	15	2.74
社会活動の場面で異性と交流する機会をもつこと	32	2.94	18	2.71
友達と一緒に共同生活をすること	31	2.96	11	2.84
宗教的習慣を遵守すること	30	3.00	8	2.91
個人的な悩みを相談できる日本人の友人がいること	29	3.02	33	2.39
留学生のための特設宿舎に住むこと	28	3.07	32	2.41
日本人と一緒に住むこと	28	3.07	28	2.48
まわりの人々が留学生を丁寧に扱ってくれること	26	3.09	9	2.89

おいては，満足度は26位，ギャップが1.09となったが，まだ指導教員をもたない者も少なくないことが一因であろう．「研究室のメンバーと好ましい関係をもつこと」「学科の教員と好ましい関係をもつこと」についても同様の傾向となって，人間関係におけるニーズはたいへん高いといえる．「日本人の友人がいること」の重要度は高く，学部留学生においては1位であった．しかし，満足度は，あまり高くなく，その間のギャップが大きいことは注目に値する．

　「日本人・日本社会を理解する機会をもつこと」「日本人のものの見方・考え方を理解すること」「日本の風俗・習慣を理解すること」の重要度は高く，とくに欧米諸国出身の留学生においては3位までを占め，彼らが文

表6-3-1　留学生のニーズの満足度-重要度ランキング（全体）

満足度　上位10	順位	平均	順位	平均
指導教官と好ましい関係をもつこと	1	3.11	1	3.78
日本の食べ物に慣れること	2	3.01	30	2.89
研究室のメンバーと好ましい関係をもつこと	2	2.99	4	3.64
学費が十分あること	4	2.98	3	3.66
母国から来ている友人がいること	5	2.94	27	3.00
学科の教官と好ましい関係をもつこと	6	2.91	5	3.63
個人的な悩みを相談できる母国の留学生の友達がいること	7	2.82	24	3.02
生活費が十分あること	8	2.81	2	3.68
その他の教官や事務の人達と好ましい関係をもつこと	9	2.75	16	3.31
宗教的習慣を遵守すること	10	2.74	38	2.66
母国以外の国から来ている友人のいること	10	2.74	21	3.13

満足度　下位10	順位	平均	順位	平均
学内で自分の専門に関係のあるアルバイトをみつけること	41	1.61	31	2.89
配偶者に適切な教育（日本文化）の機会を与えること	40	1.91	20	3.18
配偶者に適切な教育（日本語）の機会を与えること	39	1.98	15	3.33
配偶者に仕事をみつけること	38	2.02	25	3.01
大学外でアルバイトをみつけること	37	2.10	40	2.55
留学生のための特設宿舎に住むこと	36	2.14	29	2.95
日本人と一緒に住むこと	36	2.14	37	2.67
配偶者のための活動の場を見つけること	36	2.14	18	3.20
個人的な悩みを相談できる日本人の友人がいること	36	2.14	23	3.04
娯楽費が十分あること	32	2.22	36	2.76

化に対してより強い関心をもっていることが認められる．しかし満足度は比較的低く，ギャップは大きくなった．重要度の低いものには，「大学外でのアルバイトをみつけること」「宗教的習慣を遵守すること」「カルチャーショックに対処すること」（これは滞在期間6カ月以上の者について調査を行ったことも一因であるとみられる），「娯楽費がじゅうぶんあること」（欧米を除く）などであった．ただし，アフリカの留学生の場合は，「宗教的習慣を遵守すること」の重要度が高く，満足度が低くなった．

　満足度が高いものには，「日本の食べ物に慣れること」「個人的な悩みを相談できる本国以外からの留学生の友人がいること」があげられる．満足

表6-3-2　留学生のニーズの満足度−重要度ランキング（欧米）

満足度 上位10	順位	平均	順位	平均
学費が十分あること	1	3.46	9	3.46
日本の食べ物に慣れること	2	3.45	24	2.81
生活費が十分あること	3	3.34	2	3.66
母国以外の国からきている友人がいること	4	3.26	17	3.09
適当な住まいを持っていること	5	3.25	8	3.48
個人的な悩みを相談できる母国以外からの留学生の友人がいること	6	3.08	31	2.73
医療費が十分あること	7	3.07	10	3.39
社会活動および娯楽のために十分な時間があること	7	3.07	17	3.09
日本文化，日本社会を理解する機会を持つこと	9	3.04	1	3.67
まわりの人々が留学生を丁寧に扱ってくれること	10	3.02	15	3.13

満足度 下位10	順位	平均	順位	平均
学内で自分の専門に関係のあるアルバイトをみつけること	41	1.83	39	2.11
子供に適切な教育の機会を与えること	40	2.00	12	3.33
配偶者に仕事をみつけること	39	2.10	25	2.80
個人的な悩みを相談できる日本人の友達がいること	38	2.26	19	3.07
大学外でアルバイトをみつけること	37	2.29	36	2.32
配偶者に適切な教育（日本語）の機会を与えること	36	2.40	35	2.40
日本人と一緒に住むこと	35	2.44	26	2.75
配偶者に適切な教育（日本文化）の機会を与えること	35	2.44	37	2.30
配偶者のために活動の場を見つけること	33	2.50	14	3.20
日本の国民に自分の国について正しい知識を伝えること	32	2.54	30	2.74

度の低いものとしては，たとえば「配偶者に適切な教育（日本文化・日本語）の機会を与えること」「配偶者に仕事をみつけること」「子供に適切な教育の機会を与えること」といった配偶者や子供に関することがあげられ，ギャップも大きくなった（特に中南米の留学生においては顕著である）．この他，ギャップの大きいものとしては，「個人的な悩みを相談できる日本人の友人がいること」「日本の国民に自分の国について正しい知識を伝えること（アフリカの留学生ではギャップがいちばん大きい）」などであった．

　以上を要約すると，つぎの3項目について，重要度と満足度の間の

表6-3-3　留学生のニーズの満足度－重要度ランキング（学部学生）

満足度　上位10	順位	平均	順位	平均
母国以外からきている友人のいること	1	3.21	14	3.51
母国から来ている友人のいること	2	3.14	23	3.19
個人的な悩みを相談できる母国以外からの留学生の友達がいること	3	3.11	16	3.42
学費が十分あること	4	3.09	2	3.78
日本の食べ物に慣れること	5	3.07	30	2.98
個人的な悩みを相談できる母国の留学生の友達がいること	6	3.00	24	3.16
医療・福祉を受けること	7	2.96	15	3.50
宗教的習慣を遵守すること	8	2.91	29	3.00
まわりの人々が留学生を丁寧に扱ってくれること	9	2.89	25	3.09
生活費が十分にあること	10	2.85	2	3.78

満足度　下位10	順位	平均	順位	平均
日本の国民に自分の国について正しい知識を伝えること	35	2.33	12	3.59
個人的な悩みを相談できる日本人の友人がいること	34	2.39	28	3.02
留学生のための特設宿舎に住むこと	33	2.41	26	3.07
学科の教官と好ましい関係をもつこと	32	2.43	13	3.56
日本人の人達と共に娯楽を楽しむこと	31	2.44	22	3.20
日本人と一緒に住むこと	20	2.48	26	3.07
社会活動および娯楽のために十分な時間があること	30	2.48	19	3.28
指導教官と好ましい関係をもつこと	28	2.58	6	3.67
その他の教官や事務の人達との好ましい関係をもつこと	28	2.58	17	3.33
大学外でアルバイトをみつけること	26	2.61	34	2.89

ギャップが大きいことが特筆される．

・対人関係をはじめ日本人・日本社会を理解する機会をもつこと
・日本人のものの見方・考え方を理解すること
・日本の風俗・習慣を理解すること

　日本文化といっても，「ハレ」のレベルの文化ではなく，「ケ」（日常）のレベルの文化における認知的および情緒的行動面での適応上のニーズが高いということになる．京都大学教養部が行った研究によっても，日本文化について関心のあるものとして，第1位が人間関係，第2位が価値観や

表 6-4-1　留学生のニーズのギャップ（全体）

ギャップ　上位12	ギャップ平均	重要度平均	満足度平均
配偶者に適切な教育（日本語）の機会を与えること	1.35	3.33	1.98
学内で自分の専門に関係のあるアルバイトをみつけること	1.28	2.89	1.61
配偶者に適切な教育（日本文化）の機会を与えること	1.27	3.18	1.91
適当な住まいをもっていること	1.20	3.53	2.33
配偶者のための活動の場をみつけること	1.06	3.20	2.14
日本の国民に自分の国について正しい知識を伝えること	1.05	3.31	2.26
配偶者に仕事をみつけること	0.99	3.01	2.02
日本文化，日本社会を理解する機会をもつこと	0.97	3.43	2.46
子供に適切な教育の機会を与えること	0.97	3.47	2.50
日本人の友人がいること	0.95	3.58	2.63
日本人のものの見方，考え方を理解すること	0.94	3.52	2.58
個人的な悩みを相談できる日本人の友人がいること	0.90	3.04	2.14

表 6-4-2　留学生のニーズのギャップ（欧米）

ギャップ　上位12	ギャップ平均	重要度平均	満足度平均
子供に適切な教育の機会を与えること	1.33	3.33	2.00
日本人のものの見方，考え方を理解すること	0.95	3.64	2.69
日本人の友人がいること	0.95	3.62	2.67
日本の風俗，習慣を理解すること	0.82	3.64	2.82
個人的な悩みを相談できる日本人の友人がいること	0.81	3.07	2.26
研究室のメンバーと好ましい関係をもつこと	0.77	3.53	2.76
配偶者に仕事をみつけること	0.70	2.80	2.10
配偶者のための活動の場をみつけること	0.70	3.20	2.50
学科の教官と好ましい関係をもつこと	0.67	3.35	2.68
日本文化，日本人社会を理解する機会をもつこと	0.63	3.67	3.04
指導教官との好ましい関係をもつこと	0.61	3.55	2.94
日本人の人達と共に娯楽を楽しむこと	0.49	3.10	2.61

ものの見方・考え方，第3位が社会構造となっており，「ハレ」の日本文化，すなわち，芸能，絵画，宗教，工芸品，茶道，華道については低いことが示されている（京都大学教養部編 1988）。

カルチャーショックへの対処の問題については，留学生が設問の意味を

表6-4-3　留学生のニーズのギャップ（学部学生）

ギャップ　上位12	ギャップ平均	重要度平均	満足度平均
学内で自分の専門に関係あるアルバイトをみつけること	1.61	3.26	1.65
日本の国民に自分の国について正しい知識を伝えること	1.26	3.59	2.33
日本人の友人がいること	1.13	3.81	2.68
学科の教官と好ましい関係をもつこと	1.13	3.56	2.43
研究室のメンバーと好ましい関係をもつこと	1.10	3.76	2.66
指導教員との好ましい関係をもつこと	1.09	3.67	2.58
適当な住まいを持っていること	1.07	3.72	2.65
日本文化，日本人社会を理解する機会をもつこと	1.02	3.65	2.63
日本人のものの見方，考え方を理解すること	0.95	3.67	2.72
生活費が十分あること	0.93	3.78	2.85
日本の風俗，習慣を理解すること	0.89	3.67	2.78
自分の価値基準や信念にもとづいて行動できること	0.87	3.61	2.74

よく理解できなかったようで，はっきりとした回答が得られなかった．しかしながら，長年の仕事を通じての経験や，個々の面接調査の結果を総合すると，やはり程度の差はあるにしても，カルチャーショックは留学生のほとんどが経験していると考えられる．いかにその衝撃を緩和させ，適応させるかが課題である．

2 日本人とのコミュニケーションを阻む要因

　日本人との親しい交際（コミュニケーション）を阻む要因として留学生が指摘するものを多い順に列挙すると，およそ次のようになる．
　「思考様式」「外国人であること」「価値観」「自分に対する日本人の態度」「日本人が自分と接する機会をもとうとしないこと」「日本語能力」「文化的背景」「日本人が自分と接することに興味をもっていないこと」「日本人に対する自分自身の態度」「自分が日本人と接する機会をもとうとしないこと」「人種」「政治観」「自分が日本人と接することに興味をもっていないこと」「宗教的背景」などである．これらを，滞在期間および出

表6-5-1 日本人とのコミュニケーションの障害要因（滞在年数別）

	A 1年未満 の平均	B 5年以上 の平均	B-A
思考様式	2.61	2.75	0.14
外国人であること	2.46	2.70	0.24
価値観	2.46	2.61	0.15
日本語能力	2.36	1.32	-1.04
自分に対する日本人の態度	2.21	2.49	0.38
日本人が自分と接する機会をもとうとしないこと	2.20	2.52	0.32
文化的背景	2.11	2.36	0.25
自分が日本人と接する機会をもとうとしなこと	2.02	2.15	0.13
日本人が自分と接することに興味をもっていないこと	1.96	1.46	-0.51
日本人に対する自分の態度	1.82	2.17	0.35
政治観	1.82	1.87	0.05
人種	1.64	2.14	0.51
自分が日本人と接することに興味をもっていないこと	1.57	1.96	0.39
宗教的背景	1.51	1.47	-0.04

身地域によって比較した．

1　滞在期間による比較（1年未満／5年以上）

　日本人との親しい交際（コミュニケーション）について，1年未満の滞在者と5年以上の滞在者について比較したところ（表6-5-1），日本語能力については滞在年数の増加とともに障害度は低下し，5年以上滞在する者については最下位となった．これは日本語能力が向上したためである．反面，1位の「思考様式」，2位，3位の「外国人であること」「価値観」は滞在期間によっても順位は変わらなかった．むしろ，滞在期間が長くなるほど障害度が高くなっている．

　これらのことから，異文化間コミュニケーションについての困難さの主な背景として，精神文化の相違，つまり，「思考様式」「価値観」「態度」などが大きな要因になっている．

　また，「日本人が自分と接することに興味をもっていないこと」につい

表6-5-2　日本人とのコミュニケーションの障害要因（出身地域別）

	全体	非欧米	欧米
思考様式	2.65	2.64	2.72
外国人であること	2.63	2.59	2.83
価値観	2.59	2.59	2.55
自分に対する日本人の態度	2.37	2.38	2.28
日本人が自分と接する機会を持とうとしないこと	2.33	2.38*	2.05
日本語能力	2.26	2.24	2.38
文化的背景	2.19	2.19	2.22
日本人が自分と接することに興味を持っていないこと	2.17	2.25***	1.70
日本人に対する自分の態度	1.98	2.02*	1.73
自分が日本人と接する機会を持とうとしないこと	1.88	1.95***	1.52
人種	1.86	1.92**	1.55
政治観	1.84	1.87*	1.62
自分が日本人と接することに興味をもっていないこと	1.70	1.77***	1.27
宗教的背景	1.47	1.52**	1.22

$*\ p<.05 \quad **p<.01 \quad ***p<.001$

ては，5年以上の滞在者の場合に顕著に低くなっているが，「日本人が自分と接する機会をもとうとしないこと」については，かえって高くなっている．これは，日本人は留学生に接することに興味をもっていながら，積極的に接する機会をもとうとしていないことを示している．

2　出身国による比較（欧米／非欧米）

次に，欧米諸国出身者と非欧米諸国出身者について比較を試みた．さらに，有意差をみるために，2群の平均の差に関する検定であるt検定を用いた（表6-5-2）．

その結果，非欧米諸国出身者の「日本人が自分と接することに興味をもっていないこと」「自分が日本人と接することに興味をもっていないこと」「自分が日本人と接する機会をもとうとしないこと」（いずれもp<.001），「人種」「宗教的背景」（いずれもp<.01）「日本人が自分と接する機会をもとうとしないこと」「日本人に対する自分の態度」「政治観」（いずれもp<.05）の項目が，欧米諸国出身者に比べて有意に高くなった．

日本人の異文化間コミュニケーションの主な問題点として，①ウチ（身内・仲間）とソト（他人・よそ者）を峻別する対人意識，②異文化に対する序列意識，すなわち欧米の文化に対する劣等感と憧れ，発展途上国の文化に対する優越感と蔑視，が指摘される（石井 1987）．

3 結 論

1 日常文化における認知面，情緒面，行動面での適応上の特徴

対人コミュニケーションにおいて，ことばによって伝えられるメッセージの割合は，全体の35％にすぎず，残りの65％は非言語メッセージ（話しぶり，動作，ジェスチャー，相手との間のとり方など）によるものといわれている（Birdwhistell 1952）．とくに日本の社会は高文脈社会（意味の把握や解釈を行なうに際して高度に背景や文脈に依存することを特色とする社会）であり，非言語メッセージを読みとる相手の心の推察能力を留学生にも期待することから起こるトラブルも少なくない．これらの対人関係における障害は滞在期間や日本語能力のいかんを問わず，留学生にとってはたいへん難しい問題といえるようだ．このように人間関係，価値観やものの見方・考え方，社会構造など，日常のレベルの文化における認知面，情緒面および行動面での適応上のニーズが高いことに対応した方策が望まれる．

また，「日本人といっしょに住める寮があればいい」，「留学生ばかりのための寮は大きな問題だと思う」，「日本人と同じ環境のなかで生活しなければ，おたがいに理解できるはずがない」といった指摘もあった．留学生が日本の社会文化を知るために，日本人との積極的な交流を願っていることの現れとみられ，今後の寮のあり方などを考えるうえで重要である．

2 日本語教育の重要性

筆者はかつて，米国と日本で学ぶ留学生のニーズに関する比較研究を行い，世界共通語化しつつある英語を母語とする国とそうでない国との間に

は，留学生の言語問題への対応に大きな違いがみられ，日本では日本語教育が重要な課題であることを示した（大橋 1998）．また，留学生は「日本語」をストレッサーとして感じており（大橋 1991），これらのことから，日本語教育は留学生のメンタルヘルス面からも重要である．

3　提　言

（1）　大学・コミュニティに向けて

　大学における日本語教育・学習条件の整備のために「日本語」「日本事情」などの留学生のための科目を有効に採り入れたカリキュラムの改善，米国のELSのような留学生のニーズに対応した日本語学習クラス（機会）の充実，日本語教育の中での日本文化の積極的な関連づけ，日本語教員に対する異文化間コミュニケーション能力開発を導入する．

　大学と日本語教育機関との協力・連携の促進（日本語教育に関する研究会・情報交換の推進，大学入試に関する情報・資料の交換，留学生の諸問題についての研究会・情報交換の推進）が必要であり，今後，大学と日本語教育機関の協力・連携を拡充する．

　留学生にとって家族はメンタルヘルスの観点からも重要な存在である．今後，留学生の家族に対する日本語教育の機会や世話体制を推進するとともに外国人研究者にも同様の措置を目指す．

（2）　行政に向けて

　海外で日本語教育に携わっている教育者（研究者）に対する協力を進める．その際，海外の要望を統括する責任窓口を明確にする．

（3）　研究者に向けて

　日本語教育者（研究者）は，海外における日本語教育のカリキュラムや教授方法，教科書・学習資料などについての積極的に検討し，協力する．

文献

Birdwhistell, R. L. : *Introduction to Kinesics*, Louisville : University of Kentucky Press, 1952.

古田暁監修，石井敏，岡部朗一，久米昭元：異文化コミュニケーション―新・国際人への条件，有斐閣，1987

Hicks, J. E. & Amifuji, Y. : A Questionnaire Study of the Needs of Asian Students at Selected Japanese National Universities : A Brief Report of the Main Findings, *Daigaku Ronshu Research in Higher Education, Research Institute for Higher Education, Hiroshima University*, 89-102, 1988.

京都大学教養部編：文部省昭和62・63年度特別研究成果報告書「外国人の日本語・日本事情のニーズに関する研究」，1988

Lee, M. Y. : *Needs of Foreign Students from Developing Nations at U.S. College and Universities*, Washington DC : NAFSA, 1981.

大橋敏子：平成元年度文部省科学研究費補助金（奨励研究B）研究成果報告書「外国人留学生のための社会的・文化的適応におけるオリエンテーションに関する研究」，1990

大橋敏子：「留学生オリエンテーションの課題―二つの実態調査から」，異文化間教育 5，49-65，1991

大橋敏子：留学生からのメッセージ―日本留学の光と影，北斗書房，1998

第7章

配偶者・家族の重要性

1 留学生の家族帯同の課題

　筆者はかつて，精神障害の事例化を予防するためには，配偶者の存在が重要であると指摘した（大橋 1996）．また，太田祐一は対人関係の質という視点から，危機の類型を孤立型とトラブル型の2種に分類し，いずれのタイプの危機においても，危機の状況が大きいほど最大のサポートシステムである家族の協力は欠かせないと指摘している（太田 2001）．
　しかし，前述したとおり留学生のニーズの重要度と満足度のギャップの大きい項目の第1位が，「配偶者に日本語教育の機会を与えること」，ついで「配偶者に日本の文化に関する教育を与えること」「配偶者のための活動の場をみつけること」「配偶者に仕事をみつけること」「子どもに適切な教育を与えること」などがいずれも上位にランクされ，家族問題の重要性やその対応がじゅうぶんでないことは明らかである（大橋 1990）．
　そこで，家族の問題と対応について全国的な傾向を把握するため，共同研究[*1]を実施した（大橋，重松，白土 1995）．

---

*1　[調査対象] 国立大学で留学生の家族が多い大学7校（家族帯同の比率25～38%）に在籍する留学生および配偶者．[実施期間] 1995年8月1日～10月31日．[調査方法] 日本語と英語による**質問票Ⅵ**（巻末に掲載）を使用し，質問票では，家族帯同の是非および問題点，ボランティアについて設問した．面接に応じる者以外は無記名で回答を求めた．質問紙の配布・回収は郵送または大学の留学生担当者を通して行い，回収率は42.2%であった

第1編 理論編

1　日本における家族の形：被調査者の属性における特色

　留学生の回答者は231名となり，その配偶者の回答者も同数である．留学生本人の属性をみると，

- 国籍：30か国におよぶが，そのうち，中国が43.3%でもっとも多く，ついで韓国が24.2%，その他のアジアが17.3%で，アジアが全体の84.8%を占めた．
- 性別：男性が全体の5分の4．
- 年齢：30歳代が全体の4分の3．
- 教育段階別：大学院生が全体の4分の3．
- 専攻分野：自然科学が全体の3分の2．
- 日本における滞在年数：2年以下の者と2年を越える者の割合はほぼ同数．
- 奨学金の種類：日本政府および自国政府奨学生と，私費留学生はほぼ同数．
- 宿舎状況：大学の外国人用宿舎に入居している者が3割．
- 家族状況：配偶者と子女を帯同している者が3分の1，配偶者のみの者が3分の2．
- 日本語能力：自己評価では「優」「良」「可」を合わせれば9割以上に達し，かなり高いといえる．

　いっぽう，配偶者でみると，以下の特徴が明らかになった．

- 職業状況：全体では本国での有職者が56.7%，無職者が33.9%，学生が9.3%であったが．日本においては無職者が62.9%，学生が26.8%，有職者が10.3%となった．国籍別の特徴としては，中国が，本国での有職者が77.1%と多く，中国以外では有職者の割合が40〜50%となった．しかし，日本における無職者の割合はいずれも50%以上となり，中国・韓国を除くアジア出身者では85%とかなり高くなっ

ている．
- 配偶者の役割：留学によって「夫婦の役割が変化した」と回答した者が約3割おり，「夫が家事を手伝うようになった」と回答した者が多いが，「妻が専業主婦になった」と回答した者もおり，配偶者が専業主婦化する傾向がある．他方では「学生」となった者が約3倍に増え，学習意欲が高いことがうかがわれる．
- 日本語能力：「優」「良」「可」を合わせれば80％以上に達し，かなり高いといえる．

さらに，子どもの就学状況をみると「未就学・保育園児」が73.7％を占めており，また「保育園児」が53.4％と，保育園への受け入れも進んでいる．子どもの数は「1人」が67.3％であるが，2人以上の子どもを帯同する者も20％以上おり，経済的圧迫も大きいと推測される．

2　調査の結果および考察

（1）　家族帯同の是非

家族帯同の総合的評価では，学業面および情緒面において90％の者が肯定的回答をし，経済面では54.5％の者が否定的回答をしている．

さらに，17の項目を設定し，複数回答を求めたところ「孤独を感じない」が81.6％ともっとも多く，次いで「問題や成功を分かち合う人がいる」が70.9％，「学業を励ましてくれる」が67.3％，「日本に滞在することが配偶者に有意義である」が64.1％，「家事に煩わされない」が60.1％，「経済的圧迫」が54.5％，「いっしょに出かける人がいる」が48.9％，「子どもが活力を与えてくれる」が47.1％，「日本に滞在することが子どもにとって有意義である」が40.2％，という順で多くなった．「経済的圧迫」を除いて，家族帯同は有益であるとする項目がやはり上位を占めていることが分かる．

すなわち，家族帯同の留学生では経済的負担はその分重くなるが，家族から精神的に与えられる利点は大きいと感じているのは明らかである．家

族は学業の足手まといと考えられる傾向にあるが，逆に留学生生活を支える重要な要素であることを認識しなければならない．

(2) 家族帯同に付随する問題点

[**日本語能力**] 留学生を対象に家族帯同の問題を4段階の評定値で測定したところ，全体としては「宿舎」「ストレス」「子供の教育」「文化の違い」「家族の日本語」という回答が上位5位を占めた．また，ピアソンの相関係数を用いて調べると，配偶者の日本語能力と「配偶者の活動」が負の強い相関関係（$r=-.402$）を示し，「家族と日本人との人間関係」（$r=-.267$），「子供の活動」（$r=-.211$），「入院・病気」（$r=-.235$），「日常生活情報」（$r=-.312$）が負の弱い相関関係を示した．これらのことから，配偶者の日本語能力によって問題の顕在化に違いがみられることがわかる．すなわち，日本語能力が低いと，これらの問題が大きくなる傾向がある．

[**経済面**] 配偶者を対象に日本で生活する場合の問題について4段階の評定値で測定したところ，高値の項目に挙がったのは，高い方から順に，「財源がじゅうぶんでない」「宿舎」「仕事の機会の欠如」「援助制度の欠如」であった．すなわち，経済的な問題がもっとも重くのしかかっており，かなり節約した生活を余儀なくされている状況がわかる．この点では，私費留学生の方が国費留学生の場合と比べて，「ストレス」「財源がじゅうぶんでない」「援助制度の欠如」「差別」の項目について有意に高くなっている．

[**子ども**] また，子どもの教育問題の悩みも少なくなかった．なかでも，母国語喪失の不安を訴えた者がもっとも多く，日本語と母国語の混乱，本国との教育制度の違いによる帰国後の子どもの教育や本国への適応問題に不安をもっているようだ．少数ではあったが，日本語の習得や日本人からのいじめの問題もあった．また，子どもの年齢と子どもについての悩みは正の弱い相関関係（$r=.219$）があり，子どもが大きくなるにつれて，子どもに関する問題が大きくなることが明らかになった．子どもの教育に関す

る設問では,「子どもに日本語を学び続けさせたい」が82.1%,「子どもを将来,日本に留学させたい」が51.6%と過半数を占めた.子どもが日本と将来にわたり関係をもち続けることを希望していることがわかる.

[**問題の多様性**]「日本人の友人をつくること」「日本語能力不足」「差別」など人間関係を築けないという回答が多い.「キャリアを積めない」という回答も多く,仕事を辞めて来日した者の将来の不安がうかがえる.また来日後,無職になった配偶者は,来日前も無職であった者に比べて,「寂しさ」「情緒的ストレス」を感じ,日本での仕事など社会参加が乏しいことからか「異性との社会関係」の項目がそれぞれ有意に高くなっている.「家族からの別離」「子供についての悩み」「情緒的ストレス」「親しい友人がいない」「社会生活の欠如による情緒的不安」「ホームシック」などの項目も高く,抑うつ状態に陥ったり帰国したがったりする気持ちと直結する心理的問題であろう.そのほか,「日本人家族との人間関係」「日本文化への適応」「寂しさ」「社会的適応問題」「日本語学習の機会の欠如」「健康問題」「自信がもてない」「配偶者についての悩み」「異性との社会的関係」「日本の食べ物」「同国人家族との人間関係」などの順に続き,どの問題も評定値に大差はなく,配偶者のかかえる問題や不安が多様であることの表れといえよう.悩みについて配偶者に自由記述を求めたところ,社会的活動(仕事やアルバイトを含む)の機会の欠如がもっとも多かった.

2 大学での留学生の家族に対する支援の実態

受け入れ大学側に対しても,留学生の家族に対する援助の実態について質問票調査を実施した.留学生および家族を対象としたプログラム,オリエンテーション,援助・助言,健康管理およびボランティア団体について設問した[*2].

第1編 | 理論編

1　家族問題への大学の関与

（1）　大学における家族問題への関与の実態

　留学生の家族問題へ大学が関与することが「必要である」という回答は，78.8%であった．意外にも必要性の認識そのものは高い．しかし，実際の関与状況は「必要であるが手が回らない」（61.5%）で，実際に家族問題に関与しているのは20%にすぎない．

　具体的な関与の方法は，情報提供，支援団体・交流団体の応接，緊急事態時の対応，身の上相談，出産・育児上の相談などであった．

（2）　大学での健康管理のとりくみ

　留学生やその家族の健康管理については，「家族を含めた留学生に対して健康管理センターで特別健康診断を実施している」「国民健康保険の加入をすすめている」「本人または保証人から要請があれば，大学附属病院において対応することができる」「留学生会館へのX線診療車の派遣を要請している」「保健所からのニュースを英訳し，当該家庭に配布している」などの回答があった．いずれも一部の大学からで，今後はより多くの大学でのこのような対応が望まれる．

（3）　家族問題についてのボランティアの導入状況

　上記のように「必要であるが手が回らない」状態のもとで，留学生と家族を支援するボランティア団体の導入は有効だと考えられる．この点について設問したところ，40%の大学が「手伝ってほしい」「たいへん助かっている」と回答した．参考までに，留学生会館の場合を記すと，51.7%が

　　＊2　[実施期間] 1995年7月1日〜8月31日．[調査対象] 全国の国立大学50校，公立大学4校，私立大学56校，合計110校とし，国公立大学の留学生会館54校に対しても質問票Ⅶ（巻末に掲載）を送付した．私立大学には，家族用居室をもつ留学生会館・国際交流会館をもつ大学がなかった．いずれも留学生担当部署の担当者または留学生担当教員が回答している．回収率は，大学の場合，国立大学37校（74%），公立大学3校（75%），私立大学35校（63%）の合計75校（68%），留学生会館は29校（54%）であった．

「たいへん助かっている」と回答した．また「手伝ってほしい」は17.2%であり，その内容としては「留学生の宿舎探し」を半数があげた．

　導入したボランティア団体によって実施されている活動としては，催し物とバザーの開催や，留学生と日本人・留学生（家族）同士および地域住民との「交流」の促進が多い．また「援助」の面では，日本語教育（教室）や来日当初の案内や通訳，情報提供，身の上相談・カウンセリング，病気入院時の援助，出産・育児上の相談，子女の入学および退学時の援助，子女の教育上の問題，生活パンフレットの作成，生活援助，ベビーシッターなどがあげられた．

　しかし，ボランティアが「何をやっているのか分からない」などの否定的回答が21.3%あったのも特徴的である．この点を留学生側にも設問したところ，約半数の者が「留学生やその家族にとって役立つ」など肯定的な回答をしているいっぽう，「（ボランティアに携わっている人は）ボランティア活動より英会話に興味をもっているだけで，本当に困ったときに全然役に立たない．入院，妊娠，異常分娩などの重大な問題については，ボランティアサービスはない」という不満の声もある．

　ボランティアの活動は多岐にわたっており，留学生とその家族に対するケアのほぼ全領域におよんでいるが，これらボランティア活動について，大学がその質を評価し，どのように助言・指導し，さらに協働していくかは今後の課題である．

2　留学生会館における家族へのケア

（1）　留学生会館での各種プログラムの実施状況

　29会館中16会館で日本語講座が実施されている．留学生の家族のみを対象にするのは3会館，留学生本人と家族を対象にするのは13会館である．そのほかに，日本文化教室（茶道，華道，水墨画・書道，日本料理など）8会館，懇親会（歓迎会，送別会）16会館をはじめ，スポーツ大会，日本人家庭訪問，講演会，映写会などが実施されている．これは地域のボランティアによるものがほとんどで，会館と地域との連携による活動といえよ

う．

　これに対して，留学生および家族が指導するかたちでラテンダンス，初級英会話，エアロビクスを行ったり，中国人留学生父母が主催する中国留学生子女を対象にした中国語保持教室などが実施されたりしている会館もあり，注目に値する．

（2）留学生会館でのオリエンテーションや援助

　オリエンテーションについては，どの会館でも入居時に実施しているが，留学生とともに家族に対してもオリエンテーションを実施している会館はわずか7会館しかなかった．また，その内容は，会館内の生活案内や周辺の生活情報に限られている．

　だが，一部ではあるが，公営住宅の応募書類の書き方指導とそのチェックや，集合住宅における生活適応についての助言（町内会費の徴収，清掃当番制などについての留学生側の理解不足から若干の留学生受け入れに対する否定的反応がみられる現状など）を行っている会館もあり，会館退去後の宿舎探しや生活事情についても配慮されている．

　回答には「留学生の家族は日本に知人などがいないため，家に閉じこもりがちである．そのためにストレスがかなり溜まっているものと思われる．よって，オリエンテーションおよび屋外でのイベントを数多く計画，実施し，ストレスのはけ口になればよいと思う」という意見もあった．しかし，こうしたイベントがある程度日本社会への順応を促すとしても，それだけでは実質的な家族問題のケアにはならない．心理的・情緒的側面へのケアが必要であろう．

（3）　援助・助言，カウンセリングの実施状況

　情報提供，緊急時の対応，身の上相談・生活上の悩みのカウンセリングについては，半数以上の会館が実施していると回答している．病院・入院時の援助（44％），出産・育児上の相談－保育園の相談（31％），交通事故処理（31％），支援団体・交流団体の応接（28％），子供の保育園・幼稚

園・学校の入学・退学時の援助（24%）子供の教育上の相談（21%），生活パンフレットの作成（21%）となった．

さらに，次のようなきめ細かい援助を実施している会館もある．「保育園・幼稚園・小中学校から日々発行される書類（お知らせ，予定表，手紙，宿題など）の英訳または英語での口頭説明」「幼稚園・中学校の制服・体操服や小学校のランドセル・水着・楽器・文房具などの無料貸出または無料配布（卒業生などからの不要品を集めている）」「保育園・幼稚園・小中学校・福祉事務所・地域の子供会との連絡」「学童保育所や児童館への入所・利用の援助」「盗難事故処理」などである．

このように，会館に住んでいる留学生の家族に対する援助・助言は種々行われているが，会館以外に住んでいる留学生の家族に関する問題に対しては対処できていない．留学生センターや保健管理センターなどの留学生の家族への対応の充実が課題となる．

3 調査結果からみえてくるもの

1 「住」の確保の重要性

家族を帯同している留学生がもっとも望んでいる支援は宿舎探しである．これからは，ますます民間の宿舎に負うところが多くなるので，民間の協力なしには考えられない．そのためには，留学生と地域の人々との異文化理解を図る必要があり，相互の情報交換・ネットワーキング作りが重要である．たとえば，「住宅保証人制度」のような実質的な活動が活発に行われることが望まれる．

付言すれば，こうした活動は地域の特色を生かした地域に根ざした企画が望ましい．留学生のためだけでなく，日本人にとっても有意義な活動が望まれる．例えば，京都の場合であれば，町家を活用した留学生との共生プログラムも考えられよう．町家に住んでいるのは高齢の独居者が少なくなく，社会福祉にも貢献するのではないだろうか．

2 家族支援の光と影

　春田有二（2005）は阪神淡路大震災の混乱の中での中国帰国者への支援について次のように報告しており，家族支援を考える上で参考になるので紹介したい．

> 　避難所には多くの中国帰国者と日本人が長期にわたっていっしょに暮らした．震災から1カ月たった頃，住宅が全壊して戻る家のない人のために，地域の自治会から空き家住宅への入居斡旋の話が出た．日本人に対しては説明会を開き希望を募ったが，中国帰国者に対しては個別に家族を呼んで説明が行われた．日本語の理解が乏しいだろうから，丁寧に時間をかけて説明をしようという配慮だった．しかし，中国帰国者には「日本人と差別され，特別扱いをされた」「いわれたとおりにしなければ，中国帰国者にはもう住宅が当たらないのではないか」と感じられた．親切から行われたことだが，場の雰囲気は日本人にとり囲まれて裁判を受けているようだったという．この行き違いをきっかけとして過換気発作を起こし，その後不自由な仮設住宅での暮らしの中で，精神病様反応を起こした者もいる．中国帰国者に限らず，地震などの災害で地域とのつながりや人間関係が切れ，暮らしの日常的な構造が壊れてしまうと，これを自力で修復し作り直すことは難しい．家や財産の破壊よりも，災害のもたらした人間関係のストレスや孤立感，暮らしの変化の方がこころを疲れさせる．震災後の混乱した事態の中で，援助する側からすれば親切で行ったことが，この中国帰国者には差別，過干渉ととらえられ，不信感を強めてしまったのである．

　支援が喜ばれるかどうか，あるいは関係を向上させるかどうかを決める最大の要因は，支援者とそれを受ける者との信頼関係がどれほどできてい

るかということである．支援を受けた者がその支援に感謝するのは，支援されたものがよかったというよりも，むしろ支援者をどれだけ信頼し，好感を抱くことができたかにかかっているといっても過言ではない．その支援が明らかに見返りを期待したものであり，余計なものである場合には喜ばれないのも当然かもしれない．しかし，たとえ純然たる支援の意図で行われ，しかも必要なものが与えられた場合にも，それが一方的で，しかもその支援に報いるすべが当分ないというような場合には，支援を受けた者は，心理的にある種の負い目を感じる場合があると考えられる．また，このほかにも，支援を受けるということは，自分だけではできないということを認めることになるので，自尊心を傷つけられると感じる場合もある．

3　提　　言

(1) 大学・コミュニティに向けて

　支援は必要な時に，自立を助けるという目的で行うことが重要である．支援しようとする心はかけがえのないものであるが，ひとつ間違えると，結局は支援者にも，被支援者にも，かえって後味の悪い結果になりかねない．支援には光と影があり，信頼関係にもとづく支援を実施することが大切である．留学生の家族支援には欠かせないボランティアの導入についても同様の支援を実施する．

　留学生のための宿舎の建設に際しては，チューター制度，アドバイザー(カウンセラー)制度，プログラムコーディネーター制度を充実させ，留学生と日本人がいっしょに住める配慮を行う．

文献

春田有二：日本に暮らす外国人から教えられたこと―多文化社会におけるメンタルヘルス，心と社会120, 36(2)，112-117，2005

大橋敏子：平成元年度文部省科学研究費補助金（奨励研究B）研究成果報告書「外国人留学生のための社会的・文化的適応におけるオリエンテーションに関する研究」，1990

大橋敏子：外国人留学生の家族に関する調査，異文化間教育11，156-164，1996

第1編｜理論編

白土悟：留学生家族の受入れ体制について（1），九州大学留学生センター紀要5，197-212，1993
渡部留美：滞日外国人留学生の家族に関する研究—家族帯同の利点と問題，神戸大学大学院総合人間学研究科博士論文，2003

第2編
実践編

第8章

留学生のメンタルヘルスと危機介入の実践

1 留学生支援：危機介入の実際

1　危機介入のスキル

　ロジャース（1951）が来談者中心療法で提唱した共感，純粋性，受容のスキルは，カウンセラーが危機状況に直面している人と対応するときに大切である．

　共感を伝えるための重要なスキルは，アイヴィ（1974）が提案したマイクロ技法*1の階層表（図8-1）の「かかわり技法」である．「かかわり行動」とは，危機状況に陥っている人の声の調子，言葉遣い，声の高さ，抑揚や用いる言葉などはもちろん，表情，立ち居ふるまいのような非言語的

---

*1　Iveyら（1968）は，カウンセリングにおけるコミュニケーションに関する従来の諸理論や諸技法を検討した結果，マイクロ技法なるものを抽出した．「マイクロ技法」とは，カウンセリング・心理療法におけるコミュニケーションを促すために有効な技法の最小単位のことであり，カウンセラー，クライエント，面接の場面や目的，文化などの違いを越えて有効な技法であるとされている．Iveyらは，マイクロ技法を下から上にピラミッド状に積み上げた理論的なモデルを作成し，「マイクロ技法の階層表」と呼んでいる．マイクロ技法の階層表の下半分は，相手との信頼関係をつくりあげるために不可欠なマイクロ技法のグループで，「基本的かかわり技法」と呼ばれている．そして，治療者のとるべき効果的な援助そして，行動とは何かを特定し，それを行動上の用語で操作化し，体系だって援助技術を，教示した．それは，①積極的にクライエントに関心を示す，②感情を反射する，③問題を正確に要約する，といった3種類の技術を行動のレベルで操作的に定義し，かつ各々の技術をひとつずつステップ・バイ・ステップで学んでいくものである．

　階層表の上半分は来談者のために面接者が意図的に影響をおよぼす技法のグループで「積極技法」と呼ばれている．

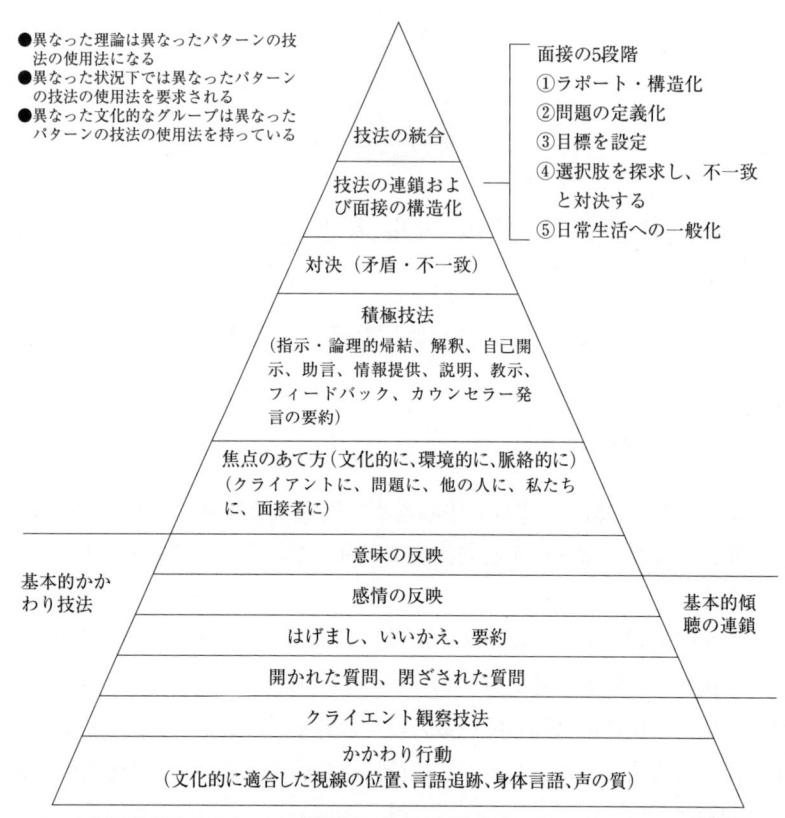

第2編　実践編

- 異なった理論は異なったパターンの技法の使用法になる
- 異なった状況下では異なったパターンの技法の使用法を要求される
- 異なった文化的なグループは異なったパターンの技法の使用法を持っている

ピラミッド（上から下へ）:

技法の統合

技法の連鎖および面接の構造化

対決（矛盾・不一致）

積極技法
（指示・論理的帰結、解釈、自己開示、助言、情報提供、説明、教示、フィードバック、カウンセラー発言の要約）

焦点のあて方（文化的に、環境的に、脈絡的に）
（クライアントに、問題に、他の人に、私たちに、面接者に）

意味の反映

感情の反映

はげまし、いいかえ、要約

開かれた質問、閉ざされた質問

クライエント観察技法

かかわり行動
（文化的に適合した視線の位置、言語追跡、身体言語、声の質）

右側注記:
面接の5段階
①ラポート・構造化
②問題の定義化
③目標を設定
④選択肢を探求し、不一致と対決する
⑤日常生活への一般化

左側: 基本的かかわり技法
右側: 基本的傾聴の連鎖

1．かかわり行動とクライエントを観察する技法は、効果的なコミュニケーションの基礎を形成しているが、これは必ずしも訓練のはじめがふさわしい場所であるというわけではない。
2．かかわり技法（開かれた質問と閉ざされた質問、はげまし、いいかえ、感情の反映、要約）の基本的傾聴の連鎖は、効果的な面接、マネージメント、ソーシャルワーク、内科医の診療時の面接やその他の状況下でたびたび見出される。

図8-1　マイクロ技法階層表（Ivey，福原他訳『マイクロカウンセリング』1985）

表現にも焦点を当てる技法である．共感的理解を言葉で伝える能力とは，応答のスキル，言い換えのスキル，反射のスキルなどの基本的傾聴の連鎖である．

　危機カウンセラーは積極的にクライエントに関心を示し，感情を反映し，問題を要約する「かかわり技法」を用いることにより，危機状況に陥っている人に焦点を当て，その人の感情と心配事の核心を見極め，そこで理解したことを，その人に思いやりのある言葉と感情で伝えることができる．さらに，危機カウンセラーは「かかわり技法」だけでなく，再焦点化（課題をシフトすること）とリフレーミング（肯定的に意味づけること）のスキルによって広く，合理的な見方で，危機状況の出来事をとらえ直すよう援助することができる．

　これらのスキルの大部分は，来談者中心療法または非指示的カウンセリングの枠組みから発展してきたものである．しかし，自力で対応する能力をもっている人に対する援助法として役に立つが，危機状況におちいった人が動けなくなり，身体的あるいは理性的に反応できなくなり，自傷や他傷の危険が生じた場合，クライエントのためにカウンセラーが意図的に影響をおよぼす技法，すなわち「積極的技法（指示，解釈，助言，説明，情報提供）」が必要である．しかし，「積極的技法」は「かかわり技法」ができてこそ効果を発揮することに留意しなければならない（James & Gilliland 2004）．

2　危機カウンセリング

　危機カウンセリングは通常のカウンセリングと相違し，①期間が短いこと，②危機の直接的原因に焦点を合わせ，危機状態の回避を目的とすること，③技法としては，直接的な指導が重視されることである．また，危機介入のような緊急に命にかかわるような場合や重度の精神的な病気や薬物依存等が疑われる状況で，極度の幻覚・妄想などが認められ，直ちに入院等の処置を行わないと，本人に不利益がおよぶおそれがある場合は守秘義務を解除し，適切な対応が求められるのが特徴である．

なによりも，危機カウンセラーは，協働的カウンセリングを志向し，リファーできる人的資源や地域社会の機関とのネットワークを構築するスキル・能力が必要である．

3 危機介入コーディネーター

ピッチャーらは，危機介入は心理療法とは非常に異なるので，個々のパーソナリティや危機とは関係のない長期的な問題を深く掘り下げる機会ではなく，もし，これらのパーソナリティの問題が危機解決の最中に生じた時，危機に携わる者は，そのような問題は危機の職務の領域でないことを知っており，そのような問題が存在することが認められたら心理療法か，別のカウンセリング資源を勧めることに大きな特徴があると述べている（Pitcher et al. 1992）．

筆者は危機介入の「介入」の概念を「コーディネーション」としてとらえて，研究を展開している．今後，「危機カウンセラー」という枠組みより，さらに米国での危機チームを統括する危機チームのリーダーである「危機コーディネーター」やメンタルヘルス上での危機介入をコーディネートする「危機介入コーディネーター」のような枠組みでとらえて，「危機介入」を展開することが，日本においても求められるのではないかと考えている．

危機チームの主要メンバーはメンタルヘルス・医療対応班の①危機介入コーディネーター，②危機介入者（カウンセラーなど），③医療担当者などからなり，業務対応班は④危機対応コーディネーター（渉外・総務などのコーディネート担当），⑤広報担当者（メディア対応），⑥警備担当者（保安担当）などから構成されると考えられる（Brock 2001）．

危機チームの組織での位置づけ・役割・責任などの詳細は「外国人留学生のメンタルヘルスための危機介入ガイドライン」を参照していただきたい（大橋編著 2008）．

2 支援を実施する際に何が必要とされるのか

まず，外国人留学生への支援を考える上での要点について，春田有二ら（1993）の報告にもとづいて述べたい．

> ベトナム難民のMさんが，5歳，3歳，2歳，0歳の子ども4人を連れて，汗いっぱいかいて福祉事務所に来所した．生活保護費支払日まで一週間ほどあり，それまでの間暮らしていくための貸し付けをすることにしたが，ハンコをもってきていないという．ハンコがなければ役所ではお金が出ない．4時半を過ぎており，4人の子どもを連れてハンコをとりに行くのはむりである．そのうえ，もう230円しかないという．こうした場合の手続きは煩雑なものである．特に外国人にとって押印という習慣は困惑させられる．担当のケースワーカーの頭の中には，お腹をすかせて泣く子どもたちの状況が浮かび，なんとかならないか考えた．その時，ふと手にもっていた消しゴムに目がとまり，カッターナイフでイモ判のようにハンコを作り，Mさんの署名を横に添えて書類を提出し，ぶじに3万円を借りることができた．Mさんは，ニコッと「ありがとね」といって乳母車を押して帰っていった．

この事例からわかるように，日本に住む人に与えられた権利をあたりまえに利用できる環境を作り，あたりまえの暮らしができるように守っていくのが医療機関や行政機関にいる者の役割であろう．ふつうの暮らしができることが，こころの健康を保つために必要不可欠である．とりわけ，自文化から切り離されて生活している外国人にとっては，わたしたちが「あたりまえ」と感じるようなことにも困難を感じながら暮らしている．人生の過渡期を外国で過ごす留学生にとっては，なおさらだろう．

人はちょっとした気づかいを受けたり，フッと温かさを感じたりしたときに，こころがなごみ癒される．たいそうなことをしてくれる人ではなく，あたりまえの気づかいをしてくれる人に救われる．医療制度やその他

の公的施策は重要だが，そうした制度が整ってきても，専門家だけで精神保健や暮らしの問題を解決することはできない．地域にいっしょに住む人が，隣人として自然な形で支えを用意することがスタートラインだと述べている．

春田ら（1993）は共住外国人の暮らしと精神保健について，以下のような結論を導いているが，留学生のメンタルヘルスを受けもつ者にとっても，重要な視点である．

> 医療だけで解決しようとするものでもなく，制度や政策に解決を求めるものでもなく，私たちが隣人として，みえない手を差し出せるかどうかかが，回復過程でもメンタルヘルスを保つ上でも，大切である．違いを掘り出そうとする作業では何も生まれない．おたがいが異なるものをそのまま認め合い，たがいに変わっていくことが人間関係の基本的な命題である．

第2章で引用した下山晴彦（1996）の指摘のように，「つなぐ」カウンセラーの重要な役割は，クライエントをとりまく複数の人間関係をつないで，クライエントが安心して悩むことができる環境を構成することである．言い換えれば，クライエントの症状に直接メスを入れるのではなく，その人間関係への介入を重視し，回復へむけてじゅうぶんな環境を整える．

もちろん，人間関係をむやみに乱してはならない．「つなぎ」の失敗を避けるには，クライエントに対する共感的な理解を欠くことはできず，カウンセラー自身もまた関係の輪に入る必要があろう．日頃から彼らとの接触を心がけ，その置かれている立場を熟知し，彼らとラポール（信頼関係）をつけ，その気持ちを共感的に理解することが求められる．

これはコミュニティ心理学の目指すものとも重なる．面接室にとどまらない，開かれたカウンセリングを実現することであり，臨床心理士の医学的な治療ではしばしば欠落する社会との「つながり」，人的資源のネットワークを補うことである．とりわけ井上孝代（2004）も指摘するように，社会のさまざまな局面（地域，産業，福祉など）へと広げることが求めら

れるだろう．

3 何ができるのか，何ができないのかを明確化させる

　カウンセラーは留学生の多様なニーズに向き合い，これを適切に「つないで」ゆかねばならない．とはいえ，「つなぐ」カウンセラーにできることは限られている．専門の精神科医と同等の知識をもってはいるが，専門医と違って直接処置を施す立場にはない．また，あたかも家族であるかのように留学生を見守るが，直接，家族や友人の間柄にはないので，対応する際には自然と距離を置かざるを得ない．

　いっぽう，留学生の変調にいち早く気づき，本人や指導教員，友人，家族，専門医にそれを知らせることができるのは，「つなぐ」カウンセラーしかいない．精神医学の知識と現場経験をもつからこそ，変調を変調として認知できるのであり，また普段接する機会があるからこそ，タイミングを逸せずに「つなげられる」からである．「つなぐ」カウンセラーは，必要不可欠な役割を担っているのである．

4 多様な役割を認識する

　井上孝代（1997）は，自らの経験にもとづいて，カウンセラーがはたす多面的な役割について次のように説明している．すなわち，留学生カウンセラーには，

・留学生とのラポールによる信頼関係を基盤に発達援助をする「カウンセラー」
・留学生のソーシャルサポートが得られない場合，代替的なヒューマンシステムを組織する「ファシリテーター」
・生活上の問題解決の方法や学業に必要な情報を提供する「アドバイザー」

- ピアカウンセリングやグループカウンセリングを担当する「グループワーカー（グループリーダー）」
- 留学生に代わって代弁する心の弁護士「アドボケート（代弁者）」
- クライエントとカウンセラー以外の第三者に働きかけて援助効果を高める「コンサルタント」
- 日本文化の理解を進める「インターメディエーター（仲介者）」
- 治療的な問題をクライエントがかかえている場合の「サイコセラピスト（心理療法家）」
- 留学生を実際の社会システムとつなげる「ケースワーカー」
- 留学生個人や集団が不当に抑圧されている場合，その変革を行う「ソーシャルエージェント（社会変革者）」
- 留学生の現在の問題や将来予想される問題を予防するための「サイコエデュケーター（心理教育者）」

の役割があるとする．

　その後，井上孝代（1998）はマクロ・カウンセリングにおけるカウンセラーの14の活動について，次のようにまとめている．

　①個別カウンセリング
　②心理療法（サイコセラピー）
　③関係促進（ファシリテーション）
　④専門家組織化（リエゾン／ネットワーク）
　⑤集団活動（グループワーク）
　⑥仲介・媒介（インターメディエーション）
　⑦福祉援助（ケースワーク）
　⑧情報提供・助言（アドバイス）
　⑨専門家援助（コンサルテーション）
　⑩代弁・権利擁護（アドボカシー）
　⑪社会変革（ソーシャルアクション）

⑫危機介入(クライシスインターベンション)
⑬調整(コーディネーション)
⑭心理教育(サイコエデュケーション)

筆者はカウンセラーを広く「サービス提供者」ととらえて研究を展開している．詳しくは第2章を参照してほしい．

文献

Brock, Stephen E., Sandoval, Jonathan & Lewis, Sharon : *Preparing for crisis in the schools : a manual for building school crisis response teams 2 nd Ed.*, John Wiley & Sons Inc ; 2001.（今田里佳監訳，吉田由夏訳：学校心理学による問題対応マニュアル，誠信書房，2006）

春田有二他：消しゴムのハンコ―精神保健の現場から「共住外国人」の暮らしを考える，精神科治療学 8 (12), 1427-1435, 1993

井上孝代編：異文化間臨床心理学序説，多賀出版，1997

井上孝代編：多文化時代のカウンセリング，現代のエスプリ 377, 1998

井上孝代：「マクロ・カウンセリング」の考え方とカウンセラーの役割，明治学院大学研究論叢心理学論集 10, 2000

井上孝代編著，裵岩奈々，菊池陽子共著：共感性を育てるカウンセリング―援助的人間関係の基礎（マクロ・カウンセリング実践シリーズ 1），川島書店，2004

Ivey, A. E. & Gluckstern, N. B. : *Basic attending skills*, North Amherst, MA : Microtraining Associates, Chapter4, 1974.（福原真知子他訳：マイクロカウンセリング―"学ぶ―使う―教える"技法の統合：その理論と実際，川島書店，47-57, 1985）

James, R. K. & Gilliland, B. E. : *Crisis Intervention Strategies*（5 th Ed），Wadsworth, 2004.

加藤正明，齋藤友紀雄：危機をめぐって，危機カウンセリング，現代のエスプリ 351, 5-37, 1996.

國分康孝他監訳，カリフォルニア開発的カウンセリング協会編：クライシス・カウンセリング・ハンドブック，誠信書房，2002

大橋敏子編著：外国人留学生のメンタルヘルスのための危機介入ガイドライン，2006年度 JAFSA 助成調査・研究報告書，2008.

Pedersen, P., Lonner, W. J. & Draguns, J. G.（Eds.）: *Counseling Across Cultures*, Honolulu, HI : University of Hawaii Press. 1976.

Pedersen, P. : Counseling International Students, *The Counseling Psychologist*, Jan. 1991.

Pitcher, G. D. & Poand, S.: *Crisis Intervention in the School*, Guilford Press, 1992.（上地安昭，中野真寿美訳：学校の危機介入，金剛出版，2000）

Rogers, C. R.: *Client−centered therapy : Its current practice, implications, and theory*, Boston: Houghton Mifflin, 1951.

齋藤友紀雄編：危機カウンセリング，現代のエスプリ351，1996

下山晴彦：つなぎモデルの実際，こころの科学69，1996

第9章

留学生にみられる精神障害・精神疾患

1 精神障害・精神疾患の基礎知識

1 精神障害を扱う標榜科

通常，精神医学的問題を扱う診療科目は精神科といわれるが，精神神経科，神経科と表現されることもある．

また，心療内科は基本的には心身症と呼ばれるストレス要因の強い身体疾患を対象としているが，精神科と重複する部分も多く，神経症やうつ病にも対応している施設がほとんどである．

いっぽう，脳神経外科（脳外科）は脳損傷，脳出血，脳腫瘍など器質的障害を主として扱い，神経内科はマヒやけいれんなどに対応しており，いずれも精神科とは対象疾患が異なる部分が多い．

2 精神障害の診断名・診断分類

従来の日本の臨床場面で汎用されてきた診断名は，ドイツ精神医学の影響が強い従来診断で，統合失調症，躁うつ病，神経症などがその代表である．

しかしながら，国際間の研究が広がるにつれて，歴史・文化，背景理論，主観的判断などによって地域間による診断名の相違が顕在化してきたため，世界共通の精神科診断分類の作成が求められるようになった．

現在，2つの大きな流れがある．米国精神医学会（APA）のDSM（精神障害の診断・統計マニュアル Diagnostic and Statistical Manual of Mental Disorder）と世界保健機関（WHO）のICD（国際疾病分類 International Classification of Disease）で，どちらも修正を加えながら版を重ねている．現在，DSM–IV–TR（**資料2**，巻末に掲載），ICD‐10（**資料3**，巻末に掲載）がいちばん新しい．いずれの診断分類も，診断的な妥当性と正確性を確保するため，可能な限り特定理論に偏ることなく，症状を軸に具体的な基準で判断していく操作的な診断がとりいれられたため，精神科医以外のコメディカルでもじゅうぶん診断可能になった．

とはいえ，実際の臨床場面では従来診断は患者に説明する際や診断書の病名などで依然として利用されており，研究用にはDSMやICDを採用するなど，重複的に診断名がつけられていることも多い．

3　精神疾患・精神障害の原因と要因

いまだに精神疾患が遺伝病だと誤解している人が少なくないのは遺憾である．確かに，親が精神疾患で，子どもも精神疾患という場合もあるが，親戚中に誰ひとり精神障害者がいないのに，その家族に精神疾患が発病することもめずらしくない．つまり，メンデルの法則のような簡単な話ではない．年代にもよるが，おおまかにいって50～100人に1人は精神疾患に罹患するといわれ，精神疾患は残念ながら決して稀な存在ではない．

また，病気の原因と要因（きっかけ）が混同されがちである．風邪ひきを例にあげよう．「お腹を出して寝たら風邪をひいた」と表現されるが，医学的には風邪の真の原因は風邪ウイルスで，「お腹を出した」「むりをした」「冷たい風に当たった」といった事柄は要因にすぎない．精神疾患も基本的には同じである．

統合失調症など多くの精神障害の真の原因は，脳の働きを悪くさせる物質やメカニズム（神経伝達物質のアンバランスなど）である．こうした原因を背景に，さまざまなストレスが要因となって，精神疾患が発現すると考えられている．したがって，「ストレスが溜まって精神的に具合が悪くなった」と表現されることが少なくないが，実際には本人に病気になる素質・素因があって，そこにストレス要因が働いたため発病したと考えられ

ることが多い.

　また，交通事故や脳腫瘍などで脳を直接的に損傷した場合（これを脳器質障害という）にも精神症状が発現することがある.

　もちろん，ストレス障害（心因反応）というストレスが要因ではなく直接的な原因と考えられる場合がある．ただしその場合は，深刻な災害の後にストレス障害が話題になるように「全財産を失った」「家族と死別した」，さらには「性的虐待を受けた」というように明確かつ深刻なストレスが存在するのが一般的である．すなわち，「先生にしかられた」「親とケンカした」といったことでは，よほどの場合を除いてひとつの発症要因にすぎない．

4　精神医学的治療

（1）　脳の障害・損傷治療が優先

　基本原則として，脳に明らかな器質的障害（脳損傷，脳出血，脳腫瘍など）がある場合は，その治療が優先される（必要により脳外科などで対応される）．そのため，脳CTスキャン，脳MRI，脳波など必要な検査が実施される．

（2）　精神科薬物療法が中心

　疾病レベルに達している精神障害・精神疾患に対しては，精神療法（心理療法）やカウンセリング単独での対応は不じゅうぶんと考えられる．疾病レベルの事例に対しては，精神科薬物療法が不可欠である．ところが，精神科薬物療法に関して根強い誤解や不信感がある．「精神科の薬を長く飲むと，かえって悪くなる」「クセになるから恐い」といった類の話である．また，精神科の薬というと精神安定剤（抗不安薬）と思われがちだが，それ以外にも幻覚や妄想に作用する抗精神薬，うつ状態に作用する抗うつ薬，てんかん発作をコントロールする抗てんかん薬，睡眠を改善させる睡眠薬など多くの種類がある．

　依存性を心配する人も多いが，医師の指示できちんと服用すれば依存性

の問題は少なく，むしろ勝手に薬を減量したり不規則に服用したりするほうが危険である．最近の精神科薬剤の発達はめざましいものがあり，医師と相談しながら上手に活用していくのが原則対応である．

（3） 精神療法（カウンセリング），遊戯療法，家族療法などの併用

症状や背景要因への心理的な洞察性が低かったり，言語での表現能力が劣る場合（外国人，小児，知的障害，人格障害などの一部）などには，絵画療法や遊戯療法など非言語的な方法を用いたり，個別ではなく集団で対応する集団療法を導入することが少なくない．また，家族全体の問題としてとらえた場合，家族全体を対象とする家族療法や家族教育を実施することもある．

（4） 精神科リハビリテーションの必要性

主に統合失調症の患者に対しては，薬物療法で症状が落ち着いてきた時点で，社会参加・社会復帰を目指したさまざまな精神科リハビリテーショが必要となる．精神科デイケア，小規模作業所，生活技能訓練（SST）などを，その人の症状や障害レベルに合わせて実施する．
また，最近ではうつ病患者へのデイケアの必要性に注目が集まっている．

（5） 患者自身や家族による治療

精神医学的治療は医師，コメディカルスタッフだけが担っているわけではない．統合失調症を中心とした当事者・家族の会の活動や，アルコール依存症や薬物依存症者のセルフヘルプグループ（自助グループ）の活動は社会的意義だけではなく，医学的にも評価されている．

2 うつ病・躁うつ病

1 「うつ病」「うつ状態」などの用語

「うつ」という言葉は，一般的に使用される日常用語である．これに対し，「うつ状態」もしくは「抑うつ状態」は病態を示す医学用語で，過度に「落ち込んだ」状態をさす．「抑うつ状態」を示す代表的な疾患が「うつ病」だが，統合失調症や神経症といった他の精神疾患でも「抑うつ状態」を認めることも珍しくない．

すなわち，友人とのトラブルから「うつ」になるが，通常は短期間に回復し元気になる．ところが，その状態が長く続くようであれば「抑うつ状態」と表現される．

2 うつ病の初期症状と自殺予防

最近，中高年の働き盛りの男性の自殺者が急増しているが，その背景にはうつ病や抑うつ状態の存在が推定できる．また，留学生においてうつ病者や自殺者が発生した場合に，学校での管理責任が従来以上に厳しく問われる可能性が高まっており，危機管理の観点からもうつ病への適切な対応や自殺予防が不可欠となった．

なかでも重要なのが，初期の抑うつ状態を察知することで，周囲が抑うつ状態を適切に感知し，かつ適切な対応をとることが自殺予防へつながる．

したがって，学校でのメンタルヘルス管理を考えていくうえで，うつ病や抑うつ状態への気づきが緊急課題となる．

抑うつ状態への気づきとは，言葉ではうまく表現できなくても「何かが変わった」と感じる感性である．留学生は単身で来日していることが多いため，学校関係者や友人・同僚が変調に気がつくことも稀ではない．普段付き合っている人に「何かいつもと様子が違う，妙だ」と感じた際には，

表 9-1　学校現場でみられる，うつ病の初期症状

・朝起きられない，遅刻・早退が多い
・学業・研修の能率が落ちる
・学問への意欲に欠ける
・眠れない，熟睡感が得られない，中途覚醒がある
・食欲がない，味がしない
・ため息をつく，涙もろい，感情が不安定
・唐突な退学・帰国願望の表明
・自殺願望をほのめかす

うつ病を疑い，以下のようなことをチェックしたい（**表9-1**）．

朝起きられないことは，今まで遅刻したことがない人が遅刻する，眠そうな顔で登校してくるなどでわかる．学業・研修の能率については，学校現場ではすぐ気づく事柄である．眠れないことは，朝起きられないことと対になる部分も多い，昼間も眠そうにするなど周囲でも簡単に気がつく．さらに，食欲の低下は，やせてきて昼食時も食が進まないなどから学校や寮でも把握できる．また，唐突な退学・帰国願望の表明も要注意である．

こうした項目がいくつか当てはまるようなら，早目に専門相談機関や精神科医療機関に行くことを勧めなければならない．

3　躁うつ病・うつ病の基本的な概念

躁うつ病とは周期的に感情障害（躁状態，うつ状態）を繰り返す疾患で，落ち着いている状態（間歇期）は正常な状態にあって，原則的に欠陥を残さない．従来分類では躁病，うつ病，躁うつ病の3つに分けられ，頻度的にはうつ病が3分の2，躁うつ病が3分の1ぐらいで，躁状態のみを繰り返す躁病は少ない．全てを含めて，躁うつ病と呼んだり，うつ病と呼んだりする．

いっぽう，最近の分類では気分障害という大きな枠の中で，大うつ病，双極性障害，気分変調症などに分けられる．

20-25歳の若年期と50〜55歳の初老期・更年期に多いといわれるが，どの年代でも共通な疾患である．一般に，うつ病になりやすい人は陽気で明

るい，社交的，世話好き，まじめなど，仕事熱心な人がほとんどである．事実，うつ病になった人は周囲から怠けていると思われることを極端に心配することが少なくない．

4　躁うつ病の原因・誘因

躁うつ病の真の原因は不明だが，いくつかの誘因があげられる．まず，転勤，入学，留学，定年，子離れなど生活環境や学校や職場での変化が重要である．また，配偶者の死，事故，災害，戦争など心理状況の変化や，難病，慢性疾患，後遺症といった身体疾患が引き金になることも多い．さらに，バセドウ病や糖尿病による内分泌異常や，妊娠・出産に伴う内分泌変化にも注意を要する．

5　うつ状態とは

代表的な症状が，抑うつ感，悲哀感，不安感，意欲低下などで，一日のうちでも気分の波（日内変動）があって，一般的に午前中の気分がよくない．そして活動・行動能力は著しく低下し（行動の抑制），食欲低下，性欲低下をもたらす．食欲低下に関しては，何を食べても味がしないといった味覚低下を伴うことも少なくない．

また，判断力欠如や集中力低下は勉強などに能率低下をもたらす．この判断力の欠如は研究上の判断力低下ばかりか，ごくささいなことまでも判断がつかなくなる．しばしば，「今の勉強は自分に向いていないから辞めたい，変わりたい」と訴えることが多いが，高度の判断が要求されるはずのこうした判断をくだす時期としてふさわしくない．したがって，カウンセラー，留学生アドバイザーや周囲がこうした相談を受けた場合には，今は決断するにふさわしくない時期であること，病気が回復し判断能力がついた時にいっしょに考えようということ伝え，判断を先送りさせるアドバイスが原則である．

さらに，睡眠障害も重要な症状である．たんに寝つきが悪い（入眠困難）ばかりでなく，イヤな夢をみて眠った気がしない（熟睡感欠如），朝早

く目がさめてしまう（早朝覚醒）などの訴えが出てくる．とくに早朝覚醒時の気分は非常に悪く，自殺をはかる危ない時間帯である．

　自殺願望（自殺念慮）に関しては，初期同様，気分変動の激しい回復期も危ない．回復期の患者に対して，周囲からの励ましは禁物である．むしろ，「良くなったといっても本調子ではないのだから，普段の2〜3割を目標にしなさい」といったセーブさせるような言葉かけが求められる．

6　学校現場での特徴的なうつ病

（1）　昇進うつ病

　留学の実現などにより，責任範囲が増加したり，研究・研修の質が高まったりすることへの不安や自信のなさから生じる．昇進など他者からは慶事と思われることでも，うつ病の誘因になる可能性があることに留意したい．

（2）　荷下ろしうつ病

　本当に大変な時期はなんとか頑張っていられるものだが，それが解決・解消したりすると気がゆるみ，調子が悪くなることはめずらしくない．留学終了前後や帰国直後は，うつ状態に陥るひとつの危ない時期と考えられる．

（3）　燃え尽き症候群

　元来は人一倍活発に仕事をしていた人が，なんらかのきっかけで，無気力，抑うつ，落ち着きのなさといった抑うつ状態に陥る．海外留学において，努力したにもかかわらず満足する結果が出ない場合など，自己の無力感に苛まれる現象として注目される．

（4）　仮面うつ病（マスクドデプレッション）

　うつ病がマスク（仮面）されているという意味からの言葉で，身体症状が強く表れて，抑うつ症状が目立たないうつ病をいう．具体的には，頭痛

が続く，肩凝りがひどい，倦怠感がある，のぼせる，微熱が続くなどの症状である．

そのため，からだの病気と考えて内科や婦人科を受診することが多いが，内科・婦人科的診察や検査などでも異常がみつからず，精神科や心療内科に回されるパターンが一般的である．
言語での表現能力が不じゅうぶんな留学生において要注意である．

7　躁状態とは

自我感情が亢進して，自信過剰，爽快気分，疲れを感じないなどの症状が出現する．そのため，おしゃべり（多弁）になり，外出や訪問が多くなる．夜中であっても相手の都合を考えずに電話をかけまくるといった具合である．多くの（誇大的な）計画をたて，莫大な支出をはかることもめずらしくない．

そのため，周囲は当人に対して押しとどめようと抑制的な対応をとりがちだが，そうした抑制に対して攻撃的な態度をとって激しい興奮状態に陥る（躁的興奮）ことがある．

睡眠障害も出現するが，眠れないというよりは，寝るのを惜しんで活動するからである．食欲も亢進するが，過活動のために体重はむしろ減少することもめずらしくない．

8　躁うつ病への対応をめぐって

治療の中心は，じゅうぶんな休養と薬物療法である．逆に，積極的な精神療法やカウンセリングは，かえって患者の負担になる場合があるので注意を要する．

（1）薬物療法
最近の薬物の進歩には目覚しい．三環系抗うつ薬から四環系抗うつ薬へと発展し，さらにはSSRI（選択的セロトニン再とりこみ阻害薬）やSNRI（セロトニン・ノルアドレナリン再とりこみ阻害薬）が注目されている．必要

に応じて，抗不安薬や睡眠薬が併用されることも少なくない．また，抗躁薬の代表として炭酸リチウムがあげられる．

　注意すべき副作用としては，眠気，ふらつき，便秘，口渇，嘔気，胃部不快感などが考えられ，気になる症状があれば，精神科主治医とよく相談するよう助言する．また，服薬開始初期に認められる軽い眠気やふらつきは，4～5日で解消することが多い．

(2)　精神療法・カウンセリング

　うつ病者への精神療法・カウンセリングは注意を要する．病態が重い場合には心理的負担になるだけでなく，われわれが日常的に感じている抑うつ感と質的に異なるという指摘も多い．また，患者の気持ちとして，頼りたい気持ちと「この苦しさが他人にわかってたまるか」という複雑な心理状況に陥っていることも見逃せない．

(3)　躁うつ病の再発予防について

　躁うつ病は回復しても，また新たなストレスを契機に再発・再燃を繰り返す傾向がある．そのため，学校をしばしば休んでしまう事態も少なくない．したがって元気に通学している場合でも，学校医，カウンセラー，留学生アドバイザーなどは連携を密にとる必要がある．

　また，患者の受療行動が悪いことが原因している場合もある．少し良くなると，勝手に薬の服用をやめたり減らしたりするなどである．そのため，クライエント・家族に対して病気の理解を促進させる教育・指導も必要である．

9　事例：躁うつ状態に苦しむチャン

　チャンは，研究が思うように進まないことなど心労が重なり，不安定な状態であった．そうこうしているうちに，彼女は寮の台所で，隣室の女子留学生に暴力をふるい，けがをさせてしまった．その上，その留学生が自分に危害を加えるといって警察に被害届を出したりもした．さらに，大音量で音楽

をかけたり，壁をドンドン叩いたりして隣人に迷惑をかけ，被害にあった女子留学生は目の周りに青あざができていて痛々しいほどであった．留学生担当者は試験期間中のため引っ越しが難しいと判断し，被害を受けていた女子留学生をしばらく友人のところに泊めてもらうことにした．そして，しばらくして寮の配慮でチャンの部屋から離れた別の部屋に移すことができた．

いっぽう，チャンは，大学でも研究室の男子学生にも暴力をふるったりするようになっていった．そのうち彼女は寮には帰ってこなくなり，しばらくのあいだ行方不明になった．彼女は，ちょうどそのころ起こった天災が引き金となってうつ病を呈したとも考えられるが，その災害のために，大学も大使館も彼女の問題に対応できない状態であった．また彼女には遺伝負因があった．

3 統合失調症

1 統合失調症とは

精神科領域の代表的な疾患で，多彩で特異な病像を示し，しばしば慢性の経過をたどる．一般人口の0.7〜0.9％に出現するといわれ，思春期が好発時期である．真の原因は不明（遺伝，性格，環境，ストレス，ホルモンなどが複合的に関与）である．

かつては精神分裂病とも呼ばれたが，2002年に日本精神神経学会の決議を受けて，統合失調症と呼ばれるようになった．

教科書的な概念は幻聴や被害妄想が出現する急性期の記載が中心となっているが，思春期に出現する初期症状はわかりにくい．具体的な初期症状としては，学校の成績が下がる，外に出たがらない（不登校），周囲の目を気にする，だらしなくなるといった症状だが，これらは思春期によく出現する現象と類似しているためその鑑別は慎重を要する．

急性期の症状として，幻聴（人が自分の悪口をいっている）や体感幻覚

(コンピュータで操られ体がビリビリする)，被害妄想（盗聴器がしかけられている，近所の人がウワサする），作為体験（自分が他人から操られてしまう），思考伝播（自分の考えが他人にわかってしまう）といったものがあげられる．急性期の多くは病識をもたないため，精神科受診の遅れの大きな要因となる．

慢性期においては，継続的な精神医学的治療や精神科リハビリテーションを実施しないと無為（自発性の低下），自閉的傾向に陥ってしまう危険性がある．

2　学校での対応

20〜25歳という好発年齢から考えて，留学生に統合失調症が顕在化することは少なくない．また，母国においてすでに発症していたものの，生活環境や社会性などから見逃されていた可能性も高い．

治療の原則としては病期に即した対応が必要で，急性期には精神科薬物療法が，慢性期には精神科リハビリテーションが中心となる．とくに，妄想に対しては論理的な説得は難しく，全面的に否定するのではなく，受け流したり辛さに共感したりする姿勢が基本となる．また，病状のみならず対人関係や学校生活に関する生活障害にも気を配る必要がある．

カウンセラー・留学生アドバイザーが急性期治療に直接かかわることは少ないが，病識欠如時の対応，治療継続や規則正しい服薬のチェック，復学後のフォローなどが役目となる．

3　事例：妄想・幻聴に苦しむジョセフ

> ジョセフの指導教員から留学生アドバイザーに電話があり，「研究室の留学生が，どうも様子がおかしい」とのことだった．アドバイザーがジョセフと面談すると，彼は来日してから半年以上が経っていたが，日本語は片言しか話せず，英語で対応した．彼は「自分の頭がおかしいのではない．誰かが後をつけてくるのは事実だ．なんのために自分をつけてくるのか分からないが，なんとかしてほしい．部屋の電話で友達と話した内容が，次の日には周りの者たちに知られていて，みんなが自分の悪口をいっている．どうすれば

いいか」と訴えた．

　アドバイザーは，いったんジョセフを帰し，彼の住んでいる宿舎を訪れた．ジョセフは寮の玄関のインターホンを自分の声が外に聞こえないようにと壊してしまっていた．彼はアドバイザーに「自分は本国ではエリートなのに，先生は高校の教科書を与え，それで勉強するように指示した．とても自尊心を傷つけられた」と不満をぶちまけた．

　アドバイザーはしばしば彼を訪れた．症状は消えなかったが，彼はそのうちその症状を気にしなくなった．その後，ぶじに学位を取得して帰国し，元気に過ごしている．

　この事例で留学生には，現実にない噂を真実と思いこむ「誇大妄想」「被害妄想」と，ありもしないことばが聞こえる「幻聴」の症状があらわれている．

4 神経症

1　神経症とノイローゼ

　一般に「ノイローゼ気味」という場合，精神障害全般（それも比較的軽度なもの）を指すことが多いが，精神医学的には神経症（ドイツ語でNeurose）のことである．思春期に好発し，背景要因として性格（未熟，神経質，完全主義），生育歴や家庭環境，逃避的な生活態度などの条件下，何らかのストレス（人前で恥をかく，電車の中で気持ち悪くなったなど）によって神経症の症状が発現する．

　この病気は本人が悩んでおり（病識を有す），治したい気持ちももっているが，疾病利得的傾向（病気が治りさえすれば，何でもできるのに，病気だから仕方ない）に陥りがちである．

　なお，従来の神経症や不安障害の位置づけは大きく変わってきた．不安に関する生物学的知識の増加から，米国精神医学会は不安障害を神経症と

いう精神力動的(心理的)な理解にもとづく概念からは切り離し,神経症という言葉を専門用語として用いられなくなった.

このように,神経症の概念は時代や国によっても異なるが,森田学派など心因や性格を重視した従来の考え方からみた神経症について解説する.

2　代表的な神経症

(1)　不安神経症

きわめてポピュラーな神経症で,漠然とした不安が中心となる.
不安発作(動悸,過呼吸,冷汗,しびれなど)を伴うものをパニック障害や心臓神経症と呼ぶことがある.

(2)　恐怖症

不安の対象が限定している場合.高所恐怖(高層ビルが苦手),対人恐怖・赤面恐怖(人と上手に接せられない),閉所恐怖(エレベーターに乗れない),先端恐怖(刃物が使えない)などが典型.

(3)　強迫神経症

強迫観念(つまらない考え,不合理だと理解しながらも,意志に反してひとつの観念が頭にこびりついて離れない)に悩まされ,多くの場合その考えを振り払おうと強迫症状(確認行為)が出現する.

不潔恐怖(手を延々と洗い続ける,電車の吊り革を触れない),縁起恐怖(数字や儀式にこだわる)のため,その確認を家族に強制するなど周囲を巻き込むことも少なくない.

(4)　心気症(心気神経症)

病気や健康に対する過度のとらわれから,病院めぐりやドクター・ショッピングを繰り返すタイプ.

3　神経症への対応

神経症は的確な治療によりじゅうぶん治り得る病気である．環境要因を整え，精神療法（森田療法，精神分析療法，認知行動療法など）や薬物療法により治療される．

4　事例：ノイローゼに悩むマリリン

> 大学院生のマリリンは「頭が痛くてなにごとにも集中できない，頭痛が続いて困る」と訴え，大学の相談室を訪れた．明らかに悩みが多い様子であった．カウンセラーは「今は睡眠薬とか，疲れをとる薬があるようだけれど，いちど医師に診てもらおうか？」といって，念のため大学内の保健管理センターに連れていった．
> 　医師は「知的職業に就いている人は，とくにひとつのことに集中すると，それを強く意識し，さらに強くそれを感じるため，なおいっそうそれを意識するという悪循環に陥りやすい．痛みについても同じことで，大学の先生がたのなかにもよくみられる．けっして珍しいことではない．また，困ったらいつでも来てください」といった．
> 　マリリンはその後落ちつき，痛みも和らいだようである．

この事例でもカウンセラーは，頭痛薬や睡眠薬を与える前に，医師の診断を勧めている．頭痛が知的職業，とりわけ研究者や大学院生によくみられる症状で，緊張状態を和らげることが根本的な治療になると判断したためである．専門医のアドバイスを求め，本人に安心感を与えたことで症状が落ち着いたと思われる．

5 心身症

1 心身症とは

　日本心身医学会は「心身症とは身体疾患の中で，その発症や経過に心理社会的因子が密接に関与し，器質的ないし機能的障害が認められる病態をいう．ただし，神経症やうつ病など，他の精神障害に伴う身体症状は除外する」と定義している．つまり，『心身症』という特定の疾患は存在せず，ある身体疾患があった場合，その治療に関して心理社会的要因を考慮する必要がある場合を『心身症』としてとらえている．

　具体的には，自立神経失調症，心因性嘔吐，過敏性腸症候群，反復性腹痛，起立性低血圧，心因性発熱，慢性頭痛，過換気症候群，脱毛，抜け毛，遺尿，遺糞，頻尿などがある．

　また，心気症と比較して，ひとつの器官に固定し，かつ訴えが特定されることが心身症の特徴である．

2 心身症への対応

　身体症状に対する身体的治療だけでは不じゅうぶんなのは症状形成のメカニズムから考えて自明なことである．しかしながら，本人は曝露されているストレスに気がつかないまま過剰適応していることも少なくないので，ストレスへの気づきを促進させるとともに，大学での研究環境にも配慮する必要がある．

　治療に関しては精神科だけではなく心療内科への受診を視野に入れる．

3 事例：脱毛に悩むケイト

　大学に入学したばかりのケイトは留学生カウンセラーのところにやってきて，深刻な面もちで「最近，洗髪すると髪が多く抜けるので，とても不安である．いいシャンプーを教えて欲しい」と訴えた．カウンセラーはまず，ケイトを薬局に連れて行って，いっしょにシャンプーを選びながら，彼女の話

に耳を傾けた．

　しかし，依然として，不安を訴えたので，大学の診療所の皮膚科に連れて行った．その後もカウンセラーは折に触れて，彼女のようすを見守った．やがて一時帰国して，婚約者と結婚して戻ってきた頃には，彼女の症状は改善していった．

　この事例でカウンセラーは，新しいシャンプーを与える前に，薬局へ場所を移して彼女の話を聞いている．この時期は心理的な原因で脱毛や湿疹を訴える留学生が少なくなく，心理的原因をさぐることが根本的な治療になると判断したためである．また，皮膚科を紹介したのも，それが深刻な問題でないことを納得してもらいたいと考えた．

6 アルコール依存症

1　アルコール依存症とは

　習慣的な飲酒から依存症への移行には，遺伝体質，環境・心理要因などの背景因子も影響するが，多くは以下のような推移をたどる．

①毎日飲むようになる．
②1回の飲酒量が増える．
③緊張をほぐしたり寝ついたりするために，酒の力を必要とする．
④頻回にブラックアウト（飲酒時の記憶の欠落）を経験する．
⑤周囲が飲み過ぎを心配するようになる．
⑥飲酒に後ろめたさを感じ，ひとりで飲んだり，隠れて飲んだりするようになる．
⑦アルコールが切れた時に，不快感，いらいら感，発汗，微熱，不眠，手のふるえといった離脱症状が出る．
⑧朝から飲酒するようになり，連続飲酒発作や，山型飲酒（連続飲酒と

飲めない時期が交互にあること）が出現する．

　アルコール依存症の診断基準としては，飲酒のコントロール喪失（今日だけやめようと思っても飲んでしまう．酔いつぶれるまで飲んでしまう）と離脱症状が重要だが，要は飲酒により社会生活，家庭生活，留学生活，心身の健康に支障をきたしている状態である．

2　アルコール依存者への援助と治療

　「アル中は一生酒をやめられない」と思われてきたが，アルコール依存症は病気であり，回復が可能なことがわかってきた．ただし，依存症は「否認」の病気ともいわれ，飲酒によりさまざまな問題が生じていても本人はそれをなかなか認めようとしない．

　そのため，家族やカウンセラーなど周囲の人がまず相談することが勧められる．専門の相談機関としては各都道府県にある精神保健福祉センター，保健所などで，そこから適当な医療相談施設への紹介が一般的である．

　治療の実際としては，節酒ではなく断酒（一滴も酒を飲まない）が原則となる．精神症状をはじめ，離脱症状への対応，精神療法など，精神科専門施設での入院治療が必要になることがほとんどである．

　また，抗酒剤（嫌酒剤）が使用されることもあるが，あくまでも本人の断酒意欲が固まっていることが前提となる．

　さらに，退院後の断酒を支えるためには，家族や周囲の協力はもちろん，断酒会やAA（アルコホーリクス・アノニマス）といった自助グループへの参加が望まれる．

7 てんかん

1 てんかんとは

　てんかんとはさまざまな原因で起こる大脳内ニューロンの過剰放電にもとづく反復性の発作を特徴とする，慢性の脳疾患である．

　てんかんを有する者は，一般人口に比べて，うつ病を発症するリスクが高いが，これは発作の反復による燃え上がり現象（キンドリング）に類似した生物学的プロセスが関与していると思われ，てんかん患者の3分の1が，一生に一度はうつ状態に陥り，特に難治な発作を有する患者ではうつ病に罹患しやすい．また，側頭葉てんかん患者の実に20%が中等症または重症のうつ病に罹り，難治性の複雑部分発作の62%にうつ病性障害の既往があり，そのうち38%が大うつ病性障害の基準を満たすということが報告されている．

　患者の精神状態（気分）は発作頻度に影響をおよぼし，過度の緊張や抑うつおよび疲労感があると，睡眠時間が減少し，発作の回数が増加する．治療にはカウンセリングと薬物療法が行われる．うつ状態は重大な問題で，てんかん自体よりも正常生活の大きな障害となる可能性がある．

2 事例：てんかんとうつ病に悩むマリー

　相談室を訪れたマリーは，最初，「depression（うつ）がある」と訴えた．カウンセラーがいろいろ聴いていくうちに，最後になって「今までは頻度が少なかったてんかん発作が，最近になって毎日起こる」という事実が明らかになった．そこで，神経外科医に面談を依頼し，病院での診察の手配をした．

　神経外科の待合室で，マリーはカウンセラーに「気を失うなどの意識障害はないが，まひが10分くらい起こることがあり，発作は自転車から降りた時に起こる」「小学生の時に発作が起こったことがあったが，最近までは発作

が起こっていない」と語った．また，「薬を飲むと眠くなるので，服薬したくない」といったので，カウンセラーは彼女に「眠る前に飲めばいいのでは」と提案した．神経外科医による診察の結果，薬の服用が指示され，本人も同意して就寝前に薬を服用することになった．

　脳波検査の結果，脳波の検査中にも発作が起こっていることがわかり，神経外科医からは「右半身のまひから，脳腫瘍ができている可能性もあり，脳CTスキャンを撮りたい」との提案があった．マリーは「検査結果を本国にもち帰ることが可能であれば」という条件でCT検査に同意した．マリーの両親は「本国の病院で検査を受けるように」と希望していたのである．神経外科医は，「脳腫瘍がある場合は日本にいる間の手術はむりだが，うつ状態については，可能な治療をして帰国させたい」と提案した．神経外科医は，カウンセラーに対しても「マリーは，薬はあまり飲みたくないようなので，催眠，抗うつ作用のあるごく軽い安定剤を寝る前に飲んでもらっている．脳波検査中に軽い発作を起こしたようで，典型的な発作波がみられた．自分でも気づいていたようだ．帰国までの診察回数はあと3回ということになりそうだ．それまでよろしくお願いします」と状況を伝えてくれた．

　また，本人がカウンセラーに「いつも約束の時間より早く来るのは，発作のあとでは記憶はなくなってしまうので，約束の時間がわからなくなると困るからだ」と告白し，親戚にもてんかんを有する者があることを告げたので，遺伝負因があることが明らかになった．

　このように，毎回の通院にカウンセラーがつきそうことで，本人とカウンセラーの間にはうちとけて話をする関係が生まれ，マリーの生活の様子がみえてきた．「日本語の研修中も研究室でのゼミに参加しており，日本語の授業を終えると毎日研究室に行き，時には夜10時ごろまで研究をしていた」，「毎週月曜日にはゼミがあるので，週末も友達と外出することもなく，専門の勉強，勉強に明け暮れていた」という．彼女にとって「自転車に乗ることが唯一の運動であり，気分転換になる」のである．自転車から降りた時にてんかんの発作が起こることを自覚しつつ，いつも自転車に乗っているのはそのためだった．

また，日本での学業についても多くの不安をかかえていることがここで明らかになった．本国では授業を受けた後，先生の質問に答える指導方法であったが，日本では自分で勉強をして，先生に質問するという指導方法であること，「ゼミでは先輩の留学生が言葉の手伝いをしてくれるが，英語の文献を読んでもディスカッションは日本語なので，コミュニケーションが難しい」「本国では先生とも放課後，リラックスして話をするなどしてくつろげるが，日本では難しい」「本国の指導教員は女性であり，本国では自分の専門分野を勉強する学生の60％が女性であるが，日本ではほとんど女性がいない」「研究室の日本人学生はいっしょに飲みにいったりするが女性は誘われることもないのでいっしょに出かけることがない」等．
　いっぽう，家庭での成長過程に関しては，マリーの父親はかつて自分と同じ専門領域を学んだこと，母親は教育熱心であること，自分はいつも長女として，親や先生に対して優等生でありたい，あるべきであるという気持ちが強く働いているらしい等の事柄がつかめた．
　そこで，カウンセラーが「自分のいいたいことを思ったままに日記にでも書いてみたらどうか」と助言したところ，自分でもいいたいことを今までいってこなかったことに気づいたようであった．
　CT検査の結果，「手術などの緊急な治療は必要ない」とのことであったが，マリー本人からは「先週にはひどい発作が起こり，右手がもちあがらない状態であった」ことが告げられた．また「本国にいる時には，うつ状態の友達がいたので，いろいろとアドバイスをしていたが，自分が同じような状態になったら，なにもできないことがよくわかった」と，本国では日本で経験したレベルのうつ状態ではなかったように思われた．神経外科医には，本国の職場への配慮をした診断書と，治療を継続するための診断書を，2種類別々に英語で作成してもらい，帰国させることになった．

　先に述べたように，てんかんとうつはしばしば併存し，この事例もその一例である．うつ病に対応する危機介入では，精神科医に診察を依頼することが必要である．うつ症状を服薬によって軽減し，ときにカウンセリン

グによって再発を予防することが肝要であろう．

　この事例で用いられたのは論理療法，ナラティブセラピーといわれる手法である．マリーはいままで家庭では長女として，学校でも「優等生」であるべきだという考え方をもって，生きてきたが，論理療法を通して，自分のいいたいこと（本心）を今までいってこず，不合理な受けとめ方をしていたことに気づくことができたと考えられる．

　またすでに言及した文化的ギャップとの関係にも留意せねばならない．日本人の思考様式，コミュニケーション（人間関係）を学んだことで，指導教員とのコンフリクトや研究室生活のストレスの原因である思考様式のギャップに適応でき，危機的な状況を避けることができたといえよう．

　ゆえにこのケースでは，治療の方法として論理療法やナラティブセラピーが有効であったと考えられる．

　うつ状態を測定する尺度にSDS（自己評価抑うつ性尺度）があり，ツァンらの分類によると，40～47点が軽症，48～55点が中等症，56点以上が重

コラム9　論理療法，ナラティブセラピー

　エリスの「論理療法」では「人間の悩みは，ある出来事（activating event）それ自体が原因ではなく，その出来事をどう受けとめるかが原因」であると考える．つまり，人間の不合理な受けとめ方（イラショナルビリーフ）を合理的な考え方（ラショナルビリーフ）に変えることで，不安・憂うつ・怒りなどの不適切な感情から自分を解放しようとする．

　イラショナルビリーフとは，「～ねばならない」とか「～すべきである」といったmustで代表される絶対的な考え方であり，非論理的・絶対主義的で現実と一致せず，健康な目標の達成を妨げる．一方，ラショナルビリーフは，「できるなら～であるに越したことはない」といった第一希望に代わるものを持っている考え方である．現実にあっていて柔軟性と論理性があり，各自の健康な目標を達成するのに役立つことが特徴である．

　また，「ナラティブセラピー」とは，人生のいろんな場面での悩みに直面した時に，自分についての語りを，カウンセラーとともに語りなおし，新しい生へと踏み出そうというセラピーである．

症とされている．また，48点以上では治療的介入の必要性が生じるとされている．

本事例のクライエントのSDSは54となり，治療的介入の必要なケースである．このケースからもSDSは留学生のメンタルヘルスの危機的状況を把握し，予防につなげる手段として有効な方法だと考えられる．

8「事例性」を重視する

本章では，留学生の精神障害・精神疾患への危機介入について，「疾病性（illness）」にそって論じてきた．

しかし，大西守（2008）は留学生に精神医学的なトラブルが疑われた際の対応方法として，学校関係者は精神科医など専門家ではないので，必要以上に精神医学をもちだす必要はなく，「事例性（caseness）」を重要視すべきだとしている．

このことは，非専門家が留学生のメンタルヘルスの危機介入に際して，留意すべき重要なことを示唆している．大西はつぎのように述べている（大西 2008）．

①「事例性」と「疾病性」とにわけて把握する

メンタルな問題を感じた際には「事例性」と「疾病性」との2つにわけて考えていくと理解しやすい．

「事例性」とは遅刻が多い，学業の能率が落ちた，周囲とのトラブルが多いなど実際に呈示されている問題で，関係者はその変化にすぐに気がつくことができる．いっぽう「疾病性」とは症状や病名などに関することで，被害妄想がある，幻聴がある，うつ病など専門家が判断する分野である．学校現場では，病気の確定（疾病性）以上に，学校生活を遂行するうえで問題になって困っている視点（事例性）が優先される．

② 「事例性」を優先して情報収集する

「何か奇妙な行動をとる留学生がいる」と周囲が感じた際には，被害妄想がある，うつ病だといった精神医学的な診断をくだす（疾病性）のではなく，本人もしくは周囲にどう影響しているかの現実をとらえることが先決である．

すなわち，「出席状況が不規則だ」「学業に集中できず，周囲に負担をかけている」「そうした状況を本人は少しも自覚していない」など具体的に把握していけばよい．

その結果，精神医学的に問題がありそうだと判断されれば，どうやって精神科などにつなげていくのか，その方法と役割分担を関係者間で検討していく．

③ メンタルな問題が感じられる留学生と速やかに話し合う

留学生にメンタルな問題を感じられた際には，まずは速やかに話し合う姿勢が基本となる．

その際，「事例性」に立って話し合うのが原則である．具体的には，「今まで10課題ができていたのに，最近は5しか課題をこなせないのはどうしてか」「今まで出席状況が良好だったのに，先月は7日，今月もすでに5日休んだのはどうしてか」といった具合である．

④ 家族に連絡する際にも「事例性」を心がける

留学生の場合には，母国の家族よりも学校関係者の方が早く留学生の精神的変調に気がつくことはめずらしくない．しかしながら，家族への連絡やそのタイミングに悩む学校関係者は多い．

家族への話のもっていき方だが，学校での責任者・担当者が電話やメールではなく，可能な限り直接会って話すことをすすめたい．難しいことが多いが，家族が来日した際などの活用である．その方が学校側の誠意が伝わり，話の行き違いも少ない．それがプライバシー保護へもつながる．

家族への説明は，やはり事例性が優先される．「お子さんがおかしい」

といったいい方ではなく，学業・成績の変化や欠席・遅刻の具体的な回数など，実際に困っている客観的事実だけを伝えることが肝心である．最初から「どうも精神的にお疲れのようです．場合によっては，精神科の先生に相談してみてはいかがですか」というように話をもっていくと，「子どもを精神障害者あつかいにして」と家族の反発をかってしまい，その後の対応がうまくいかない．すなわち，学校主導で解決に走るのではなく，本人や家族をサポートする形で問題解決への道筋をつけていくのが原則である．

　問題解決の具体的方法は，体の病気と同じように本人・家族の意思を尊重し，家族から助けを求められるなどの状況に応じて，医療機関・相談機関などの情報を提供する必要がある．そのためには，留学生関係者が日頃から精神保健福祉センター，精神科医療機関，保健所などの業務内容やその特性を知る必要がある．

文献

阿部裕，大西守，篠木満，中村伸一編：精神療法マニュアル，朝倉書店，1997

Barley, Gregory : *Wednesday's Child : Recognizing Depression in Children and Adult* 文献サマリーシリーズ，最新のてんかん治療2，2001

Kleinman, Arthur : *The illness narratives : suffering, healing and the human condition*, 1988. （江口重幸，五木田紳，上野豪志訳：病の語り—慢性の病いをめぐる臨床人類学，誠信書房，1996）

小此木啓吾他編：心の臨床家のための必携精神医学ハンドブック，創元社，1998

Lester, D. : *Why people kill themselves : a 1990's summary of research findings on suicidal behavior*, Charles C. Thomas Pub. 1992. （齋藤友紀雄訳：自殺予防 Q&A—援助のための基礎知識，川島書店，1995）

大熊輝雄：現代臨床精神医学第10版，金原出版，2005

大西守，島悟編：職場のメンタルヘルス実践教室，星和書店，1996

大西守，篠木満，河野啓子他編：産業心理相談ハンドブック，金子書房，1998

大西守，島悟編：職場のメンタルヘルス・ハンドブック第2版，学芸社，2002

大西守，廣尚典，市川佳居編：職場のメンタルヘルス100のレシピ，金子書房，2006

大西守：留学生のメンタルヘルスの危機介入．大橋敏子編著：外国人留学生のメンタ

第 2 編 実践編

　　ルヘルスのための危機介入ガイドライン，2006年度JAFSA助成調査・研究報告書, 8
　　-14, 2008
学生のメンタルヘルスに関する特別委員会編：大学におけるメンタルヘルス―教職員
　　のためのガイドブック，国立大学保健管理施設協議会，1992
山下格：精神医学ハンドブック―医学・保健・福祉の基礎知識，日本評論社，2000

第10章

留学生のメンタルヘルスの危機の実際

1 留学生の異文化適応と危機

　メンタル面における危機の成因に関して，文化的背景を原因とするものがある．文化適応への困難が時間推移のなかでは，オバーグの5段階論（Oberg 1960）やガルホーンのW字曲線（Gullahorn & Gullahorn 1963）で説明されるように，自文化から異文化へ適応する際と，異文化から自文化へ戻る際の，大きく2度訪れるといわれる．

　異文化適応は留学生に特有の課題であるため，あえて一節を設けたい．

1　事例：指導教員に不満を表明できない張さん

　張の父親はかって日本の一流大学に留学したことがあり，帰国後は母国で一流大学の教授をしていた．そして，父親には娘を自分が留学していた母校に留学させたいという強い願望があって，張は日本に留学することになった．

　張は大学院に入学したが，しばらくして不眠に悩むようになり，一時帰国することになった．彼女は真面目で几帳面であったが，飛び抜けて優秀な学生というわけではなかったので，担当者は勉強についていけないのが原因だと思っていた．

　しかし，張の所属する研究室には指導教員と何らかのトラブルを起こした留学生が少なくないことが後になってわかり，指導教員側にも問題があるように思われた．同じ研究室の留学生が指導教員に対する批判を担当者に声高に訴えるのに比べて，張からは指導教員の苦情を聞いたことはなかった．こ

の点も担当者には不思議に思われた．しばらくして，張は母親につきそわれて再来日し，母親が彼女といっしょに住んで面倒をみたので，ぶじ学業を終えることができた．

　この事例で留学生が直面したのは異文化適応の困難だった．外国という新しい文化環境に置かれた留学生がその文化にうまく適応できなければ，留学の所期の目的の達成もおぼつかない上，恐怖や不安定感，ホームシックや憂うつ，集中力の低下や学業不振，または極端な場合は，精神的にも身体的にも問題を起こしかねない．

　張の国の文化的特性なのか，不満があっても面と向かって指導教員を批判できないこともあって，不満を内向させる状態が続き，その分よけいに悩んでいただろう．

　また，指導教員との関係も日本と本国とでは異なるため，適応するのに苦労したようだ．

2　留学生と指導教員との関係性

　岡益巳（2001）は国費留学生の挫折事例研究から，指導教員との人間関係が関与した挫折には，①留学生の研究意欲と研究能力，②研究テーマ・研究方法をめぐる指導教員との齟齬，③指導教員との相性，④異文化適応能力が深くかかわっており，留学生の相談・指導に携わる者にとって，②あるいは③が原因で発生するトラブルへの対処は非常に難しいとしている．留学生と指導教員の関係がぎくしゃくすると，留学生の研究意欲は低下し，研究能力もじゅうぶんに発揮できなくなる．また，留学生が所属する研究室の構成員との人間関係にも影響が出るため研究環境が悪化し，異文化適応にも問題が生じがちであると述べている．研究室が密室化するのをいかに避けるかが課題になる．アカデミックハラスメント対策と重なる部分もあり，指導教員の変更の道を何らかの形でオープンにすることも必要ではないか．

　留学生は自分の学問的立場が指導教員のそれと異なった時に，それを伝

えるべきか,あるいは伝えるべきではないかで,また,伝えるときにはどのように伝えるかで,しばしば悩む.勉強の進め方にしても,日本では学生が自分で研究を進め,教員は問題があると指導するという形をとることが多いのに対して,留学生の中にはもっと教員からの積極的な指導を望む声が聞かれる.

京都大学で学位を取得した留学生から「日本留学中の研究方法に最初は戸惑ったが,本国での研究活動に大いに役立つ」といった意見もあった.また,村田翼夫(1992)のタイ帰国留学生の調査においても,日本に留学して,上司の指示に従うスタイルから「ひとりで研究する方法を身につけた.すなわち,課題設定,文献収集,実験,解釈,まとめなどの過程をひとりでやれるようになった」といった事例を報告している.国によって教育方法は異なっているが,日本でも大学により,また在学段階(学部,修士,博士),専門分野(文系,理系),指導教員によって教育の方法は異なることはいうまでもない.そこで,留学生の学習スタイル(伝授に頼る方法や自己拡大的な知識獲得方法)が日本におけるスタイルと異なることに起因する学業不適応は深刻な問題であり,オリエンテーションなどで教員と留学生双方に学習スタイルに関する情報提供がなされることが不可欠である(大橋 1998).

2 留学生のメンタルヘルスの特徴・留意点

1 調査研究から

ここでは留学生のメンタルヘルスに関する事例を収集し,留学生のメンタルヘルスの特徴・留意点をまとめている.大学の留学生担当の教職員に対する面接調査を1994年6月から8月にかけて実施するとともに,筆者の体験した事例についてもとり扱っている.メンタルヘルに関する65件の事例のうち,留学生本人に関するケース61件の概要は次の通りである.

- 国籍：アジア38件（タイ10件，中国7件，韓国6件，台湾3件，マレーシア，ミャンマー，インドネシア，フィリピン，モンゴル，インド，パキスタン，ネパール，アフガニスタン，レバノン，トルコ，東チモール各1件），ヨーロッパ9件（ドイツ，デンマーク，ベルギー，チェコ，オーストリア，イギリス，フランス，フィンランド，スイス各1件），北米3件（アメリカ合衆国3件），中南米5件（メキシコ2件，ペルー2件，ブラジル1件），アフリカ4件（ケニア2件，タンザニア1件，ナイジェリア1件），オセアニア2件（ニュージーランド，オーストラリア各1件）
- 性別：男性40件，女性21件．
- 婚姻状態：未婚者50件，既婚者11件（うち単身で来日していた者6件）．
- 病歴の有無：病歴者4件．
- 遺伝負因：遺伝負因のある者2件．
- 自殺件数：既遂者4件，未遂者5件．
- 入院者件数：自殺念慮3件，興奮混乱状態1件，妄想状態1件，心身症1件．
- 専門家の関与：カウンセラーと医師9件，カウンセラーのみ3件，医師のみ8件．なお，医師がかかわったもののうち，精神科医12件，内科医5件．
- 原因・要因：親（義父）や配偶者の死3件，失恋10件，受験の失敗2件，指導教員との関係2件，勉学・研究7件，経済問題2件など．
- 反応性（帰国後に回復したもの）：7件．

2　特徴・留意点

　まず，これらの事例にもとづいて，留学生のメンタルヘルスの特徴および留意点について述べたい．

（1）特　徴
　症状，時期およびサポート体制にみる特徴は次のとおりである．

[**症状にみる特徴**] 既往病歴を有する者は，ストレスに対して脆弱であり，事例化しやすい．ただし，留学生の既往病歴の情報は得にくいという問題がある．

心身症などストレスが身体化されて表現されている事例が少なくない．身体的症状には，拒食，睡眠障害，脱力感，頭痛，脱毛などがある．

[**時期にみる特徴**] 帰国を目前にした時期に，メンタルヘルス上の問題を引き起こすケースがある．原因として，差し迫ってきた帰国の期限，逆カルチャーショック，別離などが考えられる．

帰国して，留学というストレスがとれると治ってしまうという，反応性一過性の精神疾患が多い．これは，統合失調症や躁うつ病の者においても起こる．

[**サポート体制にみる特徴**] 61件のうち未婚者が50件，既婚者が11件であった．既婚者の内訳をみると，家族帯同の留学生が5件，その中で留学中の離婚が3件，配偶者とのトラブルが2件あった．このように配偶者とのトラブルに起因してメンタルヘルスが阻害されることがある．また残り6件の事例は単身で留学している者であり，事例化を予防するにあたって配偶者の存在が重要である．

家族を帯同する場合，配偶者がノイローゼになったり，子供が不登校や社会的引きこもりになったりすることもある．

メンタルヘルス悪化の原因として，親や配偶者の死，失恋，受験の失敗などの喪失体験が多く，家族的サポートから引き離されている留学生にとっては，いわば「二重の根こぎ」となり，重症化する．

言語・非言語的な周囲からの孤立，本国のサポートからの隔絶といった環境から，拘禁反応に類似した心因反応を引き起こしやすい．また，ソーシャルサポートの少ない者が事例化しやすく，事例化した場合も危機的な状況になる．

（2） 留意点

留意点として次のようなことがいえる．

[**全般的留意点**]　留学生が自分の変化や異常さに気づいていない場合は，本人がもっとも苦痛・不快に思っていることをとり上げて，カウンセラーや医師への受診に結びつける方法がある．不眠や食欲不振などの身体症状があれば，いったん総合病院の内科を紹介し，それから精神科につないでもらうのもひとつの方法である．入院が必要な際も，人権上の配慮からできるだけ本人の意志にもとづく任意入院が望ましい．任意入院でない場合は，家族が不在のため，保護義務者をみつける困難を伴う．平素から措置入院の診察が可能な精神保健指定医のいる病院の所在を考慮しておく必要があると思われる．

[**留学生をとりまく人々への配慮**]　滞在中は，留学生本人のみならず，帯同した家族に対する配慮とケアも必要である．

　患者が医師やカウンセラーに陽性転移を起こして，その対処に苦慮するケースがみられた．転移，逆転移は多かれ少なかれ起こることなので，留

コラム⑩　転　移

　「転移（transference）」とは，カウンセリング・精神療法の過程で，クライエントが過去に出会った人物（養育者である場合が多い）に対する感情や態度を，カウンセラー（治療者）に向けることをいう．クライエントが精神科医やカウンセラーなど治療関係にある者に対して好感や恋愛感情を抱くことがあり，治療者に愛の告白をしたりラブレターを書いたりする．これは「陽性転移」とよばれているが，「陰性転移」とはその逆で，敵意・不信感・攻撃性・猜疑心・恨み心を持つことをいう．弱陽性転移は治療関係を構築する為には必要な状況であり，精神科医も意図的に弱陽性転移状態を築こうとする場合もある．好感を持っているからこそ，クライエントは心の奥底を打ち明けるようになるのだが，好感が恋愛感情になってしまうと，それは逆に治療の妨げとなる場合さえあり，クライエントとの距離感を保つことが重要である．注意しなければならないのは，あまりに強い感情をぶつけられると，それに巻きこまれて治療者自身も，クライエントに感情をぶつけるようになることがあり，これを逆転移という．特にトラウマのケアに当たる者は，逆転移に留意し，のめり込むにしろ，回避するにしろバランスを取ることが大切で，距離の取れている専門家からコンサルテーションを受けるなどして，孤立して治療にあたろうとしないことが肝要である．

学生担当者は距離のとれている専門家からコンサルテーションを受けるなどして，ひとりで治療にあたろうとしないことが肝要である．

帰国させる場合は，つきそいにあたる人物についても配慮が必要になる．
[文化的差異への配慮] 指導教員との関係に不満があっても，文化的特性からか，面と向かって批判しない場合がある．不満を表現できずに内向化させている者も少なくないと考えられる．指導教員との関係は留学生にとってたいへん重要な問題であるのでとくに留意する必要がある．

宗教上の問題など，特有の異文化に対する考慮が必要である．

3 留学生のメンタルな相談の実際

1 「つなぐ」カウンセリングの重要性

相談に来た留学生に接していると，しばしば相談の終わり際になって本当に訴えたいことが出てくるものである．相談に来た真の目的を知るためには，留学生の話にじゅうぶん耳を傾け，表情や態度をよく観察し，問題の背景や状況，程度を理解するように努めることが重要である．そして，どのような援助が可能か，どのような専門家につなぐのが適切かを判断するインテーカー（受理面接者）となるためには，一定の専門的な知識と技術が要求される．

日本で学ぶ留学生は，日本語，勉学・研究，文化受容，経済問題，健康問題や人間関係をストレッサーとして感じ，それによって引き起こされたストレス，憂うつが，消化器疾患，疲労，頭痛，睡眠障害などの形で身体化する．しかし，留学生のなかには精神科治療そのものへの抵抗感が強い者もあり，紹介しても直接専門医を訪れることが少ない（大橋 1995）．そういった場合には，たとえば，これらの身体的症状をとり上げて，留学生担当者から総合病院の内科を紹介し，そこから専門医につないでもらうことも問題解決の一方法になるであろう．

すなわち，留学生担当者から精神科医や医療関係者へと「つなぐ」カウン

セリング」について，具体的な「症状」について事例を紹介しながら考えたい．

2　異文化不適応現象の症状

海外生活に不適応な場合には，①身体面，②行動面，③精神面にそれぞれ次のような現象が現れる（稲村 1987）．

①身体面に現れるもの（身体化）：各種の心身症（ストレスや悩みから身体に不調をきたすもの．症状は，胃潰瘍，過敏性大腸炎，慢性気管支炎など），心気症（ストレスや悩みから身体症状が現れるものの，身体そのものは悪くないもの．症状は，頭痛，めまい，下痢，発熱など）．
②行動面に現れるもの（行動化）：登校状態が乱れる，勉学が手につかない，対人関係が悪化する，各種の逸脱行動（アルコール依存，事故頻発，異性トラブル，ギャンブル，犯罪，自殺など）に陥るなど．
③精神面に現れるもの（精神化）：情緒不安定，易怒，不機嫌，ヒステリック化．人格変化．さらには各種の精神障害．

ただし，これらの症状は単一で現れるだけでなく，身体化，行動化，精神化の3つが混じった行動様式をとる場合も少なくない．

3　事例：足の痛みに悩むホセ（身体化）

足のいろいろな箇所に痛みを感じ，進行性の病ではないかと不安になったホセは，相談室を訪れた．彼は友達が少なく，何でもきちんとやらなければ気がすまない性格であった．日本語が話せないので，カウンセラーが保健管理センターまでつきそった．「深刻な病気であるとは思えないが，念のため検査をしては？」という医師のアドバイスにより，総合病院でいろいろな検査をしたが，異常はみつからなかった．

それでも痛みが続くので，カウンセラーはホセを伴って再度相談のために保健管理センターを訪れた．医師は，「検査で異常がないからといって，痛みがただ気のせいであるとはいえない．現に痛みを感じているのだから，ど

うするかいっしょに考えよう．ただし，これだけの検査をしたのだから，進行性の病気である可能性はないよ．その点は安心していい．痛みのせいで，眠れない，勉強ができないなら対策が必要だ．痛みを忘れろとはいわないし，それはむりだろう．しかし，日常生活が送れるくらいなら，その痛みとうまくつきあっていくことができるのではないかと思う．そのうち，痛みを忘れている自分に気がつくかもしれない．困ったらいつでも相談に来なさい．また対策をいっしょに考えよう」といった．

ホセはその後，症状もなくなって，落ち着きをとり戻していった．

担当者はまず，発展途上国・地域出身の留学生にはカウンセリングや精神科治療そのものへの抵抗感が強い者もあることを認識する必要があるだろう．国や文化によっては精神科領域・心理的問題をかかえているという事実を認めること自体を忌み嫌う傾向がある．そのため，問題は心身症など身体化によって表現され，拒食，睡眠障害，脱力感，頭痛や脱毛などの身体的症状を伴うことも少なくない．

上記の事例は医師へうまく「つなぐ」ことができ，医師も適切に対応してくれた成功例といえる．なお，これはラテン系留学生のケースだが，日本文化に適応していく段階において，重症の心身症になる者が多いといわれているのは，実は，中国人留学生である．面子を保つために，感情を抑えたり装ったりする生活が，知らずと健康を乱すもとになり，ストレスが高まって心身症を誘発させるためだと考えられている（吉 2005）．

4　事例：妄想に苦しんだマーク（行動化・精神化）

[10月] マークの姉は優秀な学生で人付き合いも良く，そんな姉の計らいで彼は日本留学をはたした．日本でも姉はマークの面倒を何かとよくみており，そのこともあってか，マークは，あまり自分から積極的に人に話しかけることはなかった．

[翌年1月] マークの姉が相談室にやって来て，「弟が最近ひどく落ち込んでいるので心配である．どうも，日本語のクラスメートが彼の悪口をいったり

しているらしいので，何とかしてほしい」と訴えた．アドバイザーが日本語教師に真偽のほどを確かめたところ，「クラスメートとの間に問題があるようには思えないので，思い過ごしだろう」とのことであった．そのことを姉に伝えると，姉から「実は，弟がテレビで自分の悪口をいっていると悩んでいる」と聞かされた．大学内の精神科医に相談したところ，「被害妄想が出ているようなので，できるだけ早く大学病院で受診するように」との指示があり，アドバイザーは姉にそのことを勧めた．姉は「私の弟は決して病気ではない」と主張し，すぐには同意しなかったが，どうにかこうにか説得して，やっとマークを連れて病院におもむいた．

　しかしマークを診療した医師の説明は，「彼自身は質問にはほとんど答えず，つきそった姉が答えたので，彼の被害妄想が統合失調症に由来するものか，うつ病に由来するものか判断できなかった．そのため，薬は弱いものを出して，しばらく様子をみることにした」というものであった．

[2月] マークは料理が得意で，国際交流フェスタでは本国の料理のコーナーで，楽しんでいる様子であった．アドバイザーは，その後姉からも，日本語教師からも，精神科医からも，マークに関して何も報告を受けなかったので，薬が効いて治療がうまくいっていると思っていた．マークは大学院の試験にも合格し，姉とともに3月末に一時帰国する予定であった．

[3月末] マークは姉の家を訪れ，「指導教員に一時帰国のことを伝えに行く」という言葉を最後に，通りがかりのビルから飛び降りた．近所の人の通報によって救急車でマークは病院へ運びこまれ，緊急手術が行われた．警察署から留学生担当部署にマークの在籍について確認があり，指導教員が病院に直行したが，彼はすでに死亡していた．警察による検死の後，姉に対し事情聴取が行われた．本国では火葬の習慣はなかったが，遺体の処理をする専門家が近辺にはいないこと，遺体の搬送にも費用がかるむねを説得した結果，姉は在日大使館と本国の両親の意向を聞いたうえで，火葬にすることに同意した．本国の習慣に従った花や葬送のための食べ物が同国の留学生によって用意され，葬儀をぶじ終え，遺骨は姉とともに母国に戻った．葬儀の後，アドバイザーが主治医に電話でマークの死について報告したところ，彼

が数回しか通院していなかったこと，また姉からは彼が薬を服用すると頭が痛くなるので飲みたくないといっていたということを聞いた．さらに，日本語教師からは，大学院入試の準備のために授業にも出ていなかったことを聞いた．マークはなぜ自殺を遂げたのか，その原因は今も不明である．

このケースでは，留学生が自殺をはかり，不幸にして亡くなった．「つなぐ」観点からいえば，このケースでは，①クライエントとのつなぎ（コミュニケーション），②治療者とのつなぎ，③援助者とのつなぎ，いずれにも失敗していると考えざるを得ない．では，どうすればつなげられたのか，以下のようなことが考えられる．

- 留学生アドバイザーなどキーパーソンとなる人物がコーディネーターとなって，家族や，身近な友人，関係教員などを対象に，精神科医から示された留意点に関するオリエンテーションを行う必要があっただろう．
- 精神科医の側からみれば，当人の普段の様子をよく知っている指導教員や，各国の留学生の行動傾向について示唆できる留学生アドバイザーから情報を得ることができれば，適切な治療につながっただろう．

ところで，マークの事例には，後日譚がある．

4月に再び戻ってきたマークの姉は相談室を訪れ，「他殺の可能性もあるのに警察はなぜ自殺と断定したのか，大学は弟の死に際してなぜ何も対処しなかったのか」などと声高に不満を述べた．姉は事故が発生してからわずか数日の間に，両親の心理状態も考えながら，習慣にない火葬を決断し，葬儀を済ませて帰国したので，警察や大学側がこの事件にどのように対応していたか気がつかなかったに違いない．そこで，アドバイザーは事故の経過と大学の対応状況についての詳細な報告書のコピーを姉に手渡した．姉は報告書をじっくりと読み，大学や警察，病院，区役所などの対応に納得したのだが，こうした一連のやりとりの中で，事件に関するメディアへの対応の問題が浮かび上がった．

またケアの一環として，知り得た情報は，文書化し，報告することが望ましい．

5 「つなぐカウンセリング」と情報管理

(1) メディアへの対応

問題を起こした留学生に関して，関係教員から聞きつけた新聞記者がアドバイザーのところにやって来て，事件の詳細を知りたがった．事件自体に傷ついている遺族が，メディアによる2次被害を受けないように，見守る必要がある．また，この危機的事件にかかわった留学生や関係者が動揺し，不安が広まらないように保護する必要がある．

留学生が死亡するまでに至った場合，情報管理が重要な問題になる．危機状況に関する正確で有用な情報を，危機に対応する人物・組織に伝達する必要があるが，その際には留学生のプライバシー保護に留意しなければならない．

さらに，留学生の属する組織内だけでなく，それをとりまく広義の関係者にも事態を理解させるために，いつどのような情報をどのように発信するかは，当該組織の風評をいかに守るかにもかかわってくる．とくにメディア対応は重要である．組織においてメディアへの対応を担当するメディアコーディネーターには，以下のような予防責務があると考えられる．

- 第1次予防：地域のメディアと通常からコンタクトをとっておき，危機が起こった際の情報開示の方法などについて共通理解をはかっておく．
- 第2次予防：メディア対応用の文書作成，メディア対応用窓口の一元化をはかる．
- 第3次予防：報道されることによって危機的状況が再燃しないよう，報道が最小限になるように働きかける．

（2） 情報管理

　危機介入においては，医師，看護，心理，事務職員などの異職種のチーム医療が重要である．カウンセラーは相談機関における担当学生の治療・教育的かかわりのキーパーソンである．実際には，カウンセラーや事務職の共同作業で自然に学生に関する情報が共有されていることが多い．医療における入院治療の場合には多くのスタッフが患者にかかわることになるので，そのため方針や事実経過の共有のために，他職種共有の面接の状況，医療受診歴の有無，希死念慮の有無などのカルテが作成されている．データにパスワードをかけるなど情報漏洩に対して厳重に配慮したうえで，ネットワークで共有すれば，分離したキャンパス間での情報共有にも役立つと思われる．

　情報を共有するためには，核となるスタッフの存在が不可欠である．危機状態にあっては守秘義務が解除される可能性があるため，面接開始時に学生に対するインフォームド・コンセントを行なっておく必要がある（例えば，「この面接で話すことは秘密です．ただし，命にかかわるような場合は除きます」）．

　危機事例においては，即効的で具体的な危機介入の方策を検討することが必要になる．カウンセラー同士で判断を検討する他に，精神医療の視点から医師のコンサルテーションを確保しておきたい．この検討プロセス自体が，危機状況をかかえたカウンセラーに対するサポートシステムとして機能することになる．

　危機介入時のカウンセラーの判断とその根拠は必ず記録，保存の必要がある．訴訟になった場合，カウンセラーの専門的な判断が問われることになる．重要なのは結果としての成功か失敗かではなく，その時点でできる専門的対応がなされているかである．日本の公的相談機関でも，カウンセリング記録の本人への開示の行政命令がでていることを頭に入れると，カウンセラーの判断とその根拠が残る記録が求められる．

文献

福田真也：精神疾患をもつ外国人留学生に対応する際の問題点，学生相談研究1 (1)，1991

湊博昭：留学生の精神衛生について―アンケート調査を中心に，第11回大学精神衛生研究会報告書，50-56，1990

Murphy-Shigematsu, S.: Psychological barriers for international students in Japan, *International Journal for the Advancement of Counseling*, 24, 19-30, 2002

仲村禎夫，手塚千鶴子：外国人留学生における精神障害，学生相談紀要（慶應義塾大学学生相談室）18，1988

大橋敏子：平成6年度文部省科学研究費補助金（奨励研究B）研究成果報告書「外国人留学生のメンタルヘルスとヘルスケアに関する研究」，1995

岡益己：国費留学生の挫折事例，留学生交流・指導研究4，23-34，2001

佐々木陽子：留学生の危機的状況としての死亡―発生後の対応と危機管理，留学生交流・指導研究1，45-51，1997

Schonfeld, D. J. et al.: *How to prepare for and respond to a crisis*（2nd Ed.）．（元村直靖監訳：学校危機への準備と対応，誠信書房，2004）

関道子：外国人の死亡事例，留学交流・指導研究2，31-38，1997

WHO, Div. of Mental Health: *Uprooting and Health : Psycho-social Problems of Students from Abroad*, Geneva, 1983.

第11章

留学生カウンセラーの多様な役割

1 コミュニティカウンセリングの視座から

　これまでの章では，留学生のメンタル危機の姿をいわば類型的に整理して，その対応の実際を紹介した．とりわけ，社会に開かれた，いわば広義の「つながり」を繰り返し強調してきた．

　さらに実際の事例というのは，長期間にわたる複雑な状況として進行する．カウンセラーは，一つ一つのケースそれぞれに違う状況，しかも時々刻々に変わる状況に，時に数カ月，数年の期間，対応して行かねばならない．したがって，はたすべき役割も非常に多様なのである．

1　コミュニティ心理学の重要性

　筆者は危機介入には，伝統的心理臨床の発想からコミュニティ心理学的発想への転換が必要だと考えている．

　コミュニティ心理学は次のように定義される．「個人の内部（パーソナリティ）の諸要因の改善だけでなく，個人をとりまく環境的諸要因の意図的な操作・変革を通して，当の個人と環境との間の整合性を改善し，人々の適応や健康・福祉・達成を促進するとともに，当該環境（おもに社会環境または社会体系）の効果性や健康度を向上させようとする組織的な実践と研究の努力」（安藤 1989）．

　また，金沢吉展は，コミュニティ心理学について，心理臨床家と比較して，次のように発想の転換を示唆している（金沢 2002）．

表11-1　発想の転換（金沢 2002により著者作成）

- カウンセラー：ソリスト→指揮者，コーディネーター，オーガナイザー
- クライエント：病者→生活者
- 場面設定：面接室→生活環境
- 対象：個人→システム，人びと
- 援助者：専門家→非専門家とのチームワーク
- 目標：病気の治療→予防，生活の質向上
- 専門分野：臨床医学（治療）→公衆衛生学（予防や健康増進）

2　コミュニティカウンセリングの実際

　ルイスとルイスは，コミュニティカウンセリングを「コミュニティのメンバーがよりよく生活できるように援助し，またもっとも起こりやすい問題を未然に防ぐことを目的として，直接および間接のサービスを組み合わせた多面的アプローチ」と定義している（Lewis & Lewis 1989）．コミュニティカウンセリングモデルは4つの側面とそのサービス様式（表11-2）で成り立っている．そして，さまざまな社会的資源と協働して，心理療法に限らないコンサルテーション，コーディネーション，グループワーク，サイコエデュケーションなど多様な活動（井上 1998）が求められる．

　筆者はコミュニティカウンセリングが実践的な危機介入の枠組みを提供すると考えている．

3　「つなぎ」モデルの実際

　下山晴彦（2002）は，事例の当事者と，それをとりまく関係者の間に臨床心理士が介在して当事者と臨床心理士の関係を構成し，それを関係者につないでいくことで，心理援助を行う「つなぎ」モデルを提案し，学生相談の活動を表11-3に示した．学生の人間的成長を総合的に援助するための学生相談機関が，コンサルテーションやグループワークといった援助活動，教育活動やコミュニティ活動などの大学システムに開かれた活動を積極的に行い，事務官システム，教官システム，医療システム，学生集団，大学の運営システムと協力し，各システムのなかにある学生援助のための

表11-2　コミュニティカウンセリングの四側面とそのサービス様式

	コミュニティサービス	クライエントサービス
直接的	・予防教育	・カウンセリング ・社会的に弱い立場にあるクライエントへのアウトリーチ
間接的	・システムの変化の促進 ・公共政策への働きかけ	・クライエントの権利擁護（アドボカシー） ・コンサルテーション

表11-3　学生相談活動の全体構造（下山 1997）

援助活動	方法：①教示助言　②危機介入　③教育啓発　④心理療法　⑤療学援助 何らかの問題に直面している者，あるいはその関係者に対して，その問題の解決のための適切な援助方法を提供することを目的とした活動
教育活動	方法：①個別指導　②研修会　③講義　④情報提供 利用者の知識，技能（スキル）の学習の促進を目的とし，相談機関の側で何らかの教育的プログラムやシステムを企画，運営していく活動
コミュニティ活動	方法：①システム媒介　②メディア媒介　③ネットワーキング　④スクリーニング 大学をコミュニティとみなし，学生相談の立場から大学コミュニティに働きかけを行い，大学全体の環境改善をはかることを目的とした活動
研究活動	方法：①調査研究　②研究会　③研究報告 学生相談活動を効果的に行うため，学生相談活動自体を研究対象とし，相談活動の方法と将来の方向性を探っていくことを目的とした活動

資源をつなぎ，学生の成長を支えるソーシャルサポートネットワークを構成する「つなぎ役」となること，そして学生相談という臨床心理の活動がクライエントの代弁者となるとともに政策決定という社会システムの運営にかかわることを意味すると述べている．

　大学をコミュニティとみなすと，学生相談の立場から大学コミュニティ

表11-4 コミュニティ活動の方法（下山 1997）

システム媒介	学部長会議，教授会，学内委員などのすでに制度化されている学内組織（システム）を媒介として，上位システムである大学運営システムに学生相談に関する働きかけを行う． 例：学生相談委員会の運営，学務研修会への参加，部長会議での報告
メディア媒介	さまざまなメディアを利用して，不特定多数の大学関係者に学生相談についての理解と協力を広く訴え，学生相談活動に関する一般的な意識の向上をはかる． 例：講演会，広報誌や報告書の発行，パンフレット配布，宣伝活動
ネットワーキング	相談機関が自由意志によって参加した複数の個人や団体の間に入り，それらをつなぐ役割をとることによって，学内に学生相談のためのソーシャルサポートネットワークを構成していく． 例：ピアカウンセラーの会のまとめ役，自殺予防の連絡会の世話人
スクリーニング	多数の学生を対象とした調査を行い，それにもとづいたスクリーニングとそのフォローアップ活動によって，学生の不適応を未然に防ぐことを試みる． 例：新入生の健康調査と面接，職業未決定調査と職業カウンセリング

に働きかけを行い，大学全体の環境改善をはかることを目的としたコミュニティ活動の方法について表11-4にまとめている．

筆者は「つなぎ」モデルにおける活動・方法が実践的な危機介入に役立つと考えている．

2 コミュニティカウンセリングの応用

これまでにコミュニティサービスである予防教育，システムの変化の促進，公共政策への働きかけについても触れてきた．直接的コミュニティサービスでは，予防教育として有効なものとしては，第1編で述べたオリエンテーションや心理教育（サイコエデュケーション）としてのストレスマネジメント教育の実施が有効であると考えられる．

また，間接的コミュニティサービスではマイクロシステム，メゾシステ

ム，エクソシステム，マクロシステムの各レベルへの介入によって，システムの積極的変化を促し，政策に影響を与えることで，メンタルヘルスの問題を予防し，軽減することが重要であるという観点から，危機介入にとりくむことが必要であると考えている．

ここでは，JAFSA（国際教育交流協議会）サマーセミナー2006にて，井上孝代（明治学院大学教授）と筆者が実施したワークショップ「留学生への危機介入とコミュニティカウンセリング的アプローチ」において，参加者がグループ毎に事例を検討し，対応策としてまとめた成果の一部を紹介したい．

次節からは長年，京都大学で留学生の修学・生活相談に携わってきた筆者が対応した大学というコミュニティにおける留学生の危機介入について詳しく報告し，カウンセラーに求められている多様な役割を，クライエントサービスであるアウトリーチ，コンサルテーション，アドボカシー，カウンセリングの観点から臨地的に示す．

1　事例：精神的不調で大学生活になじめない交換留学生

> 協定校から1年間の留学期間で受け入れていたオセアニア系男子交換留学生が留学期間後半で授業を休みがちになってしまった．指導教員から連絡を受け，国際交流担当者が本人に話を聞くと，精神的に不安定な状況が続いており，滞在している留学生寮をときどき抜け出しては夜は帰宅していなかったことがわかった．極度に落ち込んでいる日は，部屋で塞ぎこんでしまい，反対に気分の良いときは誰にでも明るく振る舞い，日本語で流暢に会話をしている．こうした不安定な状況が続いたことで，やがては友人が減り，授業もさらに欠席が目立つようになった．

2　コミュニティサービスの支援

(1)　直接的支援
［協定校での選考時の情報の提供］受け入れる前に，協定校での選考時の

担当者によるコメントや学生の情報を事前に提供してもらい，事前にどのような学生かを知ることができる．ある程度の準備や対策を講じる一助として有効である．

[**受け入れ前の協定校でのオリエンテーション**] 日本の留学生活や大学のシステムなどについて，受け入れ前に協定校にてオリエンテーションを実施してもらう．もちろん受け入れ大学からもそれらの情報を事前に送付しておき，来日前に知識を蓄えさせる．来日後のカルチャーショックなどを和らげることができる．

[**入学後のオリエンテーション**] 来日後に今度は受け入れ大学にてオリエンテーションを実施する．ここでは受け入れ前に送付した情報に加え，具体的にその大学の授業の履修登録のシステムや施設の案内など細かい情報を伝え，アドバイスをする．学生にとっては受け入れ前の情報の復習も兼ね，今後の留学生活を計画していく上で重要な位置づけとなる．

（2） 間接的支援

[**友人作りの支援**] 友人作りは留学生活を送る上で，精神的な大きな支えとなる．その友人が日本人であればさらに助けになると考えられる．日本人学生との交流イベントなどを積極的に実施するなどして友人作りの機会を与える．

[**ネイティブな言語で相談できるスタッフ・学生の配置**] 留学生活で問題や悩みを気軽に相談できる場の提供の一環として，ネイティブな言語で相談できるスタッフや学生の配置が考えられる．些細な問題はやがて大きな問題に発展し，留学生によっては精神的に支障になる場合がある．特に日本に来て間もない場合は日本語よりも相談しやすいこともあり，国際交流センターや学生寮などにこうしたスタッフや学生を配置することも必要と思われる．

[**チューター制度の確立**] 日常の身の周りの疑問や問題の解決は，留学生の重要な相棒として日本人学生のチューターをつけることでさまざまな問題を回避し，友人作りの一環として大変有効であると考える．できれば同

じ学部同士が望ましく，学習面での支援にもなるだろう．

3　クライエントサービスの支援

（1）　直接的支援

［**アウトリーチ**］直接的なクライエント（留学生）に対する支援として，まずアウトリーチが重要な考え方になる．自ら国際交流センターなどに相談に来なければ問題はわかりにくい．国際交流担当者は授業の出席状況をチェックし，担当の教員と連絡をとるなどして，気になる点はこちらからアウトリーチしていくしかない．方法として電話，電報，自宅（寮）訪問が考えられる．

［**カウンセリング**］定期的にクライエント（留学生）とコミュニケーションをとり，生活や学習状況のヒアリングをすることが望ましい．その時点で問題が解決できれば未然にトラブルも防ぐことができ，何よりクライエントのストレスの解消となることから，特にメンタルヘルスの問題をかかえた学生への支援として有効である．

（2）　間接的支援

［**学内外の医療機関との連携**］メンタルヘルスの問題は時に自分や他人を傷つけるなど被害が拡大することが考えられる．自殺の可能性もあることから，危機管理対策として学内外の医療機関の連絡先をまとめておき，すぐに対処できるようネットワークを構築しておくことが非常に重要である．

［**地域の国際交流ボランティア団体との連携**］交換留学生は大学の外との交流をもちにくいのが特徴である．大学の中だけでなく，外部との交流の場をもたせてあげるべく，地元の国際交流団体と連携し，イベントなどに参加できるよううながしていくことも必要だろう．

こうして交友関係も広がり，何よりもより深く日本を理解することにもつながるだろう．

4 コメント

最後に参加者一同からのコメントを紹介したい．

「これらの支援を行うために，多くの方々の協力が必要である．是非，留学生担当者がこういった業務を通して，多くの方々に留学生を支援することに理解していただき，ひとりでも，ふたりでも留学生を応援する人が増え，また，留学生の皆さんにもひとりひとり，日本に来てよかった，この大学に来てよかったと思えるような留学生支援をしていただきたい」．

3 専門医と連携した事例（アウトリーチ）

アウトリーチ活動とは，留学生が危機状況にある場合にカウンセラーが自分の面接室を離れ，クライエントの家，学校，職場などに行って，危機介入を行う直接サービスのことである．さらに，カウンセラーは危機の予防と軽減につなげるアウトリーチ活動を行う．

1 事例：地震によってPTSDを被ったピエール

> X年1月17日，ピエールは地震に遭遇した．地震の少ない国で育った彼にとっては，恐怖の体験だったようである．
>
> その後のピエールは不安を隠せない様子で，博士課程の途中であったにもかかわらず帰国を希望し，文部科学省の奨学金支給期間が満了する3月に帰国を予定していた．しかし，研究室のスタッフの薦めもあり，博士課程を継続するために奨学金の延長を申請，その後，意志が二転三転したが，最終的には勉学を続けることになった．
>
> 3月14日，ピエールは留学生寮で両手首を切り，17日に自分で救急車を呼んで救急病院に行くまで患部を放置．そのため膿が出て炎症がひどく，外科的治療ができない状態で，病院では化膿止めの治療と包帯を交換する処置を受ける．
>
> 20日，カウンセラーが面談した時のピエールは，同じ寮に住む留学生につ

きそわれていたが，夢遊病者のような虚ろな状態であった．その後，帰国までに全部で12回の面談を行った．ここでは，帰国までを第1期と第2期に分けて報告する．

[第1期] X年3月20日〜25日

　カウンセラーがピエールにつきそって，精神科医による面談が行われた．彼は憔悴しきっており顔色も蒼白で，不眠を訴えたこともあって，精神科医から副作用が少ない精神安定剤を睡眠薬として服用するよう指示された．帰途，両手首の治療を受けている病院で症状の確認を行った．その後，寮の近くの食堂で夕食をともにしたが，食欲のない様子で，殆ど食べない．しかし，カウンセラーには安心して気を許している様子で，寮の自分の部屋まで案内してくれた．部屋はひどく散らかっており，汚れていた．部屋には寮生仲間が心配して何人かやってきて，しばらくいっしょに過ごした．

　翌日，再び面談した時にも，依然として依存傾向や不安傾向が強く，自分では何も決められない状態であった．帰国すべきかどうかについても，自分では判断ができない状態で，しきりとカウンセラーに指示を求めた．手首の傷について，病院の主治医の話では「両側の正中神経麻痺があるが，それほどひどくなく，自然に治癒する可能性も考えられる．神経の麻痺が回復しない場合は，手術を勧めるが，手術後，帰国してしまうと，フォローができないので，国に帰ってから，手術を受ける方が望ましい．X線の結果は異常がなく，1日3回抗生物質を投与し，包帯の交換が必要なために週3回通院している」とのことで，ピエールは病院が寮から遠いことを理由に転院を希望していたが，帰国まで転院しないことを決めた．また，本国での治療を継続する場合のために，英語の診断書を書いてもらうことになった．

　指導教員との面談では，ピエールは終始非常に緊張しており，その様子や会話から日頃の研究室での状況を察することができた．帰り際，隣室の院生と会話を交わした時にやっと表情が和らいだので，研究室内にも気を許している人がいるとわかりカウンセラーは安堵した．その後の面談では，研究の進捗状況も思わしくないことが明らかになり，このまま研究を継続するより

も，一度帰国する方が望ましいと思われた．

　本人も次第に帰国を希望するようになったので再度指導教員と面談し，日本に戻ってきた時の具体的な研究方法について話し合い，指導教員からも帰国の同意を得た．

[第2期] X年3月27日〜4月4日

　ピエールが大学に来る時は寮生仲間につきそってもらっていたが，3月27日には，ひとりで来られると判断した．しかし，万が一のことを考え，しばらくは寮を出発した時点で，寮の責任者から電話で外出したむねを知らせてもらうよう依頼した．ピエールは約束した時間に現れ，帰国航空券を購入するため旅行代理店までカウンセラーが同行し，手続きを行った．

　4月初め，カウンセラーが荷物の整理と部屋の掃除のため寮を訪れたところ，すでに自分で部屋の掃除と荷物の整理を済ませており，彼が用意してくれていた茶菓を味わいながら，夜遅くまで話をした．日本に戻らない場合を考えて処分する荷物と本国へ送る荷物の確認を行ったが，荷物には中古の品が多く，日本に残しておきたいという衣服も捨ててもよさそうなものばかりで，質素な生活をしていたことが察せられた．手首を切ったカミソリや血で汚れたベッドをみせ，汚したベッドは弁償したいとすまなさそうであった．その夜，寮でたまたまパーティがあり，寮生が何度か誘いに訪れ，カウンセラーも少し勧めてみたが，かたくなにこれを断った．少し疲れている様子なので，あまり話しかけないようにして，また肩をさすると気持ちよさそうで，リラックスするのがよくわかった．

　翌日，入国管理事務所にピエールは独りでおもむき，在留期間の延長と再入国の手続きを済ませた．この日も彼はカウンセラーに寮にいっしょに来て欲しそうであったが，あえて行かず，徐々に独りでものごとに対処できるようになるよう計らった．また，休学願や退学願に署名をしてもらいカウンセラーが預かることにした．

　4月5日，寮から空港リムジンバスの乗り場までは，日本人の寮生が運転する車で，数名の留学生の友人や寮の関係者につきそってもらい，その後は

カウンセラーが空港まで同行した．依然として手首の具合はよくなく，腫れて，麻痺があり，動かすのに不自由な状態であったが，バスの中で巻いていた包帯を解いてしまった．人目を気にしてのことであるのか，あるいは出迎える家族が心配しないようにと思ってのことであろうが，あえて尋ねなかった．

　現金など貴重品は車内でカウンセラーが預かった．日本で勉強を続ける場合には，家族を呼びたいという希望をもっており，カウンセラーもその方がいいと同意した．また，再来日した場合に住む場所がないと困るので，それまで住んでいた部屋の寮費は当分の間，預かった現金から払うことにした．

　空港到着後，出発までに時間があったので軽く食事をしたが，あまり食欲はない様子であった．言動から判断して，独りで帰国しても大丈夫であると思われたが，正直なところ一抹の不安はあった．実は，本国への直行便がなく，途中で乗り換えなければならない．そのため，乗り換える空港にはピエールの友人の父親に出迎えてもらい，国では妻が出迎える手はずをしていた．できるだけリラックスできるよう出発までの時間は雑談をして過ごした．出発間際には，さすがに緊張している面もちであったが，ぶじ出発することができた．

2 考　察

　このケースは地震による外傷後ストレス障害（PTSD）とも考えられるが，少なくとも，地震が誘因となりうつ病を呈したと考えられるケースである．本人は精神病の既往歴および遺伝負因はないといっている．しかし，日本人学生なら，家族や過去に本人が受診した医療機関等に担当医が直接に連絡をとることで必要な情報を得ることも可能だが，留学生の場合は情報入手が難しい．

　実は，第1編で紹介した筆者の調査（「留学生のメンタルヘルスのためのオリエンテーションに関する研究」（大橋 1995））において，ピエールは質問票調査に回答している．そこでは，日本でストレスを感じる時の援助者と

して，「他の国からの留学生の友人」をあげていた．そして，特に親しくしていたその友人が3月初めに帰国した直後，自殺未遂が起こっている．本国に根づいた状態から引き抜かれて，根こぎ（uprooting）されている留学生にとって，親しい友人との別離は二重の根こぎとなってその要因になったと思われる．また第1編で述べたように，留学生の精神障害を予防するためには配偶者の存在が重要だが，この事例の妻は母国語しか話せず，日本での適応面や経済面で問題があるため単身で留学しており，本人は孤独であった．

　いっぽう，先の質問票で，ピエールは本国でストレスを感じた時の援助者として「親，親戚，友人」と回答していた．したがって，本国ではサポート体勢があり，また留学生活という強いストレスが臨床像に影響を与え，帰国してストレスがとれれば，けろっとして治ってしまう反応性・一過性の場合が少なくないことから，帰国させることがよいと判断した．

　いずれにしても，帰国後，カウンセラーが精神科医と連携をとりながらフォローアップを行う中，かつてなにげなく話したことのあるカウンセラーの誕生日を思いだし，誕生カードを送るなど自分をとり戻すとともに，自分で状況を判断できるような状態になっていった．危機的な状況を回避し，精神的な落ち着きをとり戻すまで約2年かかっている．

　この事例で危機が回避され，ピエールが精神的に回復できたことの要因となったと思われるカウンセラーとクライエント（ピエール）の関係を整理してみよう．なお，各項末尾の括弧内は井上孝代（1997）にある留学生カウンセラーに求められる役割である．

- カウンセラーとクライエントとは以前から留学生と留学生アドバイザーとして面識があったので，当初から両者の間には信頼関係があった（伝統的カウンセラー）．
- カウンセラーは自殺未遂後，最初の面談の直後にクライエントと精神科医との面談を求めたので，最初の段階から医学的な所見とそれにもとづく助言が得られた．また，帰国後におけるクライエントの状況判

断のため再三，精神科医に情報を送った（精神科医との連携）．
- カウンセラーはクライエントの同僚の留学生や寮の関係者の援助を要請し，必要と思われる時にはクライエントのつきそいなどを依頼した（グループワーカー）．
- カウンセラーも，クライエントにかかわった精神科医，主治医も意志疎通にじゅうぶんな共通語（このケースでは英語）をもっていた．
- カウンセラーは研究室や国におけるクライエントの立場を迅速に察知した（クライエントの文化背景の理解）．
- カウンセラーは大学内の規則，出入国管理法などに精通していたので，クライエントの留学生としての将来に関する指導教員との協議や判断，手続きがスムーズ，かつ的確に行われた（アドバイザー，アドボケート，ファシリテーター）．
- カウンセラーは住居の確保，もち物の保管，現金の管理などを注意深く行った（ケースワーカー）．
- カウンセラーはクライエントの帰国に際して細心の準備，手配を行った（ケースワーカー）．
- 留学生のメンタルヘルスを予防するオリエンテーションの開発のために留学生を対象に質問票調査を実施し，彼らのかかえているメンタルヘルスの実態を把握した（サイコエデュケーター）．

この中で特に触れておきたいのは，「精神科医との連携」である．精神科医の大東祥孝（1992）は精神医学とカウンセリングの相違は守備範囲にのみ帰着するのではなく，それぞれ固有の基本的な構えが根本的にその次元を異にしてきたという事情と深い関係があるとしている．守備範囲でみても，精神病は精神医学の，神経症はカウンセリングの守備範囲であるといった単純化はできることではなく，精神病と神経症を的確に区別することは容易ではない．精神病や境界例のクライエントに対してカウンセリングを行う場合には，よほどの慎重さとすぐれた技量が必要とされるが，基本的には精神科医とカウンセラーの連携は可能で，むしろ連携するのが望

ましいと述べている.

　このケースで筆者がとった「クライエントの部屋での話し合い」,「病院などへのつきそい」などの活動は,伝統的なカウンセリング理論からみて,カウンセリングとは考えられていなかったものである.この点に関して,井上孝代は留学生のためのカウンセリングにおいて,伝統的なカウンセリング理論にのっとってクライエントとラポールをつけ,これを基盤にした発達的視点でのカウンセラーとしての援助活動を基本としながらも,留学生がソーシャルサポートを得られない場合,伝統的なカウンセラーの守備範囲を超えて,集団やコミュニティへの働きかけをより重視した役割が求められるとしている（井上 2000）.

　また,高松里(1997)は留学生のためのカウンセリングにおいては,カウンセリングの基本である「面接室で聴くこと」という標準的なカウンセリングの方法から逸脱しているが,対象の特殊性に合わせて,「面接室」を出ていき,柔軟に対応することが重要であるとしている.すなわち,「面接室」を出ていく必然性を示すとともに,カウンセラーは留学生にとっては,日本における心理的サポートシステムが脆弱であることを認識し,地域のリソース間の調整をしたり,コンサルテーションを行ったり,自ら支援組織を作るなどが必要で,こうした活動の理論的枠組みは「コミュニティ心理学」の方法論が適用できるとしている.

　ここでもカウンセラーの役割として,コーディネーション,コンサルテーションの重要性が強調されている.筆者も井上や高松と同様,カウンセリングを広義にとらえており,これらの援助活動は危機を回避する重要な要因と考える.

4 指導教員と連携した事例（コンサルテーション）

　ここでは,指導教員がキーパースンとして,全身全霊を傾けて自殺という危機を乗り越えたケースを紹介する.指導教員がコンサルティとなり,カウンセラーがコンサルタントの役割をはたしたケースである.なお,

「　」内は指導教員からカウンセラーへの連絡内容である．

1　事例：飛び降り自殺をはかったサテ

[X年1月16日] 午前4時頃，急にサテが動悸を訴え，下宿の家主につきそわれ救急車で病院に運ばれた．しかし心電図では異常が認められず，心理的要因であろうということで，とりあえず帰宅した．午前11時過ぎに家主から研究室に連絡があり，指導教員がサテと面会した．この時点では特に異常は感じられず，指導教員は彼にゆっくり寝るように指示をした．午後3時頃，研究室の学生が飲み物や食べ物を差し入れた．午後9時頃になって再び動悸を訴え，再度家主がつきそい，救急車で病院に運ばれた．このときは指導教員も駆け付けたが，心電図，エコー，血液検査すべてに異常なし．指導教員は入院を要請したが，今のところ異常が認められないということで，家主がつきそい下宿に戻った．

[1月17日] 午前9時，指導教員の秘書がサテにつきそい，検査診療のため病院に向かったが，途中サテが病院に行くのを拒否したためそのまま帰宅．研究室のスタッフも駆け付け，病院に行くよう説得したが拒否されたので，差し当たり，眠るように指示をする．午後4時頃，家主からサテの言動が異常なため誰か来て欲しいと研究室に要請があったので，指導教員と研究室のスタッフが駆け付けた．その後，サテと同国出身の友人のマニも駆け付けて話しかけたが応答は弱い．指導教員の問いかけに対しても反応は弱く，放心状態で何を聞いてもはっきりしない様子であった．指導教員は大学病院で受診し，できれば入院できるように電話で各方面に要請した．午後5時過ぎにようやく病院の承諾が得られ，指導教員やマニなどがつきそい，タクシーで病院に駆けつけ救急外来で受診する．その結果，とりあえず話しは出来るようになり，また身体には異常がないことから，担当医から入院せずにその夜はマニのアパートに泊めてもらうようにと助言があった．そこで，マニの承諾を得て，サテはマニ宅へ移った．

第2編 実践編

[1月18日] サテはマニ宅で朝食をとった．マニによると，話しぶりから判断してかなり落ち着いている様子であったが，午前11時30分過ぎ，目を離したすきに突然3階の部屋からガラス窓を突き破って外に飛び出し，下の駐車場に頭から落下した．救急車が呼ばれ，マニにつきそわれ，病院に搬送された．指導教員も連絡を受け，すぐに駆け付けた．診断の結果は，頭蓋骨骨折および左急性硬膜外血腫，外傷性クモ膜下出血および右大腿骨頚部骨折．緊急に開頭血腫除去手術を受け，さらに，右大腿の開放複雑骨折に対する緊急手術を行い，午後9時過ぎ手術が終了した．幸いなことに手術は成功し一命をとりとめたが，サテは自発呼吸しているものの予断を許さない状態であった．なお，手術同意書などには，院長と担当医から詳しい説明を受けた後，指導教員が家族に代わり署名をした．この間，研究室のスタッフなどが立ち会ってマニ宅を警察署が現場検証した．また，病院でマニと指導教員に対して署員から事情聴取があったが，事件ではないと判断された．指導教員が本国の家族に電話で連絡したが不通．いったん大学に戻った指導教員から事情説明を受けたカウンセラーは所属の研究科長に口頭で簡潔に報告をした．指導教員からカウンセラーに日本へ家族を呼ぶために必要なパスポートやビザ申請についての相談があり，留学生課にも事情を説明して協力を依頼するとともに，カウンセラーが会員である多文化間精神医学会の専門家に電子メールで今後の対応について相談をした．

[1月19日] 病院で指導教員が担当医から手術の結果について説明を受けたところ，後遺症の可能性はあるが，目下のところ緊急状態を脱出したとのことであった．しかし，引き続き集中治療室で完全監視の必要があるとのことであった．サテの意識はないが，呼びかけると目玉が動く状態であった．指導教員は本国の家族に電話でやっと連絡がとれたので，手術の結果を伝え，今後のことについて相談をした．

[1月20日] 指導教員からカウンセラーに相談があり，今後の処理について同国人のマニに協力を依頼して本国の家族に電話で術後の状況を詳しく伝え

ることになった．また，指導教員がカウンセラーといっしょに下宿におもむき，家主の立合いのもとに部屋に入り，サテの健康保険証，外国人登録証明書など必要なものを預かった．その後，カウンセラーが病院を訪問し，医療費などの事務手続きについて病院側と相談をし，市役所で高額医療補助の申請を行った．午後6時，指導教員が病院で担当医から説明を受けた．術後は今のところ安定した状態であり1週間程度で大学病院への転送は可能であるとのことであった．まだサテの意識はなかったが，呼びかけると起きようとした．指導教員は入院のためのゆかた，紙おむつなどを準備し，引き続き集中治療室での監視が行われた．

［1月25日］栄養補給管などがはずされ，サテは食事を開始した．指導教員が面会して話しかけたところ顔を認識し，会話も可能であった．また，車椅子に座って少し移動することもでき，本人自身が本国の家族に電話で病状を報告した．

［1月31日］カウンセラーは市役所におもむき，治療費の減額認定証を受けとった．また，おむつ代など保険の対象とならない費用については生活保護が受けられるという情報を得た指導教員から，確認してほしいとの依頼があり，カウンセラーは市役所に相談した．その結果を指導教員に報告した内容をそのまま転載する．

「生活保護の件ですが，対象は外国人の場合は永住者，日本人の配偶者，永住者の配偶者など，定住者に適用されます．留学生の場合は適用されません．この条件は別として，生活保護を申請する他に方法がないと判断された場合には，生活保護の申請ができます．申請後，ケースワーカーが世帯の収入や資産，扶養義務者から援助が受けられるかどうか調査をします．ご参考までに，次のような事例をお知らせいたします．

　それは，日本留学を夢見て来日した青年が，受験に失敗したために希望が叶わず，帰国せずに製造会社で働いていたが，事故に遭遇して危篤状態で病院に搬送され，一命をとり留めた事例です．事故当時には在留期限も切れて

おり，国民健康保険や生活保護の適用も受けられない状態で，医療費のほとんどが未払い状態になっているそうです．そこで，京都府知事に対してR大学が『京都で暮らす外国人の緊急医療について』という要請をしています．東京都や神奈川県，兵庫県で行政が行っている不法滞在者に対する政策が京都府でも実施されることは望ましいと思います．しかし，サテ君の場合は奨学金も支給されており，国民健康保険も適用されていますので，生活保護を申請しても，適用されないと思います」．

［2月11日］指導教員からカウンセラーへの連絡．「サテ君の回復は目ざましく，普通に話もでき，うつ病もほとんど直っているように思えます．車椅子で移動させて，本国の親と電話で直接に話をさせてやりました．サテ君も親も喜んでいると思います．担当医師と今後の相談をして来ました．2月19日に再度脚の手術をして，外部固定金具を抜きとり，内部固定金具をとり付けます．その後，リハビリが必要ですが，3月17日に帰国させようかと考えております．担当医の許可はもらいました．サテ君が本国で所属している大学に附属病院があり，現在入院している病院から英語の紹介状とX線フィルムなどコピーではなくオリジナルのものを提供してもらうことになりました」．

［2月16日］同じく指導教員からカウンセラーへの連絡．「2月19日に手術をいたします．今のところ，3月17日に帰国させる予定ですが，サテ君が担当医師と航空会社の担当者と話した結果，家族を呼ばずにサテ君のみで帰す方向で検討しております．この場合，私が病院から空港まで送り，空港内と乗り換えと空港の出口までは航空会社の職員が面倒をみてくれます．本国の空港からは家族とともに病院に直行できるように手配をしているところです．サテ君はほぼ毎日家に電話をしており，リハビリに励んでおります」という連絡を受けた．そこで，カウンセラーは「うつ病の重症期には，自殺をはかる気力がなく，少し回復しかけた時に自殺が起こりがちです．再び，自殺する危険性がありますので，空港まで送られる時はひとりで行かないようにお願いします」と念を押した．

[3月19日] 指導教員からカウンセラーへ.「帰国後, 空港から市内でトップクラスの病院へ直行し, 入院をしており, 現在現地の医師の治療を受けています. 本日, 家族から入院の報告とともに, 感謝のメールがあり, サテ君からも電話がありました」.

[5月17日] 指導教員からカウンセラーへ.「昨日, サテ君から電話があり, 先週末に退院したそうです. まだ足のリハビリのため, 毎日通院の必要がありますが, 頭は完全に直り, 後遺症も全くないようです. 人間の回復力にはびっくりします. サテ君は, 夏には完全復帰できるとのことでした」.

2 考　察

　先のピエールの場合と同じく, カウンセラーが行った援助活動のうち,「市役所での手続き」などは伝統的なカウンセリングの考え方からみれば, カウンセリングとは考えられていなかったものである. しかし, この事例の援助活動を下記のように整理すると, この事例でいちばん重要な役割は「コンサルテーション」だった.

- カウンセラーとクライエントおよび指導教員とは以前から面識があったので, 当初からおたがいに信頼関係があった（信頼関係）.
- キーパースンである指導教員がコンサルティとなり, カウンセラーがコンサルタントの役割をはたしたケースである. このようにコンサルテーションとは2人の専門家（ここでは教育の専門家と心理の専門家）の間で, コンサルタントがコンサルティのかかえているクライエントの心理・精神健康的問題をコンサルティの仕事の中で効果的に解決できるように援助する関係である（コンサルテーション）.
- クライエントと同国の出身者の援助を要請し, クライエントのつきそいなどを依頼した（ピアアシスタントの存在, グループワーク）.
- カウンセラーは医学的知識のみならず, 彼らの出身国の諸事情・関連

法規に関する知識を有し，彼らの置かれている社会的立場および研究環境をじゅうぶんに理解していたので，クライエントの留学生としての将来に関する指導教員との協議や判断，手続きがスムーズ，かつ的確に行われ，留学生の精神障害に対するケアがじゅうぶんにその効果を発揮した（アドバイス，ファシリテーション，インターメディエーション）．

・カウンセラーはクライエントの医療費などの手続きについて病院側と相談をし，市役所で高額医療補助および食事療法の減額認定の申請を行った（ケースワーク）．

・病院において外科と精神科および大学病院とが連携してリエゾン医療をおこなった（リエゾン／精神医療ネットワーク）．

・R大学が不法滞在者に対する緊急医療対策を所管の知事に要請した．すなわち，社会変革のエージェントとして，外国人を社会により良く適応できるよう支援すると同時に，環境そのものを彼らにとってより支援的なものとなるよう変化させようとした（ソーシャルアクション）．

なお，括弧内は井上孝代（1998）による援助活動の分類に対応している．この事例のように，国や地方自治体などに対して，制度の見直しや改革を要請・提言することも，時としてカウンセラーに求められる役割であろう．

5 再発予防に重点が置かれた事例（カウンセリング）

対象喪失により自殺を企て，病院に入院した留学生が薬物療法によらずに回復したケースを基に，カウンセラーの役割について考えたい．

1　事例：失恋をして自殺をはかったマイケル

　ある夕方のこと，トムがドア越しにこっそりとカウンセラーを留学生室の外に呼び出した．友人のマイケルが電話口で，「海岸が……」などと意味不明のことをいって様子がおかしい，というのである．

　カウンセラーが語学の堪能な保健管理センターの医師に連絡し，急いでマイケルの家に駆けつけたところ，マイケルは家の玄関の鍵をかけて中にいる様子である．下から大声で名前を呼ぶと，マイケルは2階の窓から顔を覗かせた．玄関の鍵を開けるようにいうと扉が開き，中に入るとふらふらとカウンセラーに救いを求めるように倒れかかってきた．カウンセラーがマイケルの介抱をしている間，トムと医師が2階に駆け上がり，部屋の様子から自殺を企てていることが推測された．このままひとりだと自殺の危険性があると判断し，緊急に彼と面識のあった医師のいる病院に入院させた．

　入院中，「病院に来てほしい」とマイケルからカウンセラーに連絡があり，何事かと思って駆けつけると，別に用事があるわけではない．お茶を習っているといって袱紗さばきをみせてくれたりして，雑談をして過ごす．その後も，しばしば彼を見舞い，その都度何気ない会話をするうちに順調に回復し，しばらくしてマイケルは退院することができた．
そのような経過でわかったことは，彼のつきあっていたガールフレンドが他の留学生とつきあい始めたこと，その失恋が自殺未遂の引き金となったが，その他にも予定されていた研究発表へのプレッシャーや，自分の運転する車が高速道路で故障したりとさまざまな要因が重なっていたことである．そこでカウンセラーは，マイケルの失恋の原因となった留学生とも面談を行った．退院後は，友人のロナルドがいっしょに住んでマイケルの面倒をみてくれていたが，しばらくして母親が来日した．
実をいえば，この母親はカウンセラーが忙しくしていてもお構いなしに，いろいろな苦情の長電話をしてくるので，マイケルよりも手を焼くことになったが，もちろん親身になって対応した．帰国後マイケルは結婚をし，仕事にも恵まれ幸せな生活をしている．

2 考　察

　対象喪失とは親しい人，慣れ親しんだ環境，特定の環境の中で身につけた役割など，愛情や依存の対象を失う体験である．対象喪失はうつ病の主な発症要因のひとつと考えられる．

　この事例で，カウンセラーがとった援助行動のうち，危機再発の回避に役立ったと思われるものは次のとおりである．

- カウンセラーとクライエントは面識があり，両者の間に一定の信頼関係があった（伝統的カウンセラー）．
- 同僚の留学生からカウンセラーのもとに，クライエントの異常について情報が寄せられ，危機的状況にすばやく対応することができた．また，退院後も同僚の留学生にいっしょに住んでもらい細心の注意をするように依頼した（ピアアシスタントの存在，信頼関係，グループワーカー）．
- 平素から大学の保健管理センターの医師と信頼関係があったので，初期の対応を適切に行うことができた（精神科医との連携）．
- 入院し，医師の治療を受けながら，カウンセラーとの何気ない会話（カウンセリング）を続けたことで危機が回避された（精神科医との連携）．
- 家族への配慮をした（ケースワーカー）．

　留学生自身も心配させたくない等の理由で国の家族に自分の症状を知らせることを望まない場合が少なくない．また，たとえ，家族が来日しても彼らが日本の文化（言葉・食事・習慣等）に適応できない場合も少なくなく，家族のケアも視野に入れての対応が必要になることがある．

　入院にあたって病院側に理解があったので，事態がスムーズに運んだが，一般的には平素から入院可能な病院の所在を考慮しておく必要があると思われる．

クライエントに自殺という自傷行為の再発の恐れが強く，危険性・緊急性が非常に高いとの判断のもとに入院させた例である．しかし，カウンセラーとクライエントの間に信頼関係があり，精神科医のサポートのもとに見舞いの際，何気ない会話（カウンセリング）を続けたことが結果として危機を回避することを可能にしたと思われる．特に自殺願望の底にうつ病や統合失調症，境界例などが存在しているクライエントに対応する危機介入では，早急かつ丁寧に精神科医につなげ，うつ病状を服薬により軽減し，カウンセリングによって再発を予防することが肝要であろう．

このケースのように喪失体験により，気分の落ち込みが起こり（抑うつ気分），さらに進むと自殺念慮や自殺企図などを起こすが，多感な青春時代を日本で過ごす留学生の場合は失恋が引き金になることが少なくない．

6 信頼関係に重点を置いた事例（アドボカシー）

「テレパシーを感じる」という幻覚を治療する過程で，いわゆる陽性転移が起こり，恋愛妄想に至ったケースである．

1 事例：妄想障害に陥ったチョン

チョン（男性）は，家庭環境を原因とするヒステリー症に悩まされ，また父親との確執があり，男性を信頼できない傾向がある．

[X年2月] チョンは前年の成績が極端に低下したので，その原因である病気を治すために大学の診療所に通ったが，あまり効果はみられないと感じていた．

[3月] チョンは所属学部の相談室へ来室した．彼の話によると，2年生の時，ストレスで食生活が狂い成績が低下したとのことで，さらに，性格的に面接で不利となり奨学金がもらえないのではと心配していた．対応した教員から連絡を受けたカウンセラーはチョンから事情を詳しく聞くとともに，留

学生課の担当者と相談して，彼が採用される可能性が高いと思われる奨学金を申請した．その結果，4月から1年間奨学金が支給されることになった．カウンセラーは指導教員にも事情を聞いたが，春に内臓を悪くして成績が低下したけれども，実習には出席しているとのことだった．

[5月] 心理相談室にチョンが来室した．対応した心理療法家は，本人自身が自分のかかえる悩みや難題をメンタルな問題として自覚していること，また心理的にみて問題がかなり深刻なケースであると感じた．チョン自身は主観的に自己診断をしており，心理療法家の意見がなかなか耳に入らない状態であった．カウンセラーが同席して学内診療所の精神科医と面談した時にもこの傾向が強かった．心理療法家はこのような場合は，ひとりで悩むだけではなく，第三者と話し合う中で解決の糸口がみつける方法があることを，繰り返して伝えなければならないと感じた．心理相談室に足を運んだこと自体に糸口の発端があるので，継続面接を通してチョン自身が問題をとりこむ場をともにしてゆくのが役割と思った．しかし，来談者との安定した関係作りは一朝一夕ではできないので，来談が滞った場合には心理療法家から手紙などで連絡をとるなどして，長期的なフォローが必要であると考えた．

[8月] チョンの発言．「自分で心理学をやればやるほど大きな進歩があることに気づいて，夏休みを利用して自分の問題や悩みをすべて書きおろし，心理相談室の先生にみてもらった．しかし，あまりに内的な問題が多すぎたので，先生の手に負えないようだ．自分がいちばん悩まされているのはテレパシーで，先生から報告を受けた人物がいろいろな人に自分のことを知らせて困らせている」．またこの頃，チョンが花をもって心理療法家（女性）の自宅を訪れるということがあり，心理療法家は困惑していた．

[9月] チョンはバックと眼鏡を置いたまま，治療のために連れて行かれた診療所を飛び出した．カウンセラーがバッグを預かって中身を確認すると自臭症に悩まされていたためか歯磨き，歯ブラシ，シャンプーなどがバッグの

中身の大部分を占めていた．

　その後のある日，チョンが暴れ出したという連絡に駆けつけ，一部始終を見守っていたカウンセラーに訴えるような目つきで話した言葉．「自分のことを皆に噂している人物に文句をいおうと思ったが，知らんふりをして相手にされなかったので，怒って暴れた」．この頃からチョンは心理療法家のところには押し掛けることはなくなった．

[X＋1年6月]「昨年の9月のことは今まで一秒一分の恐怖も心の底に残っています．7月に，留学生課に書類を処理しますが，あの事件にかかわった人間が私にもう一度手を出したら，私は鉄棒で殴り返しますから，もし出血の事故が発生したら，それは彼らが先に手を出したことをあらかじめ主張します．この声明は関係者全部に渡しました」（原文のまま）．このような内容の手紙をチョンは突然関係者に送った．受けとった者は一体何が起こったのか，また起こるのかわからないので大変心配した．カウンセラーは「おそらく，奨学金を受給する手続きをするために留学生課に行くことを妨害されると思い込み，妨害をしないように脅迫的な手紙を関係者に送ったと思われる．冷静に普段通りにしているだけで，なにも心配する必要がない」と関係者に説明し，安心させた．

[X＋2年3月]チョンは卒業し，他大学の大学院に進学が決まった．

2　考　察

　このように妄想が深刻なケースであっても，事件を引き起こすまでの事態に到らなかったのはなぜだろうか．

　まず，初期の段階でカウンセラーがチョンの奨学金を支給されるように尽力したことや親身になって相談に対応したことで信頼関係が成り立っていたことに注目したい．脅迫じみた手紙を関係者に送るという危機的な状況の際にも，カウンセラーに対してのみ「さん」づけをして対応している

こと，精神科医や心理療法家との関係が壊れた後もカウンセラーとはかろうじてつながっていたのも，こうした初期段階での関係が功を奏したのだろう．その後，再び危機的な状況が起こることもなくぶじ学業を終えることができたことを喜ぶにつけ，留学生と留学生にかかわる者との信頼関係がなによりも重要であると結論できよう．

　第1編でも述べたように，筆者は留学生のメンタルヘルスの増進のために，留学生を異文化に適応させ，メンタルヘルスを維持する観点から，オリエンテーションの充実が重要だと考えている．先のピエールと同じく，チョンも筆者が実施した質問票調査に回答し，「感情的ストレスのある時の援助者」の設問に対して「なし」と回答している．また，「家族や親戚に会うこと」の頻度については1～4の評定値で回答を求めたにもかかわらず，わざわざ「ゼロ」と記入しており，家族や親戚に電話をしたり，手紙を書いたりもほとんどしていないことがわかった．実際，阪神・淡路大震災が起こったとき，大使館経由で本国の家族からチョンの安否の照会があったことからも，日頃から家族との連絡がとれていないことがみてとれる．家族，特に父親との確執があり，家庭的に問題があるようにも思える．

　しかし，質問票への回答として，「日本にいる同じ国の友人と会うこと」，「日本にいる他の国の友人と会うこと」の利用頻度は比較的高く，同国の留学生の中にも親しくしている者がいることは面談の際にも明らかになっている．「本国にいる友人に電話をしたり，手紙を書くこと」は行っており，「本国でのストレスのある時の援助者」として，「友人，黙想」と回答していることから，まったくの孤独状態ではない．また，質問票の記入時点で，チョンは医師との日本語でのコミュニケーションは問題がないが，いくら医師に説明しても自分の病気を理解してもらえないと思っていることも分かる．「メンタルヘルスで重要なことは何か」という設問に関しても，「日本の医療システムに慣れること」「医療に関する情報の欠如」を選択しており，日本の医師たちが専門的になりすぎて，相手にしてくれない感じがすると書き加えていた．このことから日本の医療システムや医

療従事者に対する不満をもっていることがわかる．

信頼関係の構築と同時に，こうしたサイコエデュケーション（心理教育）の結果を踏まえてカウンセラーが対処したことも，評価すべきである．

この事例における援助活動で，危機介入に役だったと思われる役割を整理してみよう．

- カウンセラーとクライエントは留学生アドバイザーとして面識があり，両者の間に一定の信頼関係があった（アドバイス，個別的カウンセリング）．
- 心理相談室の心理療法家および診療所の精神科医に治療を受けていた（サイコセラピー，精神科医との連携）．
- カウンセラーはクライエントの置かれている健康状態および研究環境をじゅうぶんに理解していたので，クライエントに奨学金が支給されるように関係者に働きかけた（アドボカシー）．
- カウンセラーはクライエントを共感的に理解し，クライエントのとった言動に関して関係者へ説明・助言をすることによって，危機的状況を避けることができた（アドバイス，ファシリテーション，インターメディエーション）．
- 留学生のメンタルヘルスを予防するために留学生を対象に質問票調査を実施し，彼らのかかえているメンタルヘルスの実態を把握した（サイコエデュケーション）．

文献

安藤延男編：コミュニティの再生，現代のエスプリ269，1989
井上孝代編：異文化間臨床心理学序説，多賀出版，1997
井上孝代編：多文化時代のカウンセリング，現代のエスプリ377，1998
井上孝代：「マクロ・カウンセリング」の考え方とカウンセラーの役割，明治学院大学研究論叢心理学論集10，2000

加賀美常美代，岡野禎治：来日早期にうつ病に至った留学生の症例報告—医療と教育の連携による奏功例，こころと文化1 (1)，63-72，2002

金沢吉展：社会活動としての臨床心理学，下山晴彦，丹野義彦編：講座臨床心理学6 社会臨床心理学，東京大学出版会，25-39, 2002

Lewis J. A., Lewis M. D. et al. : *Community Counseling : Empowerment Strategies for a diverse society*（3 rd Ed.）, 2003.（井上孝代監訳：コミュニティ・カウンセリング—福祉・教育・医療のための新しいパラダイム，ブレーン出版，2006）

大東祥孝：精神医学とカウンセリング，別冊発達13，188-194，1992

桜井育子・太田祐一：危機介入における連携（その1）—希死念慮を訴える女子学生の事例，学生相談研究22(2)，113-119，2001

下山晴彦：社会臨床心理学の発想，下山晴彦，丹野義彦編：講座臨床心理学6 社会臨床心理学，東京大学出版会，3-24，2002

高松里：多文化間カウンセリングの特徴—日本人を対象としたカウンセリングと比較して（特集：留学生のメンタルヘルス），留学生交流・指導研究1，22-26，1997

第12章

異文化理解へのアプローチ
カルチャーアシミレーターを用いて

1 カルチャーアシミレーターとは

　カルチャーアシミレーターは米国のトリアンデスらによって開発された異文化間コミュニケーションのための学習方法である．まず学習者に事例が呈示され，次に相手の行為の原因解釈に関する4つの選択肢が与えられ，学習者は回答を選択する．それぞれの選んだ回答に対する解説・説明があり，誤った回答を選んだ場合はもう一度もとの事例を読み直し，正解するまで回答の選択を繰り返す．このように事例を読み進むにつれ，学習者は相手の行動および状況の注意すべき側面を弁別的に学習し，相手文化の成員と同様に思考する程度が増加し，それにより相手の行動を予測する力をつけていくというわけである．

　この手法を参考にしながら，指導教員，家主，日本語教師，ボランティアなどの立場から留学生のメンタルヘルスについて考えることができるよう試みたのが本章である．ケースによっては「相手の視点からどうみえるか」といった反転した立場（reverse case）を呈示するようにも心がけた．読者も各自カルチャーアシミレーターの例題を作成して，留学生とのコミュニケーションや異文化理解の学習に役立てていただきたい．

2 「ノー」とはいえなくて

1　事例：不仲になったエマとマイク

　エマとマイクは傍目も羨む仲の良いカップルで，幸せな日々を過ごしていた．しかし，ふたりの国では男女のつきあい方がずいぶんと違っていたため，いつしかふたりの関係は疎遠になり，マイクは日本人のガールフレンドとつきあうようになっていった．そのことを知ったエマは，ショックのあまりアパートに戻ってこなくなったので，同じアパートに住んでいたジムが心配して，私のところに相談に来た．ふたりで心当たりのところを探し，ぶじにエマをアパート連れ戻すことができた．そして，エマを交え，今後のことについて話し合った．また，マイクにはふたりの仲を元に戻す気持ちがないようなので，もう彼に会わない方がいいということにエマは同意し，自分からは会いに行くことはなかった．

　しかし，その後もマイクがエマのところにやって来て，論文のタイプを頼むこともあり，実際エマは手伝っているようであった．エマはひょっとして彼が自分のところに戻ってくるのではないかと未練があるのだと私は感じていた．

　そのうちに，マイクが日本人のガールフレンドと結婚すると知ったエマは身体の不調を訴えて私のところにやって来たので，病院に行くように勧めた．その結果，エマはバセドウ病と診断された．エマはできるだけ明るくつとめていたが，病気のこともあってかテニスをしている途中で倒れてしまうということもあった．そのうちに，マイクのことをあきらめることができたようで，彼女は研究に精を出していたが，滞在期限が迫っても学位を取得できなかった．学位なしでは帰国できないとエマの精神状態が不安定になった．そこで，心配した指導教員によって，論文作成の手はずが整えられ，エマは帰国してから論義を書き，指導教員に提出するという約束をして帰国した．しかし，帰国後，あれほど学位取得を希望していたエマからは指導教員

に一度の連絡もなく，私は指導教員の厚意に応えなかったエマのことが何かと気になっていた．

このケースについての説明として，次のどれがもっとも相応するか．もっとも近いと思われる解釈を選んでいただきたい．

1．エマは学位がないので元の職場に復帰できず，帰国後は就職活動で忙しく，論文を書くこともできなかったので，指導教員との約束を守れず，連絡しなかった．
2．エマは国での職場では学位がなくても支障がないことがわかったので，論文を書く必要がなかった．
3．指導教員に論文を書くと約束して帰国したのに，一度も連絡をして来ないエマは常識に欠けている．
4．エマの国では，教師への尊敬とともに，目上の人への礼儀については非常に厳しいルールがある．その点を考え合わせると，帰国後には論文が書けないことが分かっていても指導教員の指示にあえて逆らうことができなかった．

2　解説およびアドバイス

読者は，1〜4のどれを選んだろうか．まず，それぞれの回答に対する解説をしておこう．

(1) 解　説
1．学位を取得できなかったことが大きな帰国適応問題（就職）の要因となることは周知のことである．しかし，ここではもっと近い解釈があるので再選択を．
2．職場が大学のような研究機関ではなかったので，エマが心配していたほど学位が取得できなかったことは問題にならなかった．しかし，この場合もっと適当な解釈があるので再選択を．

3．日本人の感覚からすれば，このような考え方が一般的であるが，もっと近い解釈があるので再選択を．
4．もっとも適当な答えである．国によっては，できないことが分かっていても，はっきりといわない場合がある．せっかく厚意でいってもらっているのに，その場で断ることは失礼になると考える．エマの国では文化的に立場が上位である者からの要請に対して「ノー」ということが極めて困難であるので，指導教員との約束をエマが守らなかったことは悪意ではなく，このような文化的背景が理由であると考えるのが適切だ．

（2） アドバイス

　留学生にとって，学位を取得できないで帰国することは留学の成果がゼロになるに等しいといっても過言ではない．しかし，現実には限られた留学の期限がきても，学位を取得できずに失意のうちに帰国する者もいる．

　帰国留学生はもちろん母国での環境に再適応することが必要であるが，すぐには難しいことも考えられる．そのような時，日本人の指導教員等がサポートすることは，帰国後の適応問題に対して重要な役割をはたす．ある帰国留学生は「自分の能力の問題もありますが，帰国後は設備の不備や雑務が原因でなかなか思うように研究できない．情報にも恵まれていない．このままでは時代遅れになるので，ぜひ再研修の制度があれば日本に来たい」と訴えている（大橋 1998）．村田翼夫（1992）も帰国後の問題点として，施設設備・研究費・研究時間の不足，文献資料の入手困難をあげ，日本の研究者との共同研究を望む声があると報告している．

　このような「帰国適応（re-entry）」問題は，帰国後のフォローアップが重要で，日本学生支援機構（専門誌・学会誌などの送付，帰国外国人留学生短期研究制度，帰国外国人留学生研究指導事業），日本学術振興会（論文博士号取得希望者への援助）および外務省による事業が実施されているがじゅうぶんではない．

　帰国適応の問題は，留学生の受け入れ国と送り出す国がともに考えなけ

ればならない課題である．

3 「直接，いってよ！」

1　事例：家主や指導教員との関係不良でうつになったマリア

　マリアが落ち込んだ様子で私のところへ相談にやって来た．思い詰めた面もちで，「先生から大学院の試験を受けるように進められたが，断ったら問題は起こらないだろうか」と不安げに私に尋ねた．私は「自分で決めることができるので，よく考えて決めたらいい」とアドバイスした．

　翌月，マリアは「うつ状態（depression）」を訴えて再度相談にやってきた．「先生にはたいへんお世話になり，その厚意には感謝しているが，今は顔をみるのもいやである」と訴えた．そこで，精神科医に面談をしてもらったところ，自殺企図もあることがわかり，私がマリアにつきそって病院で診察を受けさせた．最初に処方された薬は合わず，湿疹ができたので薬を変えてもらったところ，湿疹もきれいに消え薬が効いたようで，よく眠れるようになった．また，それまで外出する気力がなかったが，徐々に外出できるようになった．

　そんな矢先，マリアが自室にボーイフレンドを泊め，そのまま同居をはじめたことで，家主から指導教員に苦情の電話があり，そのことで指導教員から注意を受けたマリアは私のところにやって来た．「なぜいつもは親切にしてくれている家主が，私には直接にいわないで先生へ連絡したのか」と，マリアは驚きを隠せない様子であった．そして，「国では先生はやさしく指導してくれるが，日本の先生はまるで怒ったように指導されるので，先生が怖い．このような指導方法には馴染めない．先生に対して自分の気持ちをダイレクトに伝えすぎたため，先生との関係が悪くなり，先生に謝ったが関係は改善されなかった」とすっかり落ち込んでいた．ついに，マリアは健康上の理由で日本での研究生活を続けることが困難になり帰国した．

どうして，マリアは家主の行動に驚いたのか．もっとも近いと思われる解釈を選んでいただきたい．

1．家主の表情から怒っていることに全く気がつかなかった．
2．家主がマリアに注意しないで，指導教員から間接的に注意を受けたから．
3．マリアは日本語が堪能ではなかったので，家主とのコミュニケーションに問題があり，家主が怒っていることが分からなかった．
4．マリアは，契約書にボーイフレンドを泊めてはいけないことが明記していなかったので，泊めてもいいと思っていた．

2　解説およびアドバイス

（1）　解　説

もちろん，いちばん近い解釈は2．ここで，このケースについては家主の立場で考えると，何が問題なのか理解しやすくなる．

「先日，マリアが国からやって来たボーイフレンドを紹介してくれました．そのうち帰国すると思って泊めることに同意しましたが，彼は日本で仕事をみつけ，そのまま同居してしまいました．同じアパートに住む住民からふたりに対する苦情が私にもちこまれ，困ってしまいました．しかし，ふたりの顔をみていると，面と向かっていい出せなくて，そのうち私が困っていることを分かってくれるだろうと思って注意をしませんでした．しかし，一向に私の気持ちを察してくれないので，思いあまって保証人になっていただいた指導教員から説明してもらおうと考えついて電話しました．しかし，マリアまで帰国することになって驚いています」．

（2）　アドバイス

筆者らは，かつて『留学生とのコミュニケーション・ハンドブック―トラブルから学ぶ異文化理解』という本を出版した（大橋 1992）．その中でも，日本では何か問題が起こった時に，しかるべき人を仲介者に立てて解

決にあたる方法がしばしば用いられる．これは，当事者同士が自分の立場を主張すると鋭く対立してしまい，人間関係が壊れる恐れがあると考えるからで，仲介者が両者の間には入って穏便に事を収めようとする習慣によるものである．このようなコミュニケーション方法は日本人にとっては自然だが，外国人にとっては一般的ではない．また，低文脈文化（アナログ文化，詳しくは後述）である日本では，相手に言葉の言外の意味を推し量ってもらうことを期待する，すなわち，日本人ならいわなくてもわかるだろうと思っていることが，外国人にはわかっていないことが少なくない．

　この場合，家主は，留学生が日本人にとっての「常識」で行動してくれることや「以心伝心」を期待せず，必ず口に出して説明し，わかりにくいようなら紙に書いてわたし留学生が落ち着いて確認できるようにすることが必要である．日本語がまだじゅうぶんでない留学生の場合は，言葉のわかる仲介役の日本人または留学生に立ち会ってもらうことも必要であろう．トラブルにならないためには，一般の契約事項の他にも生活上の注意事項を含めた契約書を作成することも一方法である．これは，相手を信用していないからというよりも，いったいわないといったつまらない行き違いを起こさないためで，おたがいの生活と権利を守るために必要なことである．

4 「遊びに来て」といったのに

1　事例：日本人への不信を拭えなくなったダム

　ダムは日本語を話そうとせず，日本の食べ物についても文句をいってあまり食べようとしない．そのため，寮のスタッフが口に合うような料理を作って家に招待するなど親身になって面倒をみていた．しかし，ついに対応しきれず，困って私のところに相談にやってきた．
私がダムに最初に会ったのは新入生オリエンテーションで講義をした時のこ

とだった．彼に英語で質問しても，にっこりしているだけで質問に答えなかったので，特に印象に残っていた．しかし，4か月後にダムをみかけた時は，以前の穏やかな印象とは全く別人のようだった．荒々しい口調でクラスメートと口論しており，いちじるしくやせていて，着ている洋服がだぶだぶで痛々しかった．

そこで，ダムにカウンセリングを始めることにした．彼は日本語の問題だけでなく，ボランティア団体が主催するパーティに参加して知り合った日本人についての不平不満を私にぶちまけた．「近くに来られたら，ぜひ遊びに来てください」といわれたので，思い出して訪ねてみたら，目を丸くしてビックリされたんですよ．そして，今日は忙しいから，また連絡するといわれたので，楽しみにして待っていたのに一向に連絡がないんです．もう，日本人とは親しくなれないし，信頼できない」とショックを隠せないようであった．

ダムはどうしてショックを受けたのか．もっとも近いと思われる解釈を選んでいただきたい．

1. いつでも訪問してもいいと思っていたのに，あらかじめ連絡をしなかったことで日本人が怒っていると思ったから．
2. ダムは，ボランティアの人が本当にダムに来てもらいたいと思っていると信じていたから．
3. ボランティアの日本人に嘘をつかれたと思ったから．
4. パーティの時にはヨーロッパ人の友人といっしょにいたので，日本人がその友人に関心があり招待されたが，ダムがひとりで行ったので歓迎されなかったと思った．やはり，日本人は欧米人にしか興味がないと感じ，がっかりした．

2 解説およびアドバイス

(1) 解　説

1．日本人は自宅に客を招く時に，いいところをみせようとする傾向があるので，事前に連絡をしたほうがいいと思われるが，怒ることはない．もっと近い解釈があるので再選択を．

2．もっとも適当な答えである．日本人は，よく初対面の人にでも，「家に一度遊びに来てください」とか，引越の挨拶文に「お近くにお越しの際にはぜひお立ち寄りください」という表現をする．日本人同士の場合は形式的な社交辞令として理解するが，外国人には形式的な社交辞令であるか本当に招待されたのか文脈から区別するのは難しく，文字通りに理解してしまったと考えられる．

3．日本人があえて嘘をついたとまでは考えにくい．再選択を．

4．たしかに，留学生の中には「日本人は同じアジア人なのに，アジアの留学生には高慢な態度で，欧米の留学生にはやさしく，アジアの仲間を差別している．また，アジア人を見下している．日本人は西洋人を中心として交流し，日本人はアジア人ではない」といった批判的な意見をもっている者もいる．このように，日本人の欧米文化に対する劣等感と憧れ，発展途上国の文化に対する優越感と蔑視が指摘されている．留学生の心情を理解したボランティア活動が望まれるが，ここでは，もっと適当な解釈があるので再選択を．

(2) アドバイス

外国人に挨拶程度の「誘い」をすることは，相手が日本の文化や習慣をじゅうぶん理解していないうちは，日本人に対する不信感を招く恐れがある．前述したように，日本の文化は高文脈文化で，日本人は相手がある程度の知識をもっていると考えて話をし，相手が知っているだろうと思うことに触れなくてもいいと考える．高文脈文化では，メッセージの解釈は文脈によるので，間接的で曖昧な表現や非言語によるコミュニケーションを

用いることが多く，「行間を読む」,「察する」といったコミュニケーションパターンをとることが多い．

　いっぽう，低文脈文化では，むしろ直接的な表現を用い，非言語よりも言語によるコミュニケーションを用いることが多く，メッセージの情報が言語のように表面化された記号に多く含まれる低文脈文化の出身者が日本に来た場合，日本語が堪能な者であっても異文化に対する不安や，相手の話があいまい過ぎるために起こる不安が相まって，二重に負担がかかる．このように，コンテクストと文化の関係の相違が，異文化間コミュニケーションにおける誤解や不満の一原因になっている．そのために，最初は日本人にとっていわなくてもわかっていると思われることでも，留学生に対してはじゅうぶんな文化的な説明や話し合いをする努力が求められる．

5　「はい」といったのに

1　事例：日本語クラスを変わりたくなった李さん

> 　独学で日本語を勉強し日本に留学した李は，クラス分けテストの結果，中級のクラスで勉強することになった．日本語教師が教えた内容について「わかりましたか」と聞くと，いつも笑顔を絶やさず「はい，わかりました」と答えるのでそのまま授業を進めていった．しかし，質問をすると質問の内容がわかっていないのか別の話をする，話す内容も幼稚で，これが大学生かと思うほどであった．そこで，日本語教師は李にはあたかも子どもに教えるように優しく教えることにした．しかし，李はわかっていないのにもかかわらず，「はい，わかりました」と繰り返すばかりで，日本語教師は「わからないのなら，どうして直ちに聞かないのだろう」,「自分の教え方に問題があるのでは」と日本語を教えることに自信をなくしていった．そして，ついに李に「わからなければ，どうして聞かないのですか」とクラスメートの前で強くいってしまった．まもなく，李は日本語クラスを変わりたいと思うようになった．

李はどうして日本語クラスを変わりたいと思ったのか．もっとも近いと思われる解釈を選んでいただきたい．

1．李は自分の日本語のレベルが低いことがわかったため．
2．日本語教師の教え方に不満があったため．
3．日本語教師が李のことを，日本語の理解不足ではなく，頭が悪い人なのだと誤って判断したため．
4．クラスメートの前で自尊心を傷つけられたため．

2 解説およびアドバイス

(1) 解　説

1．李は日本語をすでに独学で学習しており，日本語能力は初級レベルとは考えられないので，再選択を．
2．もっと近い解釈があるので，再選択を．
3．もっとも適当な答である．日本語の不自由な李のような場合は，語彙が少ないために極端な単語を使用してしまったり，本来なら必要な説明を，それが難しいために省いてしまったり，話題を自分で話しやすいことにむりやりつなげてしまったりという現象が起こる．日本人も苦手な英語を話さなければならない場合に，自分がまるで小中学生にでも戻ってしまったような歯がゆさを感じることがあるのではないだろうか．
4．このケースではこの選択肢も可能性がある．たとえば中国の文化では，面子は時として，命より大切なものである．序列や地位とも無関係ではなく，また時に法や規則より重んじられるほどである．日本人がそのような国の人とつきあう場合，相手の面子をつぶさないように行動することが大切である．面子をつぶされることは最大の侮辱になる．彼らに「心がどこにあるか」と尋ねると，おそらく「顔」を指すであろう．このケースでも李は面子を大切にし，分からないことを正直に分からないといわなかったとも考えられる．

留学生の自尊心を傷つけないように，日本語教師は留学生が理解しているかどうかを確認する方法として，書いて説明する，後で個別に確認するなどの配慮も必要だったであろう．筆者の経験からいっても，このような場合の「はい」の意味は，「あなたのいっていることを聞いています」ということで，決して「理解しました」ということではない．このことを認識し，重要な事項は留学生自身の言葉でもう一度表現してもらうなどの方法で確認する必要があろう．

（2） アドバイス

このケースでは，言語の「ピジン化」あるいは「簡略化」と呼ばれる現象についての知識が重要である．「ピジン化」現象について，言語学者ネウストプニーは次のように説明している（大橋ら 1992）．

母語では相手と協力的に会話を進め，話題が途切れても何とかつないでいけるような人でも，外国語を使うと何について話せばよいかさえわからなくなり，「幼稚」な話題しか提供できないことがある．

外国語を話す人は，母語の話者に比較して多くのルール，つまり，どう切り出すべきか，敬語はどう使うか，いってはいけないことは何か，文法を間違えていないか，ここで笑うべきか，くだけた話し方をしてよいのかなどを，意識的あるいは半意識的に運用する必要がある．しかし，実際にはそれらのルールのすべてをコントロールすることはできないので，省略してしまうことになる．母語のコミュニケーションについては，そういったルールがひとつの体系として身に付いている人も，外国語となるとその体系が使えなくなり，語彙的にはかなり豊富な人であっても，話の内容を極端に簡略化し，母語で考えれば幼稚で誤解を招く内容であっても，何もいわないわけにはいかないというプレッシャーもさらに加わって，いってしまうということが起こる．そうすると，いった内容に一貫性をもたせようとして，会話が進むにつれて本来いいたかったこととは違うことをいうはめになったり，話題を転々と変えてしまったりして，さらに「幼稚」な響きを漂わせることになる．

このようなピジン化された話し方を母語話者が聞くと，それを外国人が外国語を用いることからくるハンディによるものと考えずに，その人の人格のせいとだ考えてしまうことがある．このケースのように，幼稚な，頭の悪い人であるというように，その人の全体像が評価されてしまうことになる．

私たちは，日頃から相手の知性や人格を，その人の話し方やその内容から判断している．しかし，外国人とのコミュニケーションにおいては，こういう現象があることを頭において，即断を避けるように注意しなければならない．

日本語教師は言葉の未熟さに起因する留学生の問題をいちばんよく理解できる身近な存在である．日本語のクラスには日常生活や勉学におけるストレスがもちこまれるので，教師はそのような留学生の精神状態に気づき，必要があれば専門家と連携することが求められている．

6 補論：自分を危機から守るために

1 事例：留学生アドバイザーの困惑

留学生アドバイザーの田中さんから電話がかかってきた．「社会的に引きこもっている留学生がいて，留学生の担当者としての責任が問われている．これまで最善の方法と考えて献身的に努力してきた仕事がまったく評価されていないのでは」と電話口の様子からせっぱ詰まった事態であることが伺えた．そこで，「私が対応した社会的引きこもりの留学生の事例は自宅へ迎えに行ったが，その留学生とはカウンセリングを定期的に行っていたので信頼関係があり，迎えに行った時には，大学に出てくる覚悟をして待っていた．しかし，信頼関係がないとうまくいくとは限らない」と説明した．また，「ひとりで責任を感じる必要はなく，指導教員などキーパーソンとなる人と協動して，留学生にとってベストの対応を考えた方がいいのでは」ともアドバイスした．電話の向こうでは，守秘義務の関係で「いうべきか，いわざるべき

か」と悩んでいたが，話すことによって気をとり直した田中さんがいた．しばらくして，田中さんから元気な声で，退職して，勉強のために外国に行くとの報告があった．

田中さんはどうして退職したのか．もっとも近いと思われる解釈を選んでいただきたい．

1．田中さんは留学生アドバイザーとしての自信がなくなったため．
2．以前から外国に行って，勉強をしたかったため．
3．一生懸命に仕事をしているのに周りから理解されなかったため．
4．田中さんは自分のやっている仕事に対して空しさを感じるようになり，やがて心も体も疲れ果ててしまい，仕事へのやる気を失ったため．

2　解説およびアドバイス

(1)　解　説

このケースでは2という選択肢も可能性がある．しかし，ここでもっとも注目すべきは4である．田中さんのように，今まで熱心に仕事に打ち込んでいた人が突然にガス欠してしまったかのように無気力状態になってしまうことを燃え尽き（バーンアウト）症候群という．

燃え尽き症候群は看護職，医師，介護者，福祉関係者，教師など対人援助専門職の人に起こる．特に心理カウンセラーは，人に対して精神面における援助を行なうという性質上，もっとも発病率が高い職業といわれ，全体の40％を占めているといわれている．すなわち，留学生をケアする人に対するケアを忘れてはならない．

(2)　アドバイス

これまで筆者は留学生のメンタルヘルス上の危機に焦点を絞り，カウンセラー自身のメンタルヘルス上の危機には触れずにきた．言及したとして

も，クライエントによる対象の転移（陽性転移・陰性転移），つまり被害を受ける対象としてであった．

カウンセラーといえども人間である．自らのケアを疎かにすれば，あっという間に危機的状態に陥りかねない．

せっかくカウンセリングが順調に進行していても，肝心のカウンセラーが途中で倒れては元も子もない．それは，自分を危機から守るためのみならず，クライエントである留学生に，良質なカウンセリングを提供する意味でも，欠かせない自己管理といえるだろう．このような二重の意味で，燃え尽き症候群の予防は切実な課題である．

援助者自身の燃え尽きなどを防ぐためのカウンセリングをする人，すなわち，カウンセラーの臨床活動の報告をうけてそのカウンセラー自身が行っている援助活動に関する助言・指導をする，熟練したスーパーバイザーが必要になる．スーパーバイザーによるスーパービジョンなしにカウン

コラム⓫　燃え尽き症候群

フロイデンベルガーは初めて「燃え尽き」という言葉を使用し，「一定の目的や生き方，関心に対して，献身的に努力してきたが，期待された報酬が得られなかった結果生じる疲労感，あるいは欲求不満」と定義した．燃え尽きは，しばしばストレスによって引き起こされる情緒面の消耗といわれ，危機に携わる対人援助専門職によくみられる症状である．

すなわち，「燃え尽き症候群（burnout syndrome）」とは，まじめで勤勉な人が一所懸命仕事を続けていたが，何かをきっかけに仕事にも私生活にもやる気がなくなったり，身体的疲労，身体的病気（頭痛，消化器系），睡眠障害など様々な症状が現れたりする．最悪の場合，自殺という道を取る場合もある．きっかけとしては，何か大きな仕事をやり遂げた後，多大な疲労を伴う仕事を終えた後などに起こりやすいといわれている．また，自分が精一杯やった仕事が，評価を受けなかったり，結果が出せなかったりする時も燃え尽きが起こる場合がある．

燃え尽き症候群の予防策としては，仕事を自分ひとりでかかえ込まないこと，過度の仕事の後は，じゅうぶんに休養を取ること，仕事に完璧を求めないこと，自分の限界を知ること，仕事以外に自分の打ち込めることをみつけることなどが有効な手段であると考えられる．

セリングを続けると燃え尽き現象が起き，他人を助ける気力のみならず自己の生活力まで低下し，虚脱状態に陥ることがある．経験の少ないカウンセラーはもちろん，何十年と経験を積んでいるベテランでさえ必要とされるものである．独りよがりでパターン化したカウンセリングに陥らないためにもスーパービジョンは必要であるといえよう．スーパービジョンが諸事情でむりでも，事例検討会（ケース・カンファレンス）などで指導を受け，各種の研修会などで研鑽を怠らない姿勢は，クライエントに良質なカウンセリングを提供するためにも必要なカウンセラーの義務として，最低限必要なことである．

東京YWCA「留学生の母親」運動では，留学生が精神的不調から，交流のあった家庭に対し異常行動を起こし，会員とその家族に精神的苦痛，恐怖感を与える事件が発生したことを機に，「留学生の母親」運動として会員をサポートしていく体制作りの必要性が議論され，「危機対応サポートシステム」が構築された．ここでの「危機」とは留学生の交流の中で，会員が病気や負傷，精神的苦痛を受け止め，解決に向けて人的支援をする「危機対応システム」と，その財政的支援の「危機対応サポート」から構成され，ボランティアとして支える制度である．今後，ボランティアとして留学生を支援している団体においても，このようなとりくみがなされることが望まれる．

文献

ネウストプニー, J. V. : 外国人とのコミュニケーション，岩波新書, 1982
村田翼夫：トヨタ財団助成研究報告書「海外における日本文化の受容に関する実証的研究―タイとその周辺地域の事例」タイにおける日本文化の受容―元留学生に対する調査結果からみた, 123-135, 1992
大橋敏子：留学生からのメッセージ―日本留学の光と影，北斗書房, 1998
大橋敏子・近藤祐一・秦喜美恵・堀江学・横田雅弘：外国人留学生とのコミュニケーション・ハンドブック―トラブルから学ぶ異文化理解，アルク, 1992
Richard W. B. : A Culture General Assimilator : Preparation for Various Types of Sojourns, *International Journal of Intercultural Relations*, 10, 235-254, 1986.

佐野秀樹：カルチャー・アシミレーター——国際化と異文化教育，現代のエスプリ 299，1992
全国社会福祉協議会編：入郷随俗——中国帰国者の日本社会への適応をめざして，1987

資　　料

資料1　留学生受け入れの概要

(1) 沿　　革

　日本政府が留学生の直轄学校への入学を許可した最初の規程を制定したのは明治34（1901）年である．この規程は外務省，在外公館，在日外国公館からの紹介により，直轄学校への留学生の入学を許可するものであり，その制定によって日本政府が留学生の入学を制度的に許可することになった．

　この規程制定以前にも，明治14（1881）年には韓国人留学生を慶應義塾（福沢諭吉）および同人社（中村正直）が受け入れるなど，さまざまなかたちで留学生は来日している．また，日本への初めての外国人公費留学生として，日清戦争直後の明治29（1896）年に当時の清国からやって来た13名の清国派遣留学生を嘉納治五郎の私塾で受け入れている．しかし，日本政府の直轄学校に留学生を受け入れることになったのは，この規程が制定された翌年の明治35（1902）年に，清国から39名，インドから15名，アメリカから3名，フィリピンから1名の合計58名が東京帝国大学，東京高等商業学校，東京美術学校，東京音楽学校などに入学したのが最初とされている．日露戦争（1904～05年）の後，清国留学生が7,000名を超えたが，その後辛亥革命（1911年）に参加するため，彼らの多くは帰国している．

　太平洋戦争末期の昭和18（1943）年に，当時の大東亜共栄圏構想を実現するために，「南方特別留学生制度」を発足させ，昭和18・19年の両年間に東南アジア地域の支配階級の子弟を約200名招致した．戦争の激化に伴い，昭和19（1944）年12月29日に「留学生教育非常措置」が決定され，日本各地で大学教育を受けていた留学生は，京都大学に集結することになった．そして昭和20（1945）年5月15日午前10時から法経教室において留日学生入学式を挙行した．同年4月における留学生の在学者数は中国大陸から201名，朝鮮半島から87名，台湾から31名，ならびに東南アジア諸国（インドネシア6名，ビルマ2

表1　我が国の留学生制度100年の主なあゆみ　　　　　　（出典：留学交流　2001：12）

西暦	年号	日本の動き	留学生受入れ制度のあゆみ
1868	明治元	明治維新	
1871	明治4	文部省設置	
1873	明治6	学制発布	
1881	明治14		韓国人留学生（3名）が来日（慶応義塾（福沢諭吉）及び同人社（中村正直）が受け入れ）
1889	明治22	大日本帝国憲法発布	
1896	明治29		日清戦争（1894～95年）の後，清国政府派遣留学生（13名）が来日（嘉納治五郎の私塾が受け入れ）
1900	明治33		文部省直轄学校外国委託生に関する規程（文部省令第11号）の制定〔但しこの規程に基づく留学生の入学はなし〕
1901	明治34		文部省直轄学校外国人特別入学規程（文部省令第15号）の制定〔この規程に基づき，直轄学校への外国人留学生の入学が開始．清国39名，インド15名，アメリカ3名，フィリピン1名の計58名が東京帝国大学，東京高等商業学校，東京美術学校，東京音楽学校などに入学〕
1906	明治39		日露戦争（1904～05年）の後，清国留学生が7,000名超える（その後，辛亥革命（1911年）に参加するため多くの留学生が帰国）
1935	昭和10		国際学友会設立
1941	昭和16	太平洋戦争	
1943	昭和18		東南アジア地域からの南方特別留学生（116名）が来日
1945	昭和20	終戦	
1946	昭和21	日本国憲法公布	留学生数は564名
1951	昭和26	ユネスコに加盟　サンフランシスコ講和条約調印	
1953	昭和28		インドネシア政府派遣技術研修生60名来日
1954	昭和29		「国費外国人留学生招致制度」の創設（研究留学生，学部留学生計23名が来日）
1956	昭和31	国際連合加盟	

資料Ⅰ 資料

西暦	年号	日本の動き	留学生受入れ制度のあゆみ
1957	昭和32		(財)日本国際教育協会設立
1964	昭和39	東京オリンピック	文部省に留学生課を設置
			(留学生数は3,003名)
1970	昭和45	大阪万国博覧会	私費外国人留学生統一試験の実施（以降毎年実施）
			(留学生数は4,444名)
1972	昭和47	沖縄返還	
1978	昭和53		私費外国人留学生に学習奨励費の支給開始
1983	昭和58		「21世紀への留学生政策に関する提言」発表
			(留学生受け入れ10万人計画)
			日本語能力試験の実施（以降毎年実施）
			(留学生数は10,428名)
1987	昭和62		授業料減免学校法人援助事業の開始
1991	平成3		アジア太平洋大学交流機構（UMAP）設立
1995	平成7		短期留学推進制度の創設
1996	平成8		留学生総数が減少に転じる
			(留学生数は52,921名（前年度53,847名）)
1998	平成10		留学生数が再び増加に転じる
			(留学生数は51,298名（前年度51,047名）)
1999	平成11		留学生政策懇談会「知的国際貢献の発展と新たな留学生政策の展開を目指して―ポスト2000年の留学生政策―」報告
			(留学生数は55,755名)
2000	平成12	九州・沖縄サミット	G8教育大臣会合で学生等の交流の倍増に合意，九州・沖縄サミットで再確認
			日韓共同理工系学部留学生事業による留学生の受け入れ開始
			(留学生数は64,011名)
2001	平成13	中央省庁再編（文部科学省発足）	国際研究交流大学村（東京国際交流館プラザ平成など）開村
			国費外国人留学生制度の中に「ヤング・リーダーズ・プログラム（YLP）」を設け，受け入れ開始
			(留学生数は78,812名（5月1日現在）)

名，マレー1名，その他4名）から13名の，計332名である．終戦により，大東亜省は廃止され，留学生の所管はすべて文部省に移り，南方特別留学生は奨学金を打ち切られ，学業途中でやむをえず帰国する留学生も多かった．

　戦後の留学生制度は，昭和29（1954）年3月31日付の文部省の「国費外国人留学生制度実施要項」および「同取扱要項」にもとづく東南アジアや中近東からの学部留学生30名の招致に始まる．その後，制度も年々改善されて，昭和36（1961）年には従来の学部留学生70名のほかに，大学院レベルの研究留学生30名の受け入れが始まった．また，昭和35（1960）年から5年間のインドネシア賠償留学生受け入れも重要な事項である（**表1**）．

（2）留学生数の推移（各年5月1日現在）

　昭和56（1981）～58（1983）年頃を中心にして，日本の経済的な成長，国際社会における地位が向上した．いっぽうで，中国，韓国，マレーシアなどが海外留学制限を撤廃し，私費留学生を含む留学を自由化するにともなって，留学生数が急増した．おりしも，昭和58（1983）年の「21世紀への留学生政策に関する提言」および昭和59（1984）年の「21世紀への留学生政策の展開についての報告」において提言された，いわゆる「留学生受入れ10万人計画」に基づいて，留学生数はほぼ順調な増加をすることとなった．平成8（1996）年には初めて前年に比べその数が減少した．この年，アジア諸国は通貨危機による深刻な不況におちいったが，平成10（1998）年には留学生数が再び増加に転じ，平成15（2003）年には10万人を超えるに至った（**図1**）．

（3）留学生の特徴

　平成19（2007）年5月1日現在の留学生の受け入れ数は118,498名（以下かっこ内は構成比）である．出身地域でみると，アジアからの留学生は109,495名（92.4%），欧州は3,547名（3.0%），北米2,112名（1.8%），中南米は1,024名（0.9%），アフリカは989名（0.8%），中近東は797名（0.7%），オセアニアは534名（0.5%）である．出身国（地域）の上位10は多い順に中国，韓国，台湾，ベトナム，マレーシア，タイ，アメリカ，インドネシア，バングラデ

資料Ⅰ　資　　料

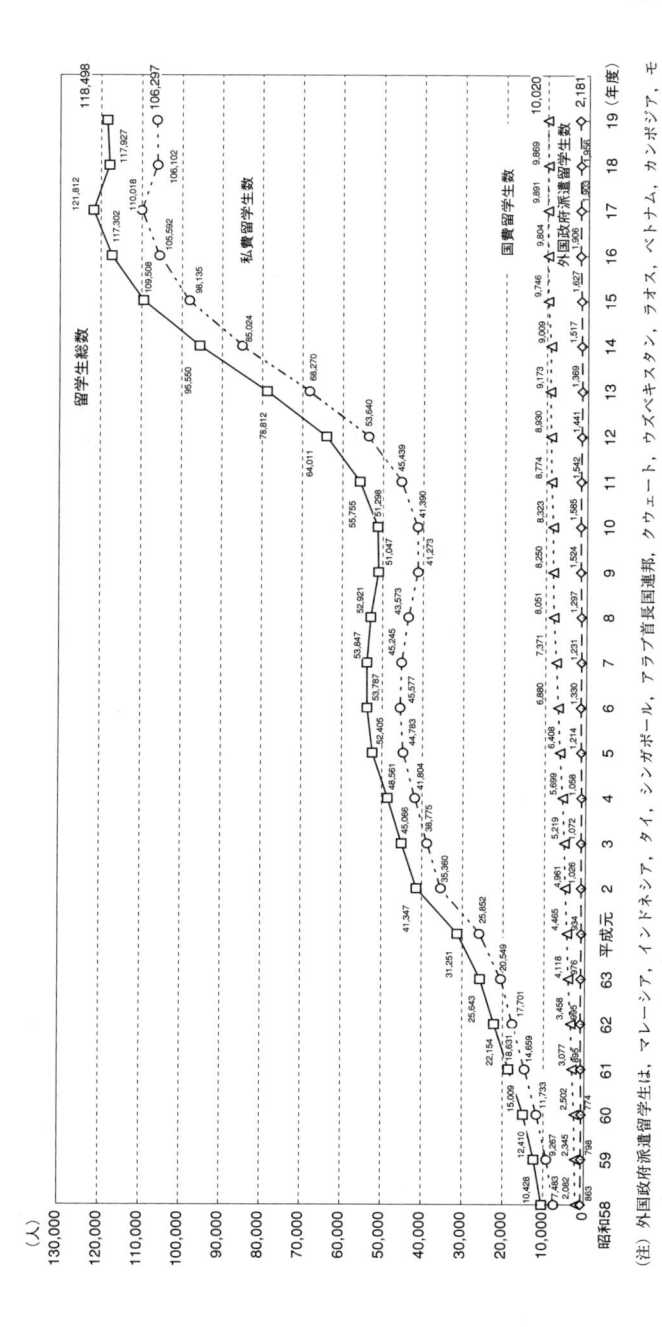

図1　留学生数の推移（各年5月1日現在）（出典：我が国の留学生制度の概要）

(注) 外国政府派遣留学生は、マレーシア、インドネシア、タイ、シンガポール、アラブ首長国連邦、クウェート、ウズベキスタン、ラオス、ベトナム、カンボジア、モンゴル、中国、ミャンマー、フィリピン、バングラデシュ及び大韓民国の各国政府派遣留学生である。

シュ，ネパールとなっている．そのうち，国費留学生数は10,020名（8.5%），外国政府派遣留学生数は2,181名（1.8%），私費留学生数は106,297名（89.7%）である．在学段階別の内訳は大学（学部）・短大・高専が62,159名（52.4%），大学院が31,592名（26.7%），専修学校（専門課程）が22,399名（18.9%），準備教育課程が2,348名（2.0%）である．

　受け入れの特徴としては，①アジアからの留学生が92.4%と圧倒的に多い．いちばん多い中国（60.2%）からの留学生に韓国（14.6%）および台湾（4.0%）からの留学生を加えると，全留学生に占める割合は78.7%に達する．②私費留学生の割合は9割である．③学部学生の約8割を私立大学で受け入れており，大学院生は国立大学が約3分の2を受け入れている．④男性が50.9%，女性が49.1%となり男女差が縮まってきている．⑤地方別・都道府県別留学生数は関東地方が約5割，東京都が約3分の1の留学生を受け入れており，この地域へ集中化している．⑥専攻分野別では社会科学が40.2%，人文科学が23.4%，工学が15.2%の順になっている．

資料2　DSM-IV-TR

DSM–IV–TR の大分類としては以下の項目があげられている．

1 **通常，幼児期，小児期，または青年期に初めて診断される障害**
 精神遅滞，広汎性発達障害（いわゆる自閉症），特異的発達障害（いわゆるLD）等を含む．
2 **せん妄，痴呆，健忘性障害，および他の認知障害**
 せん妄，痴呆等のいわゆる外因性精神障害の一部を含む．
3 **他のどこにも分類されない一般身体疾患による精神疾患**
 2に含まれない外因性精神障害を含む．
4 **物質関連障害**
 アルコールや麻薬・覚醒剤等に関連した障害を含む．
5 **統合失調症および他の精神病性障害**
 統合失調症（精神分裂病）やその類縁疾患を含む．
6 **気分障害**
 双極性障害（いわゆる躁うつ病），大うつ病性障害（いわゆるうつ病）等を含む．
7 **不安障害**
 パニック障害や恐怖症，強迫性障害（いわゆる強迫神経症）等を含む．
8 **身体表現性障害**
 身体化障害，転換性障害，心気症等，身体症状を呈するいわゆる神経症・転換ヒステリーの一部を含む．
9 **虚偽性障害**
 意図的に症状を作り出すいわゆる詐病の一種である．
10 **解離性障害**
 解離性健忘，解離性とん走，解離性同一性障害等，いわゆる解離ヒステリーの一部を含む．
11 **性障害および性同一性障害**
 性機能，性嗜好等の障害である．
12 **摂食障害**
 神経性無食欲症（いわゆる拒食症），神経性大食症（いわゆる過食症）を含む．
13 **睡眠障害**
 不眠，過眠，概日リズム睡眠障害等の睡眠異常と，睡眠随伴症（いわゆる悪夢，夜驚症，夢中遊行）等を含む．
14 **他のどこにも分類されない衝動制御の障害**
 窃盗癖，放火癖，抜毛癖，病的賭博等を含む．
15 **適応障害**
 ストレスに対する不適応反応で，精神病的でないいわゆる心因反応の一部を含む．
16 **人格障害**
 様々な人格の障害を含む．
17 **臨床的関与の対象となることになる他の状態**
 精神科臨床で遭遇する雑多な状況を含む．
18 **追加コード番号**

資料3 ICD-10

International Statistical Classification of Diseases and Related Health Problems（疾病および関連保健問題の国際統計分類）は世界保健機関（WHO）が作成した分類であり，ICD（国際疾病分類）と略す．その最新版が，1990年の第43回世界保健総会において採択されたICD－10である．

［大分類一覧］

1	A00－B99	感染症および寄生虫症
2	C00－D48	新生物
3	D50－D89	血液および造血器の疾患ならびに免疫機構の障害
4	E00－E90	内分泌，栄養および代謝疾患
5	F00－F99	精神および行動の障害
6	G00－G99	神経系の疾患
7	H00－H59	眼および付属器の疾患
8	H60－H95	耳および乳様突起の疾患
9	I00－I99	循環器系の疾患
10	J00－J99	呼吸器系の疾患
11	K00－K93	消化器系の疾患
12	L00－L99	皮膚および皮下組織の疾患
13	M00－M99	筋骨格系および結合組織の疾患
14	N00－N99	尿路性器系の疾患
15	O00－O99	妊娠，分娩および産褥
16	P00－P96	周産期に発生した病態
17	Q00－Q99	先天奇形，変形および染色体異常
18	R00－R99	症状，徴候および異常臨床所見・異常検査所見で他に分類されないもの
19	S00－T98	損傷，中毒およびその他の外因の影響
20	V00－Y98	傷病および死亡の外因
21	Z00－Z99	健康状態に影響をおよぼす要因および保健サービス

(F)「精神および行動の障害」を以下に示す．

コード	カテゴリー
F0	症状性を含む器質性精神障害
F1	精神作用物質使用による精神および行動の障害
F2	統合失調症，統合失調症型障害および妄想性障害
F3	気分障害（感情障害）
F4	神経症性障害，ストレス関連障害および身体表現性障害
F5	生理的障害および身体的要因に関連した行動症候群
F6	成人の人格および行動の障害
F7	精神遅滞
F8	心理発達の障害
F9	小児期および青年期に通常発症する行動および情緒の障害
F99	特定不能の精神障害

資料4　JAFSA（国際教育交流協議会）

[発足の経緯と沿革]

　外国人留学生問題研究会（JAFSA : Japan Association for Foreign Student Affairs）は1968年6月7日，東京工業大学において設立された．もともとJAFSAは，1966年11月に全国7国立・私立大学および文部科学省から，12名の留学生関係者が東京に集まり，「留学生問題研究会」として始まった研究グループであった．

　JAFSAは，日本人学生の海外留学の活発化にともない，海外留学に関する諸問題にも積極的にとりくんでいる．さらに，学生の交流（教育交流）だけでなく，研究の交流など幅広く大学や社会の国際交流を積極的に支えていくための活動を行い，国際教育交流を包括的にさまざまな角度からとらえて活動している．

　2000年に名称を「JAFSA（国際教育交流協議会）」，英文名をJAFSA : Japan Network for International Education に変更した．さらに，2003年11月にNPO法人の認証を受けた．

[活　動]

- 研究会，研修会およびシンポジウムの実施
- 国内外諸機関・団体との交流および支援
- NAFSA（米国），EAIE（欧州），CAFSA（中国），KAFSA（韓国），KAIE（韓国），TAFSA（タイ）とのセミナー，シンポジウムなどの実施
- 調査および提言
- 調査・研究プログラムの実施，テーマ別研究会グループ（SIG : Special Interest Group）活動
- 出版物・会報の発行などによる普及・啓発および資料・情報の収集・提供（留学生担当者の手引き，夏期研究集会報告書，Newsletter, JAFSAブックレット等）
- ホームページおよびメーリングリストの運営

[業　　績]

- 1989年　国際交流基金から「国際交流奨励賞」受賞
- 1994年　第46回 NAFSA 年次総会にてこれまでの業績を讃えられ盾の授与
- 2001年　文部科学大臣から「留学生受入れ100年記念留学生交流功労者表彰」

[会　　員]

　2008年2月1日現在の会員数は，正会員（団体）216団体，正会員（個人）344名，賛助会員15団体，学生会員30名である．

質問票 I

QUESTIONNAIRE

◆ご自身のことについて (PERSONAL DESCRIPTION)

(Please circle or fill in your answers.)

1. 国籍 Nationality：
2. 性別 Sex： 1. 男 male　　　2. 女 female
3. 年齢 Age：　　　　years old.
4. 婚姻状況 Marital Status：
　　1. 独身 single
　　2. 既婚（家族同伴）married with family in Japan
　　3. 既婚（単身）married with family in home country.
5. 現在の所属学部等 Present faculty etc.：
6. 身分 Present Status：
　　1. 学部生 undergraduate　　　2. 大学院生 graduate
　　3. 研究生等 research student etc.
7. 日本滞在期間 Length of stay in Japan：
　　1. 1年未満 less than 1 year　　　2. 1年～2年未満 1 year to 2 years
　　3. 2年～3年未満 2 years to 3 years　　　4. 3年～4年未満 3 years to 4 years
　　5. 4年以上 more than 4 years
8. 日本語能力 Japanese ability：
　　A 会話能力 speaking ability
　　　　1. 不自由しない good　　　2. まあまあ fair
　　　　3. 少し不自由 poor　　　4. 全く話せない not at all
　　B 読解能力 reading ability
　　　　1. 新聞が読める can read newspaper　　　2. 看板が読める can read signs
　　　　3. 仮名が読める can read "kana"　　　4. 全く読めない cannot read at all
9. 経済状況 Financial Support：
　　1. 国費 Japanese government　　　2. 政府派遣 home government

3. 自費 private　　　　　　4. その他 other, specify：

10. 宿舎 Accommodation：

1. 大学の国際交流会館 university international house
2. 外国人用宿舎（寮）dormitory for international students
3. 一軒家 house　4. アパート apartment　5. その他 other, specify

◆オリエンテーション ORIENTATION

Q1 来学後の情報について information on arrival

日本での留学生のメンタルヘルスについて，次の情報はどの程度重要と思われますか．1〜4のあてはまる数字を記入して下さい．What is your level of importance in the following items in relation to the mental health of international students in Japan?　Please select the appropriate number.

1．全く重要でない not important at all
2．あまり重要でない not very important
3．重要である quite important
4．大変重要である very important

(　) 日本の医療・福祉制度 the health care system in Japan
(　) 加入可能な健康保険 available health insurance
(　) 医療費補助制度 medical financial assistance plan (reimbursement of medical fees)
(　) 緊急の連絡先 emergency service
(　) 慣れ親しんだ食物や香辛料の入手 availability of favorite foods and spices
(　) 精神障害とその徴候 mental disorder and its symptoms
(　) 利用可能な学内の医療施設 available medical service on campus
(　) 学内のカウンセリング・サービス機関 counseling service on campus
(　) 学内の留学生のための相談機関 counseling (consultation) service for foreign students on campus
(　) 外国語での診療が可能な病院 hospitals with foreign language speaking

doctors
(　　) 外国語での診療の可能な施設 medical facilities with foreign language speaking staff
(　　) 女性の医師が診察可能な施設 medical facilities where a female doctor is available for consultation
(　　) 留学生会（同国人）の紹介 international student organization（your country）
(　　) 留学生会（一般的）international student organization（in general）
(　　) 友好学生サークルの紹介international friendship clubs or circles of students
(　　) 学内のスポーツ施設やその他の施設 facilities on campus（sports etc.）
(　　) チューターの紹介・役割 role of tutor
(　　) 文化の異質性（価値観，思考方法）cultural differences（values, way of thinking）
(　　) 日本の文化・生活様式 Japanese culture, life style in Japan
(　　) 異文化適応（カルチャーショック等）cultural adjustment（culture shock etc.）
(　　) 異文化コミュニケーション cross-cultural communication
(　　) 対人関係 interpersonal relationships
(　　) その他（記入願います）Other, please specify.

Q2　メンタルヘルス・プログラム（サービス）について mental health services and programs

次の項目についてどの程度重要と思われますか．1～4のあてはまる数字を記入して下さい．（1．全く重要でない　2．あまり重要でない　3．重要である　4．大変重要である）What is your level of inportance in the following items? Please select appropriate number.：1.（not important at all），2.（not very important），3.（quite important），4.（very important）．

(　　) 情報の提供 information for students and/or their spouses

( ) ヘルスケアに関するオリエンテーション general information about health care at orientation
( ) 留学生の家族へのサービス services to family of international students
( ) ニューズレター newsletter
( ) 講演,講義 lecture
( ) 個々のヘルスケアのニーズに合った（秘密を守る）援助 individual confidential assistance for meeting your health care needs.
( ) 健康診断の実施 health check up
( ) 個別オリエンテーション individual orientation
( ) 面接 interview
( ) メンタルヘスチェック mental health check
( ) 留学生の健康に関するデータの収集 collection of data on the health of international students
( ) E メールによる相談 consultation by e-mail
( ) 健康に関するバイリンガルの資料（本,パンフレット,テープ,ビデオ）が利用できること bilingual materials such as books, leaflets, audio tapes, and video tapes on health matters.
( ) 多言語によるヘルスケアの資料 health care materials translated into various languages
( ) 多言語による医療用語集 list of medical terms in various languages
( ) 医療に関する文化的・言語的（秘密を守る）援助 confidential cultural and language assistance
( ) 健康に関する情報の翻訳（日本語から／日本語へ) translation of health information into and from Japanese
( ) 通訳のサービス availability of interpreters
( ) ヘルスサービス機関（診療所,保健管理センター,カウンセリングセンター）ツアー tours to the University Health Services and the Counseling and Psychological Services
( ) コミュニケーション,医学,カウンセリングの専門家によるトレーニ

269

ング formal training by professionals on communication, medicine, and counseling
( ) 異文化コミュニケーション・ワークショップ cross-cultural communication workshop
( ) ストレス対処法 stress management skill
( ) 異文化適応 cross-cultural adjustment
( ) ヘルスケアを促進するための留学生との交流 exchange activities with students to facilitate health care issues
( ) ボランティアグループの活動 volunteer group activities
( ) 交流会（スポーツ大会，パーティ）international exchange program（sports, parties etc.）
( ) ソーシャル活動（ランチョン等）social activities（luncheon etc.）
( ) ホームステイ，ホームビジット home stay, home visit
( ) 旅行 organized trip
( ) 留学生と留学生センター等の関係機関との連携 liaison between students and the International Student Office
( ) その他（記入願います）Other, please specify

Q3　留学中のニーズについて needs during your studies

日本に留学して次の項目について，どの程度問題を感じますか．1～4のあてはまる数字を記入して下さい．（1．全く問題がない　2．あまり問題でない　3．少し問題である　4．非常に問題である）What kinds of difficulties have you met with in Japan? Please select the appropriate number：1) no problem, 2) few problems, 3) somewhat problems, 4) serious problems.

( ) 日本の食べ物に慣れること adjusting to Japanese food
( ) 日本の文化に慣れること adjusting to Japanese culture
( ) 日本語 Japanese language
( ) 友達をつくること making friends

(　) 日本人の友達をつくること making Japanese friends
(　) 指導教官との関係 problems with your advising professor（Japanese teacher）
(　) 勉強・研究 academic problems
(　) 健康問題 health problems
(　) ホームシック homesickness
(　) 経済問題 financial problems
(　) 入管関係 dealing with immigration
(　) 感情的ストレス dealing with emotional stress
(　) 人間関係 interpersonal problems
(　) 差別 discrimination
(　) 住居 housing
(　) 気候 climate
(　) その他（記入願います）Other, please specify

Q4　サポートについて support

感情的ストレスがある場合，誰に（何に）援助を受けますか。（該当するもののすべてを選んでください）When you are under emotional stress, from whom or what do you seek assistance？（Select all that apply）

日本	母国	
in Japan	in your country	
(　)	(　)	同国の友人 friends from your country
(　)	(　)	医師 doctor
(　)	(　)	心理学者／精神科医 psychologist or psychiatrist
(　)	(　)	他国の留学生 friends from countries other than your own country
(　)	(　)	信仰治療を行う人 religious / spiritual healer
(　)	(　)	カウンセラー counselor
(　)	(　)	日本人の友人 Japanese friends

(	)	(	)	黙想 meditation
(	)	(	)	両親 parents
(	)	(	)	家族のメンバー family members
(	)	(	)	同じ文化圏の友人 friends from your cultural background
(	)	(	)	薬物治療 medication
(	)	(	)	その他（記入願います）other, please specify

Q5　健康状態について Health condition（SDS）

次の質問を読んで，現在あなたの状態にもっともよくあてはまると思われる番号に○をつけて下さい．What is your level in the following items? Please circle the appropriate number.

A：ないかたまに A little of the time　　B：ときどき Some

C：かなりのあいだ Good part　　D：ほとんどいつも Most all of the time

		A	B	C	D
1)	気が沈んで，憂うつだ I feel down-hearted and blue.	1	2	3	4
2)	朝がたはいちばん気分がよい Morning is when I feel the best.	4	3	2	1
3)	泣いたり，泣きたくなる I have crying spells or feel like it.	1	2	3	4
4)	夜よく眠れない I have trouble sleeping at night.	1	2	3	4
5)	食欲はふつうだ I eat as much as I used to.	4	3	2	1
6)	異性に対する関心がある I still enjoy sex.	4	3	2	1
7)	やせてきたことに気がつく I notice that I am losing weight.	1	2	3	4
8)	便秘している I have trouble with constipation.	1	2	3	4
9)	ふだんよりも動悸がする My heart beats faster than usual.	1	2	3	4
10)	何となく疲れる I get tired for no reason.	1	2	3	4

11)	気持ちはいつもさっぱりしている My mind is as clear as it used to be.	4	3	2	1
12)	いつもとかわりなくものごとができる I find it easy to do the things I used to.	4	3	2	1
13)	落ち着かずじっとしていられない I am restless and can't keep still.	1	2	3	4
14)	将来に希望がある I feel hopeful about the future.	4	3	2	1
15)	いつもよりいらいらする I am more irritable than usual.	1	2	3	4
16)	たやすく決断できる I find it easy to make decision.	4	3	2	1
17)	役に立つ必要な人間だと思う I feel that I am useful and needed.	4	3	2	1
18)	生活はかなり充実している My life is pretty full.	4	3	2	1
19)	自分が死んだ方が他の者は楽に暮らせると思う I feel that others would be better off if I were dead.	1	2	3	4
20)	日頃していることに満足している I still enjoy the things I used to do.	4	3	2	1

Q6 現在，次のようなことをどのくらいの**頻度**でしますか．あてはまる**数字**を記入して下さい．Since coming to Japan how often have you participated in the following activities? Please select the appropriate number.

頻度　1.　1年に1回以下 less than once a year
　　　2.　1年に数回 several times a year
　　　3.　月に1～2回 1-2 times a month
　　　4.　週に1回以上 more than once a week

(　) 家族や親戚に会うこと see family or relatives
(　) 家族や親戚に電話をしたり，手紙を書くこと contact family or relatives by phone or mail.
(　) 母国にいる友人に電話をしたり，手紙を書くこと contact friends in your

home country by phone or mail.

( ) 日本にいる同じ国の友人と会うこと see friends from your country who are in Japan

( ) 日本にいる他の国の友人と会うこと see friends from countries other than your own country

( ) 在日の同国出身者による団体の活動への参加 participate in activities organized by a group from your country

( ) 日本にいる同じ文化圏の出身者と会うこと see friends from your cultural background

( ) 出身国の留学生でつくる団体の活動への参加 participate in activities organized by a student group from your country

( ) 日本人がつくる留学生の交流・支援団体の活動への参加 participate in activities organized by Japanese groups which support foreign students

この調査に関して，ご意見がありましたら，下の空欄に自由にご記入下さい．If you have any comments or opinions about this survey, please write them here.

....

( ) 私の回答についてインタビューに応じます．I agree to participate in a personal interview to clarify / explain my answers

名前 Name：

電話番号 Telephone number：

ご協力ありがとうございました．Thank you very much for your cooperation.

質問票Ⅱ｜資　　料

質問票Ⅱ

大学名：

所属部署：

回答者氏名：

メールアドレス：

貴大学の留学生数（2001年5月1日現在）：　　　名

Q1-1　オリエンテーションの実施時期，期間

①実施時期：

　　期間：　　　　時間，　　　日

②実施時期：

　　期間：　　　　時間，　　　日

Q1-2　オリエンテーションの対象者（該当するものに○印を付けて下さい）

①留学生　　約　　　　名

　　全留学生対象ですか．　　　　はい（　）　　　いいえ（　）

　　特別コース留学生対象ですか．　はい（　）　　　いいえ（　）

　　特別コースの名称（短期留学プログラム等をお書きください）

②留学生　　約　　　　名

　　全留学生対象ですか．　　　　はい（　）　　　いいえ（　）

　　特別コース留学生対象ですか　　はい（　）　　　いいえ（　）

　　特別コースの名称（短期留学プログラム等をお書きください）

Q1-3　オリエンテーションの参加人員（該当するものすべての番号に○印を付けて下さい．）

①　1．2．3．4．5．6．7．8．9．10．11．12．

② 1. 2. 3. 4. 5. 6. 7. 8. 9. 10. 11. 12.

1. 機関の代表者（大学長等）
2. 留学生担当部局の代表者（国際交流センター長，留学生センター長等）
3. 留学生関係教官（センターの指導部門の教官，留学生担当教官等）
4. 日本語教官
5. カウンセラー
6. 保健管理センター等医療機関の関係者
7. 留学生会等先輩留学生
8. 日本人学生の留学生支援団体メンバー
9. 地域のボランティアグループの代表者
10. 警察や入国管理事務所スタッフ
11. 内外学生センターの関係者
12. チューター

受け入れ部局で独自にオリエンテーションを実施されている場合は部局名をお書きください．
（　　　　　　　　　　　　　　　　　　　　）

Q2　来学後の情報について

① 留学生のメンタルヘルスについて，次の情報はどの程度重要であると思われますか．重要度の欄に1～4のあてはまる数字を記入してください．
　1. 全く重要でない　　2. あまり重要でない
　3. 重要である　　　　4. 大変重要である

② 貴大学で実施されているオリエンテーションの内容についてA欄にお答えください．ハンドブック配布の場合，その内容についてもB欄に該当するすべての番号に○印を付けて下さい．また，ホームページについてはC欄に○印を付けてください．

	重要度	A	B(Book)	C(HP)
1. 日本の医療・福祉制度		1	1	1
2. 加入可能な健康保険		2	2	2
3. 医療費補助制度		3	3	3
4. 緊急時の連絡先		4	4	4
5. 慣れ親しんだ食物や香辛料の入手		5	5	5
6. 精神障害とその徴候		6	6	6
7. 利用可能な学内の医療施設		7	7	7
8. 学内のカウンセリング・サービス機関		8	8	8
9. 学内の留学生のための相談機関		9	9	9
10. 外国語での診療が可能な病院		10	10	10
11. 外国語での診療の可能な施設		11	11	11
12. 女性の医師が診察可能な施設		12	12	12
13. 留学生会（同国人）の紹介		13	13	13
14. 留学生会（一般的）の紹介		14	14	14
15. 友好学生サークルの紹介		15	15	15
16. 学内のスポーツ施設やその他の施設		16	16	16
17. チューターの紹介・役割		17	17	17
18. 文化の異質性（価値観，思考方法）		18	18	18
19. 日本の文化・生活様式		19	19	19
20. 異文化適応（カルチャーショック等）		20	20	20
21. 異文化コミュニケーション		21	21	21
22. 対人関係		22	22	22
23. カウンセリングのコンセプト		23	23	23
24. その他（記入願います）				

　オリエンテーションプログラム（サービス）に関する資料がありましたら一部ご提供くださるようお願いいたします．必要な経費につきましてはご請求くださるようお願いいたします．

Q3　メンタルヘルスプログラム（サービス）について

　貴大学で実施されているメンタルヘルスプログラム（サービス）についてご回答ください．また，だれによって実施されているか該当する数字に○印を付けて下さい．

　1．留学生センターの教官，2．カウンセラー，3．先輩留学生，4．日本人学生の留学生支援団体のメンバー，5．ボランティアグループ，6．留学生関

係教官(留学生専門教育教官等),7.日本語教官,8.留学生課(国際センター)等の職員,9.医師,10.該当なし

メンタルヘルスに関する情報の提供	1	2	3	4	5	6	7	8	9	10
ヘルスケアに関するオリエンテーション	1	2	3	4	5	6	7	8	9	10
留学生の家族へのオリエンテーション	1	2	3	4	5	6	7	8	9	10
ニューズレターの発行	1	2	3	4	5	6	7	8	9	10
講演,講義	1	2	3	4	5	6	7	8	9	10
ヘルスケア(メンタルヘルス)への援助	1	2	3	4	5	6	7	8	9	10
留学生のための健康診断の実施	1	2	3	4	5	6	7	8	9	10
個別オリエンテーション	1	2	3	4	5	6	7	8	9	10
面接	1	2	3	4	5	6	7	8	9	10
メンタルヘルスチェック(SDS GHQ)	1	2	3	4	5	6	7	8	9	10
留学生の健康に関するデータの収集	1	2	3	4	5	6	7	8	9	10
Eメールによる相談	1	2	3	4	5	6	7	8	9	10
カウンセリング	1	2	3	4	5	6	7	8	9	10
健康に関するバイリンガルの資料(本,パンフレット,テープ,ビデオ)の提供(作成)	1	2	3	4	5	6	7	8	9	10
多言語によるヘルスケアの資料の提供(作成)	1	2	3	4	5	6	7	8	9	10
多言語による医療用語集の提供(作成)	1	2	3	4	5	6	7	8	9	10
医療に関する文化的・言語的援助	1	2	3	4	5	6	7	8	9	10
健康に関する情報の翻訳(日本語から多言語,多言語から日本語へ)	1	2	3	4	5	6	7	8	9	10
通訳のサービス(緊急時)	1	2	3	4	5	6	7	8	9	10
ヘルスサービス機関(保健管理センター,カウンセリングセンター)ツアー	1	2	3	4	5	6	7	8	9	10
コミュニケーション,医学,カウンセリングの専門家によるトレーニング	1	2	3	4	5	6	7	8	9	10
異文化コミュニケーション・ワークショップ	1	2	3	4	5	6	7	8	9	10
ストレス対処法	1	2	3	4	5	6	7	8	9	10
異文化適応プログラム	1	2	3	4	5	6	7	8	9	10
ヘルスケアを促進するための留学生との交流	1	2	3	4	5	6	7	8	9	10
ボランティアグループの活動の紹介	1	2	3	4	5	6	7	8	9	10
交流会(スポーツ大会,パーティ)の実施	1	2	3	4	5	6	7	8	9	10
ソーシャル活動(ランチョン等)の実施	1	2	3	4	5	6	7	8	9	10
ホームステイ,ホームビジットの実施	1	2	3	4	5	6	7	8	9	10
旅行	1	2	3	4	5	6	7	8	9	10

質問票II　資　料

医療費等の貸付	1	2	3	4	5	6	7	8	9	10
病気により帰国する際の留学生への帰国旅費の援助	1	2	3	4	5	6	7	8	9	10
病気により帰国する際の付添者への帰国旅費の援助	1	2	3	4	5	6	7	8	9	10
留学生センター等と関係機関との連携*	1	2	3	4	5	6	7	8	9	10

＊どのような連携を取られているかについてご教示願います．

その他（貴大学で実施されているものがありましたら，記入願います．）

Q4　メンタルヘルスの予防対策について

　精神障害の予防：第一次予防（事例化の予防），第二次予防（早期発見，早期治療），第三次予防（社会復帰の援助，再発防止）の3つの段階について，ご教示願います．

Q4－1　来日前の予防（事例化の予防）について（該当するものに○印を付けて下さい）

・精神科を含めた健康診断の実施は必要と思われますか．　　　はい　いいえ
・国費留学生の健康診断書は充分であると思いますか．　　　　はい　いいえ
・貴大学で精神科を含めた独自の健康診断書を作成されていますか．
　　　　　　　　　　　　　　　　　　　　　　　　　　　　　はい　いいえ
・精神科を含めた健康診断（書）についてのご意見があればお書きください．

・来日前のオリエンテーション（情報提供等）は必要であると思われますか．
　　　　　　　　　　　　　　　　　　　　　　　　　　　　　はい　いいえ
・来日前のオリエンテーション（資料の送付等含む）はされていますか．
　　　　　　　　　　　　　　　　　　　　　　　　　　　　　はい　いいえ
・来日前の私費留学生に対してオリエンテーションはされていますか．
　　　　　　　　　　　　　　　　　　　　　　　　　　　　　はい　いいえ
・来日前のオリエンテーションを現地でされていますか．　　　はい　いいえ
・来日前のオリエンテーションでメンタルヘルスに関して必要と思われる内容

をお答えください．
・来日前の予防策として考えられる対応策があればご教示願います．（日本での生活についての詳細な情報の提供，問題対処法の傾向の把握，異文化における対処法の学習等）

Q4－2　来日後の予防（事例化の予防）について
　来日後の予防策としてオリエンテーションの他に考えられる対応策があればご教示願います．（ソーシャルサポート利用の促進等）

Q4－3　第二次予防（早期発見，早期治療）について
　早期発見，早期治療のために考えられる対応策についてご教示願います．（母国語による医療情報の提供や受診が可能な体制の整備等）

Q4－4　第三次予防（社会復帰への援助，再発防止）について
　精神科治療では言語の役割が大きいこと，留学という強いストレスが臨床像に影響を与え，帰国して留学というストレスがとれれば，けろっと治ってしまう一過性の精神病も少なくないこと等から，移動に耐えられる状態まで回復したら，帰国することが治療上，望ましいと考えられる．
　貴大学で留学生の精神障害に関する事例がありましたら，ご紹介いただき，どのように対応されたか，（付き添いや航空会社，政府機関との交渉，費用，帰国後の治療の継続等）ご教示願います．
　また，文部科学省（国費留学生の帰国旅費の支給の有無を含む）および他の機関等からサポートがされたかについてもご教示願います．

　ご多忙中，ご協力ありがとうございました．留学生のメンタルヘルスに関して問題点，ご意見がありましたら，下の空欄（裏面）に自由にご記入ください．

質問票Ⅲ｜資　　料

質問票Ⅲ

QUESTIONNAIRE

◆ご自身のことについて（PERSONAL DESCRIPTION）

Please circle or fill in your answers.

1. 国籍 Nationality：

2. 性別 Sex：　1. 男 male　　2. 女 female

3. 年齢 Age：　　　years old.

4. 婚姻状況 Marital Status：

　1. 独身 single

　2. 既婚 married

5. 現在の所属学部等 Present faculty etc.：

6. 日本滞在期間 Length of stay in Japan：

　1. 6か月未満 less than 6 months

　2. 6か月〜1年未満 6 months to 1 year

　3. 1年〜2年未満 1 year to 2 years

　4. 2年以上 more than 2 years

7. 日本語能力 Japanese ability：

　A 会話能力 speaking ability

　　1. 不自由しない good　　2. まあまあ fair

　　3. 少し不自由 poor　　4. 全く話せない not at all

　B 読解能力 reading ability

　　1. 新聞が読める can read newspaper　2. 看板が読める can read signs

　　3. 仮名が読める can read "kana"　　4. 全く読めない cannot read at all

◆PART ONE

（Please check or fill in your answers）

Q1　来日後，もっとも重要な問題は何であると思いますか．（該当するものすべてを選んでください）Since coming to Japan what do you consider to be your most significant problems？（Select all that apply）

( ) 日本の食べ物に慣れること Difficulty adjusting to Japanese food
( ) 日本の文化に慣れること Difficulty adjusting to Japanese culture
( ) 日本語 Difficulty with the language（Japanese）
( ) 友達をつくること Difficulty making friends
( ) 指導教官との関係 Problems with my advising professor
( ) 勉強・研究 Academic problems
( ) 健康問題 Health problems
( ) ホームシック Homesickness
( ) 経済問題 Financial problems
( ) 入管関係 Dealing with immigration
( ) 感情的ストレス Dealing with emotional stress
( ) 人間関係 Personal relationship problems
( ) 差別 Discrimination
( ) その他（記入願います）Other, please specify

Q2　日本に来てから次のような健康上の問題がありましたか．（該当するものすべてを選んでください）Have you had any of the following health problems since coming to Japan？（Select all that apply）

( ) 疲労 Fatigue/Physical Exhaustion　　( ) 歯 Dental problems
( ) 頭痛 Headaches　　( ) 性 Sexual problems
( ) 消化関係 Digestive problems　　( ) 睡眠 Sleeping problems
( ) 目 Eye problems　　( ) 耳 Ear problems
( ) 風邪 Cold / flu　　( ) ストレス Stress
( ) 孤独 Loneliness　　( ) 憂うつ Depression
( ) 過度の体重減少 Excessive weight loss
( ) 過度の体重増加 Excessive weight gain
( ) アルコール，ドラッグ Alcohol and drug problems

( ) その他 Other, please explain :

Q3 感情的ストレスがある場合，誰に援助を受けますか．（該当するものすべてを選んでください） When you are having emotional stress, from whom or what do you seek assistance ? （Select all that apply）
( ) 同国の友人 Friends from my own country
( ) 医師 Doctor
( ) 心理学者／精神科医 Psychologist or psychiatrist
( ) 他国の留学生の友人 Friends from countries other than my own
( ) 信仰治療を行う人 Religious/Spiritual healer
( ) カウンセラー Counselor
( ) 日本人の友人 Japanese friends
( ) 黙想 Meditation
( ) 両親 Parents
( ) 家族のメンバー Family members
( ) 同じ文化圏の友人 Friends from same culture background
( ) 薬物治療 medication
( ) その他 Other, please explain :

Q4 現在，次のようなことをどのくらいの頻度でしますか．あてはまる数字を記入してください. Since coming to Japan how often would you have done the following activities. Please select appropriate number.
　［頻度］　1．一年に1回以下 less than once a year
　　　　　2．一年に数回 several times a year
　　　　　3．月に1〜2回 1-2 times a month
　　　　　4．週1回以上 more than once a week

( ) 家族や親戚に会うこと see family or relatives
( ) 家族や親戚に電話したり，手紙を書くこと contact family or relatives by

( ) 日本にいる友人に電話したり，手紙を書くこと contact friends in Japan by phone or mail

( ) 本国にいる友人に電話をしたり，手紙を書くこと contact friends in my own country by phone or mail

( ) 日本にいる同じ国の友人と会うこと see friends from my own country

( ) 日本にいる他の国の友人と会うこと see friends from countries other than my own.

( ) 在日の同国出身者による団体の活動への参加 participate in activities organized by a group from my own country

( ) 日本にいる同じ文化圏の出身者と会うこと see friends of same cultural background

( ) 出身国の留学生でつくる団体の活動への参加 participate in activities organized by student group from my own country

( ) 日本人がつくる留学生の交流・支援団体の活動への参加 participate in activities organized by Japanese groups which support foreign students

Q5 医師に日本語で話すことに自信がありますか． How confident do you feel about your ability to speak Japanese with health care providers?

( ) 全くない Not at all confident

( ) あまりない Not very confident

( ) いくらかある Somewhat confident

( ) たいへんある Very confident

Q6 医師が話す日本語を理解できる自信はありますか． How confident do you feel about your ability to understand Japanese when it is spoken to you by health care providers?

( ) 全くない Not at all confident

( ) あまりない Not very confident

(　　) いくらかある Somewhat confident
(　　) たいへんある Very confident

Q7　もし日本語に困難があるとき，どのような手段を使いますか．If you have difficulties with Japanese language, which alternative methods do you prefer to use？（Select all that apply）
(　　) 辞書を持参する Bring my own dictionary with me
(　　) 通訳（友人，家族等）を連れていく Have intepreter（friend, family, etc.）
(　　) 自国語で書かれた印刷物（書物等）を利用する Have written materials available in my language
(　　) その他（記述してください）Other（explain）：

Q8　風邪にかかった時どうしましたか．When you had a cold, what did you do?
(　　) 自分の国の薬を飲んだ I took medicine of my own country
(　　) 日本の薬を飲んだ I took Japanese medicine
(　　) 医師の治療を受けた I visited health care provider
(　　) かかったことがない I have never had cold
(　　) その他（記述願います）Other, please explain：

◆PART TWO
Q9　母国ではどちらに治療を受けるのを好みますか．In your home country, you prefer to receive care from a person of the：
(　　) 同性の医師 Same gender
(　　) 異性の医師 Opposite gender
(　　) どちらでもよい No preference

Q10　母国では治療費はどのように支払われますか．How is your health care

paid in your home country?

( ) 国家 Government health plan/ National Health Service
( ) 勤務先 Industry/Employer
( ) 自費 Private payment
( ) 保険 Insurance
( ) その他 Other, please specify

Q11　母国では保険の制度はありますか．Do you have insurance system in your home country?

( ) はい Yes　　　( ) いいえ No

Q12　母国で感情的なストレスがあった場合誰から援助を受けますか．（該当するものすべてを選んでください）In your home country, when you are having emotional stress, from whom do you seek assistance ? （Select all that apply）

( ) 友人 Friends
( ) 両親 Parents
( ) 家族のメンバー Family members
( ) ヘルスワーカー Health Worker
( ) 医師 Doctor
( ) 心理学者又は精神科医 Psychologist or psychiatrist
( ) 信仰治療を行う人・宗教家 Religious /Spiritual healer
( ) 黙想 Meditation
( ) カウンセラー Counselor
( ) その他 Other, please specify :

◆PART THREE

Q13　日本での留学生のメンタルヘルスおよびヘルスケアでもっとも重要な問題は何であると思いますか．（該当するものすべてを選んでください）What do you consider to be your most significant problems related to Mental Health and Health Care of foreign students in Japan？（Select all that apply）

(　)　母国との医療システムの違い Difference of health service system between in Japan and my own country
(　)　自分の日本語能力 My Japanese language ability
(　)　バイリンガルの人が少ない The limited number of bilingual personnel
(　)　バイカルチャルな人が少ない The limited number of bicultural personnel
(　)　プライバシーの問題 Privacy
(　)　医療費 Money
(　)　医療に関する情報の欠如 Lack of information about the medical service
(　)　身近に相談できる人がいない No person with whom I can consult
(　)　その他（記述願います） Other, please explain：

ご協力ありがとうございました. THANK YOU VERY MUCH FOR YOUR CO-OPERATION.

質問票Ⅳ
QUESTIONNAIRE

◆PART ONE　ご自分のことについて（PERSONAL DESCRIPTION）

(Please circle or fill in your answers.)

1. 国籍 Nationality
2. 性別 Sex　　1. 男 male　　2. 女 female
3. 年齢 Age　　　　　 years old
4. 配偶者の有無 Marital Status
　　1. 結婚している married　　2. 結婚していない unmarried
5. 現在の職業 Present occupation
6. 京大での最終身分 Final Status at Kyoto University
　　1. 学部生 Undergraduate　　2. 大学院生 Graduate
　　3. 研究生等 Research Students etc.
7. 京大での所属学部 Faculty etc. at Kyoto University
8. 日本滞在期間 Length of Stay in Japan　　年（year）　月（month）
9. 帰国後経過期間 Length of Time after Returning to Home Country
　　　　　　　　　　　　　　　　　　　年（year）　月（month）

◆PART TWO　価値観について（VALUE）

　日本に来る前と現在のあなたの価値観について，ふたつの言葉のうち程度に応じてその言葉の近くの番号に○をつけて下さい。（例　1：たいへん直接的　4：どちらでもない　7：たいへん間接的）I would like to ask you what kind of values you had before coming to Japan and you presently have after studying abroad. Between each pair of words are seven numbers. Please circle the appropriate number. (e.g. 1: very direct　4: neither direct nor indirect　7: very indirect)

		A 留学前 (before)			B 留学後 (after)
(1)	直接的 direct	1　2　3　4　5　6　7	間接的 indirect		(1) 1　2　3　4　5　6　7
(2)	考えが新しい progressive	1　2　3　4　5　6　7	伝統的 conservative		(2) 1　2　3　4　5　6　7

質問票Ⅳ｜資　料

(3) 競争心が強い competitive	1 2 3 4 5 6 7	協調的 cooperative	(3)	1 2 3 4 5 6 7
(4) 能力主義 achievement-oriented	1 2 3 4 5 6 7	身分主義 status-oriented	(4)	1 2 3 4 5 6 7
(5) 未来志向 future-oriented	1 2 3 4 5 6 7	過去志向 past-oriented	(5)	1 2 3 4 5 6 7
(6) 行動志向 action-oriented	1 2 3 4 5 6 7	受身志向 passive-oriented	(6)	1 2 3 4 5 6 7
(7) 非形式的 informal	1 2 3 4 5 6 7	形式的 formal	(7)	1 2 3 4 5 6 7
(8) 個人主義 individualistic	1 2 3 4 5 6 7	団体主義 group welfare	(8)	1 2 3 4 5 6 7
(9) 実用主義 pragmatist	1 2 3 4 5 6 7	理想主義 idealist	(9)	1 2 3 4 5 6 7
(10) 物質主義 materialist	1 2 3 4 5 6 7	精神主義 spiritualist	(10)	1 2 3 4 5 6 7
(11) 時間を守る punctual	1 2 3 4 5 6 7	時間を気にしない unpunctual	(11)	1 2 3 4 5 6 7
(12) 平等主義 equal（sex）	1 2 3 4 5 6 7	不平等的 unequal	(12)	1 2 3 4 5 6 7

◆PART THREE　帰国適応問題（REENTRY ADJUSTMENT PROBLEMS）

1. 日本から帰国後，次のことがらはどの程度問題になりましたか．適当な番号に○をつけてください．またこれらの問題解決に要した期間は何ヶ月ですか．（　）に記入してください．How much difficulty has each of the following posed to you in your ajustment to life in your country? Please circle the appropriate number. And how many months did it take for you to solve these problems? Please indicate number in the parentheses.

	なし none	少し little	かなり some	非常に much	months
(1) 不安定な気持 insecurity	1	2	3	4	(　)
(2) 沈んだ気持 depression	1	2	3	4	(　)
(3) 孤独感 loneliness	1	2	3	4	(　)
(4) 喪失感 feeling of loss	1	2	3	4	(　)
(5) 家族との関係 family relationship	1	2	3	4	(　)
(6) 旧い友人との関係 old friend relationship	1	2	3	4	(　)

(7) 同僚との関係 colleague relationship	1	2	3	4	(	)
(8) 指導教官又は上司との関係 advising professor or senior official relationship	1	2	3	4	(	)
(9) 滞在国を懐かしむ気持 missing Japan	1	2	3	4	(	)
(10) 母国の政治的問題 political issue	1	2	3	4	(	)
(11) 職業問題（就職） professional issue (job)	1	2	3	4	(	)
(12) その他 others (Please describe)	1	2	3	4	(	)

(   )

2. あなたは帰国後これらの問題が起こることを予想しましたか．Did you anticipate having these problems upon your return home?

   1. はい Yes   2. いいえ No

3. あなたは日本に来た当初，適応問題を持ちましたか．Have you had adjustment problems upon your arrival in Japan?

   1. はい Yes   2. いいえ No

4. あなたは日本によく適応できましたか．Did you adapt successfully in Japan?

   1. はい Yes   2. いいえ No

5. あなたは来学時よりも帰国時の方がよりよく適応問題を持ちましたか．Were Reentry adjustment problems more severe than inital problems you had in Japan?

   1. はい Yes   2. いいえ No

6. 帰国後のアフターケアとして今後日本もしくは京都大学に何を望みますか．What do you expect as a follow-up service by Kyoto University or Japan? Please describe.

ご協力ありがとうございました．Thank you very much for your cooperation.

質問票V

QUESTIONNAIRE

◆PART ONE　ご自分のことについて（PERSONAL DESCRIPTION）

（Please circle or fill in your answers.）

1. 国籍 Nationality
2. 性別 Sex　　1．男 male　　2．女 female
3. 年齢 Age　　　years old
4. 配偶者の有無 Marital Status
   1．結婚している married　　2．結婚していない unmarried
5. 現在の所属学部 Present faculty etc.
6. 現在の身分 Present status
   1．学部学生 Undergraduate　　2．大学院生 Graduate
   3．研究生等 Research Student etc.
7. 日本滞在期間 Length of Stay in Japan
   1．1年未満 less than 1 year
   2．1年〜2年 1 year to 2 years
   3．2年〜3年 2 years to 3 years
   4．3年〜4年 3 years to 4 years
   5．5年以上 over 5 years
8. 日本語能力 Japanese ability
   A．会話能力 speaking ability
   1．不自由しない good　　2．まあまあ fair
   3．少し不自由 poor　　4．全く話せない not at all
   B．読解能力 reading ability
   1．新聞が読める can read newspapers
   2．看板が読める can read signs
   3．仮名が読める can read "kana"
   4．全く読めない cannot read at all

9．奨学金 Sponsorship

  1．自国政府の奨学金 home government

  2．日本政府の奨学金 Japanese government

  3．自費 private

◆PART TWO　来学時オリエンテーション（INITIAL ORIENTATION）

Q1　来学直後の情報について　Immediate information

  A．次の項目についてどの程度重要と思われますか．1～4のあてはまる番号に○をつけてください．What is your level of importance in the following items? Please circle the appropriate number.

  B．次の項目についてどの程度満足を持っておられますか．1～4のあてはまる番号に○をつけてください．What is your level of satisfaction in the following items? Please circle the appropriate number.

	重要度 importance				満足度 satisfaction			
	less			most	less			most
1．留学生のための日本語の授業 Japanese language courses	1	2	3	4	1	2	3	4
2．図書館の有効な利用法 effective use library	1	2	3	4	1	2	3	4
3．指導教官の役割 role of advising professor	1	2	3	4	1	2	3	4
4．生活費 cost of living	1	2	3	4	1	2	3	4
5．住居 housing	1	2	3	4	1	2	3	4
6．大学内のスポーツやその他の施設 facilities in campus (sports etc)	1	2	3	4	1	2	3	4
7．学生サークル student clubs or circles	1	2	3	4	1	2	3	4
8．慣れ親しんだ食物や香辛料の入手 availability of favorite foods and spices	1	2	3	4	1	2	3	4
9．利用可能な医療施設 medical service	1	2	3	4	1	2	3	4

	重要度 importance				満足度 satisfaction			
	less			most	less			most
10. 加入可能な健康保険 available health insurance	1	2	3	4	1	2	3	4
11. 日本での生活様式 life style in Japan	1	2	3	4	1	2	3	4
12. 在留手続（入管法，外国人登録） immigration, alien registration	1	2	3	4	1	2	3	4
13. 銀行の利用 banking	1	2	3	4	1	2	3	4
14. 交通機関の利用 transportation	1	2	3	4	1	2	3	4
15. 買い物 shopping	1	2	3	4	1	2	3	4
16. 緊急時の連絡先 emergency service（fire, police）	1	2	3	4	1	2	3	4
17. 交通安全 traffic safety（licence, insurance）	1	2	3	4	1	2	3	4
18. ボランティアグループの紹介 volunteer group（host family）	1	2	3	4	1	2	3	4

Q2 在学中 during your studies

	重要度 importance				満足度 satisfaction			
	less			most	less			most

１）日本における金銭と仕事について Financial needs

1．学費が十分あること having enough money for school expenses	1	2	3	4	1	2	3	4
2．生活費が十分あること having enough money for basic living expenses	1	2	3	4	1	2	3	4
3．医療費が十分あること having enough money for medical treatment	1	2	3	4	1	2	3	4
4．娯楽費が十分あること having enough money for recreation	1	2	3	4	1	2	3	4
5．大学外でアルバイトをみつけること finding a part time job off campus	1	2	3	4	1	2	3	4
6．学内で自分の専門に関係のあるアルバイトをみつけること finding a part time job on campus related to my major field	1	2	3	4	1	2	3	4

2) 日本における住居の必要性について Housing

7. 適当な住まいを持っていること having adequate housing	1	2	3	4	1	2	3	4
8. 留学生のための特設宿舎に住むこと living in the special housing for foreign students	1	2	3	4	1	2	3	4
9. 日本人と一緒に住むこと sharing housing with Japanese	1	2	3	4	1	2	3	4
10. 友達と一緒に共同生活すること sharing housing with friends	1	2	3	4	1	2	3	4

3) 日本における社会生活について Social life in Japan

11. 自分の価値基準や信念に基づいて行動できること acting on my value and belief	1	2	3	4	1	2	3	4
12. 日本人のものの見方，考え方を理解すること understanding Japanese way of thinking	1	2	3	4	1	2	3	4
13. 日本の風俗，習慣を理解すること understanding Japanese manners and customs	1	2	3	4	1	2	3	4
14. 日本文化・日本人社会を理解する機会を持つこと having opportunity to understand Japanese culture and society	1	2	3	4	1	2	3	4
15. カルチャーショックに対処すること coping with culture shock	1	2	3	4	1	2	3	4
16. 日本の国民に自分の国について正しい知識を伝えること having Japanese correctly informed about my country	1	2	3	4	1	2	3	4
17. 宗教的習慣を遵守すること observing my religious customs	1	2	3	4	1	2	3	4
18. 社会活動および娯楽のために十分な時間があること having enough time for social activites and recreation	1	2	3	4	1	2	3	4
19. 地域社会で日本人に歓迎されること being warmly received by Japanese community	1	2	3	4	1	2	3	4
20. 日本人の人達と共に娯楽を楽しむこと enjoying recreation with Japanese	1	2	3	4	1	2	3	4

質問票V　資　料

21. 日本人の家庭を訪問すること 　　visiting Japanese family	1	2	3	4	1	2	3	4
22. まわりの人々が留学生を丁寧に扱ってくれること 　　being treated with hospitality by surroundings	1	2	3	4	1	2	3	4
23. 社会的活動の場面で異性と交流する機会をもつこと 　　having an opportunity to meet friends of opposite sex	1	2	3	4	1	2	3	4
24. 医療・福祉を受けること 　　medical and welfare services provided	1	2	3	4	1	2	3	4
25. 日本の食べ物になれること 　　being used to Japanese foods	1	2	3	4	1	2	3	4

4）日本における家族生活について family life in Japan
（家族を連れてこられた人のみ答えて下さい）
for family accompanied students only

26. 配偶者に仕事を見つけること 　　finding a job for spouse	1	2	3	4	1	2	3	4
27. 配偶者のための活動の場を見つけること 　　finding enough social activities for spouse	1	2	3	4	1	2	3	4
28. 配偶者に適切な教育（日本語）の機会を与えること 　　having opportunity of education on Japanese language for spousc	1	2	3	4	1	2	3	4
29. 配偶者に適切な教育（日本文化）の機会を与えること 　　having opportunity of education on Japanese cultuer for spouse	1	2	3	4	1	2	3	4
30. 子供に適切な教育の機会を与えること 　　having opportunity of education for children	1	2	3	4	1	2	3	4
31. 近所の日本人と親しくなること 　　having good relationship with neighbors	1	2	3	4	1	2	3	4

5）日本における対人関係について Personal relationship in Japan

32. 学科の教官との好ましい関係をもつこと 　　A good relationship with professors at my Department	1	2	3	4	1	2	3	4

33. 指導教官との好ましい関係をもつこと								
A good relationship with my advising professor	1	2	3	4	1	2	3	4
34. その他の教官や事務の人達との好ましい関係をもつこと								
A good relationship with other professors and administrators	1	2	3	4	1	2	3	4
35. 研究室のメンバーと好ましい関係をもつこと								
A good relationship with members in my laboratory	1	2	3	4	1	2	3	4
36. 日本人の友達がいること								
having Japanese friends	1	2	3	4	1	2	3	4
37. 母国から来ている友人がいること								
having friends from my own country	1	2	3	4	1	2	3	4
38. 母国以外の国から来ている友人がいること								
having friends from countries other than my own	1	2	3	4	1	2	3	4
39. 個人的な悩みを相談できる日本人の友人がいること								
having Japanese friends with whom I can discuss personal problems	1	2	3	4	1	2	3	4
40. 母国の留学生の友人がいること								
having friends from my country with whom I can discuss personal problems	1	2	3	4	1	2	3	4
41. 母国以外からの留学生の友人がいること								
having friends from countries other than my own with whom I can discuss personal problems	1	2	3	4	1	2	3	4

Q3 日本人との親しい交際（コミュニケーション）の妨げになっていると考えられることについて Obatacles to good relationship (communication) with Japanese

A. 次の項目についてどの程度妨げになっていると思われますか．
1～4のあてはまる番号に〇をつけて下さい．What is your level of obstacle in the following items? Please circle the appropriate number.

	障害度		
	less　seriousness　most		
1. 日本語能力 Japanese ability	1　2　3　4		

2. 宗教的背景 religious background	1	2	3	4
3. 人種 race	1	2	3	4
4. 文化的背景 cultural background	1	2	3	4
5. 思考様式 way of thinking	1	2	3	4
6. 価値観 value difference	1	2	3	4
7. 政治観 political view	1	2	3	4
8. 外国人であること being a foreigner	1	2	3	4
9. 日本人に対する自分の態度 my attitude toward Japanese	1	2	3	4
10. 自分に対する日本人の態度 Japanese attitude toward myself	1	2	3	4
11. 自分が日本人と接する機会をもとうとしないこと I do not have the initiative to meet Japanese	1	2	3	4
12. 日本人が自分と接する機会をもとうとしないこと Japanese do not have the initiative to meet foreigner	1	2	3	4
13. 自分が日本人と接することに興味をもっていないこと I am not interested in meeting Japanese	1	2	3	4
14. 日本人が自分と接することに興味をもっていないこと Japanese are not interested in meeting foreigner	1	2	3	4
15. その他 other	1	2	3	4

（describe：   ）
（   ）
（   ）

◆PART THREE　入学前のオリエンテーション（PRE-ENTRY ORIENTATION）

Q1　あなたは京都大学に入学する前にオリエンテーションを受けましたか．
Have you ever had orientation before entrance into Kyoto University?

　　1. はい　　yes　　2. いいえ　no
　　　↓

　1）どこでオリエンテーションを受けましたか．Where were you provided with the orientation?
　　　1. 自国で　in my home country
　　　2. 日本に来てから日本語学校等で at Japanese language school etc. in Japan
　　　3. その他　other

　2）どんなオリエンテーションを受けましたか．What kind of orientation did you have?

1．講義，話　lecture, talks
　　2．印刷物　written information（booklets, pamphlets）
　　3．その他　other（describe：　　　　　　　　　）

Q2　あなたは入学前のオリエンテーションが重要だと思いますか．Do you think pre-entry orientation is important?
　　1．はい　yes　　2．いいえ　no

ご協力ありがとうございました．Thank you very much for your cooperation.

質問票Ⅵ

QUESTIONNAIRE for International Students with Family

◆PART ONE　ご自分のことについて（PERSONAL DESCRIPTION）

（Please check or fill in your answers.）

1. 国籍 Nationality：
2. 性別 Sex：（　）男　male　　（　）女　female
3. 年齢 Age：　　　years olds
4. 婚姻状況 Marital Status：

　（　）独身 single

　（　）既婚（家族同伴）Married with family in Japan

　（　）既婚（単身）Married with family in home country

　家族同伴で来日している場合の同伴家族　If your family is in Japan with you, please specify：

　　（　）配偶者 Spouse

　　（　）母親 Mother　　（　）父親 Father

　　（　）兄弟 Brother　　（　）姉妹 Sister

　　（　）子供—性別，年齢及び就学状況 Children–specify gender, age and school（1. 保育園 hoikuen　2. 小学校 shogakko　3. 中学校 chugakko　4. 高校 koko　5. その他 other–e.g. american school）

　　記入例 e.g. (gender, age, school)：(F, 2, 1)

　　（　，　，　）（　，　，　）（　，　，　）（　，　，　）（　，　，　）

　　（　）その他 Other–specify：

　単身で来日している場合の理由 If your family isn't in Japan with you, please explain the reason.

　配偶者の国籍 Spouse's Nationality：

　　（　）日本人 Japanese　　（　）日本人以外 non–Japanese

5. 配偶者の職業 Spouse's Occupation（e. g. student）

　母国で in home country

日本で　in Japan

6. 専攻分野 Area of Study：

7. 身分 Present Status：

　　（　）学部生 undergraduate

　　（　）大学院生 graduate

　　（　）研究生等 research student etc.

8. 来日日 Date of Arrival in Japan：　　　（年　year）　（月　month）

9. 日本語能力 Japanese Proficiency：該当する番号に○を付けてください．
    Please circle the appropriate number（1. 不可 poor　2. 可 fair　3. 良 good
    　　4. 優 excellent）

　　あなた自身 Yourself　　　1.　2.　3.　4.

　　配偶者 Spouse　　　　　　1.　2.　3.　4.

　　子供たち Children–first　　1.　2.　3.　4.

　　　　　　　　second　　　1.　2.　3.　4.

　　　　　　　　third　　　　1.　2.　3.　4.

10. 経済状況 Financial Support：

　　（　）国費 Japanese government　（　）政府派遣 home government

　　（　）自費 private　　　　　（　）その他 other–specify：

11. 宿舎 Accommodation：

　　（　）大学の国際交流会館 university international house

　　（　）外国人用会館（寮）dormitory for international students

　　（　）一軒家 house

　　（　）アパート apartment

　　（　）その他 other–specify：

◆PART TWO 留学生に対する質問（Questions to international students）

1）あなたにとって次の1〜15の項目について，どの程度問題を感じます
　か．1‐4のあてはまる番号に○をつけてください．What do you think is the
　level of seriousness of problems（1－15）for international students with a family

in Japan? Please circle the appropriate number.（1．全く問題がない no problem　2．余り問題でない not much problem　3．少し問題である somewhat problem　4．非常に問題である serious problem）

(1)　家族と日本人との人間関係
　　　Relations with Japanese in general for spouse, children　1．2．3．4．　（　）
(2)　家族の日本語のコミュニケーションに関する問題
　　　Communication in Japanese for spouse, children　1．2．3．4．　（　）
(3)　配偶者の活動　Spouse's activities　1．2．3．4．　（　）
(4)　子供の活動　Child's activities　1．2．3．4．　（　）
(5)　日常生活の情報（ゴミのだし方等）
　　　Information on daily life（e. g. garbage disposal）　1．2．3．4．　（　）
(6)　ストレス　Worries and Stress related concerns　1．2．3．4．　（　）
(7)　入院及び病気　Hospitalization and Illness　1．2．3．4．　（　）
(8)　出産及び子供の世話　Birth and Child care　1．2．3．4．　（　）
(9)　子供の教育　Childern's Education　1．2．3．4．　（　）
(10)　交通事故　Traffic Accidents　1．2．3．4．　（　）
(11)　緊急事態　Emergencies　1．2．3．4．　（　）
(12)　宿舎　Housing　1．2．3．4．　（　）
(13)　文化の違い　Cultural Differencess　1．2．3．4．　（　）
(14)　宗教の違い　Religious Differences　1．2．3．4．　（　）
(15)　その他　Other（please explain）：
　　　_____　1．2．3．4．　（　）
　　　_____　1．2．3．4．　（　）

2）また，1～15の問題が起こったら誰に相談しますか．上の（　）にaからnのアルファベットを書いてください．When you want to talk with someone about problems related to the above with whom do you consult? Again, for items 1－15. please choose the appropriate person from the follwing list and place the letter of the person in the parentheses above.

a) 母国の家族　family members in your home country
b) 日本にいる家族　family members in Japan
c) 同国の留学生　international students from your home country
d) 他国からの留学生　international students from different country
e) 同じ文化圏からの留学生　international students from a culturally similar country
f) 日本人の友人　Japanese friend
g) 日本人のホストファミリー　Japanese family member
h) 大学の留学生アドバイザー　international student advisor of the university
i) 大学のカウンセラー　university counselor
j) 日本の援助団体　Japanese assistance association
k) 寮のアドバイザー　dormitory advisor
l) 宗教家　religious leader
m) だれもいない　nobody
n) その他　other（please specify）：

3）どのような援助または情報が役に立ちますか．What kinds or assistance or information would be helpful?
来日前　before coming to Japan
日本におけるオリエンテーション　orientation in Japan
帰国時のオリエンテーション　orientation upon completion of studies

4）日本人の留学生や家族のためのボランティア活動についてどう思いますか．How do you feel about Japanese volunteer activities for international student and their family?

5）来日後，夫婦の役割分担に変化はありますか．Have roles in your marital relationship changed since coming to Japan（e.g. cooking, child care etc,）？
　　（　）はい　yes　　（　）いいえ　no

はいと答えた者はどのように変わったか書いてください．If yes, how have they changed?

6) あなたにとって日本に家族を同伴する場合，いいと思われる点と問題点について該当するすべてのものを選んでください．In considering the presence of your family in Japan, check all of the following points that apply to you in terms of enhancements or problems.

ENHANCEMENTS：
( ) 家事（料理，洗濯等）にわずらわされない Do not need to worry about housekeeping（cooking, washing, etc.）
( ) 孤独を感じない Do not feel lonely
( ) 問題や成功を分かち合う人がいる Have somebody to share problems and successes with
( ) 一緒に出かける人がいる Have somebody to go out with
( ) 学業を励ましてくれる Spouse supports and encourages academic development
( ) 子供が活力を与えてくれる The children give you 'new energy'
( ) 日本に滞在することが配偶者にとって有意義である The experience of living in Japan is beneficial to spouse
( ) 日本に滞在することが子供にとって有意義である The experience of living in Japan is beneficial to children
( ) その他（お書きください）Other（please explain）：

PROBLEMS：
( ) 忙しいのに家族に関わらなければならない負担の過重 Feel overloaded with family（one more thing to worry about in your busy life.）
( ) 経済的圧迫 Burdened with financial pressures.
( ) 配偶者のホームシック Spouse is always homesick

( ) 配偶者が幸せでない Spouse is unhappy
( ) 配偶者の日本語能力が十分でない Spouse has limited profiency in Japanese
( ) 配偶者が日本語ができない Spouse has no profiency in Japanese
( ) 配偶者が日本のやり方に適応できない Spouse has problems in adapting to the 'Japanese way of life'
( ) 子供に関する心配 Concerns about children
( ) 子供の学校での問題 Children are having problems at school
( ) その他（お書きください）Other (please explain)：

全体として，あなたの家族が日本にいることによってどのような影響がありますか. Overall how does the presence of your family members impact?

　　学業面 on your academic performance：
　　　　　　　　　　( ) 肯定的 Positively　　( ) 否定的 Negatively
　　経済面 Financially：( ) 肯定的 Positively　　( ) 否定的 Negatively
　　情緒面 Emotionally：( ) 肯定的 Positively　　( ) 否定的 Negatively

◆PART THREE 配偶者に対する質問（Questions to spouses）

7) 日本で生活してどんなことが難しいですか.1～4のあてはまる番号に○をつけてください．What difficulties have you had in Japan? Please circle the approriate number.（1. 全然難しくない none　2. 余り難しくない not much　3. 難しい some　4. 非常に難しい much）

親しい友人がいない Absence of close friends	1. 2. 3. 4.
家族からの別離 Separation from family	1. 2. 3. 4.
日本語能力不足 Lack of Japanese skills	1. 2. 3. 4.
日本人の友人をつくること　　Difficulties in making Japanese friends	1. 2. 3. 4.
ホームシック Homesickness	1. 2. 3. 4.

財源が十分でない Inadequate financial resources	1. 2. 3. 4.
援助システムの欠如 Lack of support system	1. 2. 3. 4.
日本文化への適応 Adjustment to Japanese culture	1. 2. 3. 4.
自信がもてない Problem of self-confidence	1. 2. 3. 4.
寂しさ Loneliness	1. 2. 3. 4.
社会生活の欠如による情緒的不安	
Emotional anxiety due to lack of social life	1. 2. 3. 4.
キャリアを積めない Lack of professional development	1. 2. 3. 4.
日本語学習の機会の欠如	
Lack of opportunity to learn Japanese	1. 2. 3. 4.
社会的適応問題 Problems of social adjustment	1. 2. 3. 4.
異性との社会的関係 Social relations with the opposite sex	1. 2. 3. 4.
仕事の機会の欠如 Lack of opportunity to work	1. 2. 3. 4.
宿舎 Housing	1. 2. 3. 4.
日本の食べ物 Japanese food	1. 2. 3. 4.
健康問題 Health problems	1. 2. 3. 4.
情緒的ストレス Emotional stress	1. 2. 3. 4.
同国人家族との人間関係	
Presonal relationships with family from your country	1. 2. 3. 4.
日本人の家族との人間関係	
Personal relationships with Japanese family	1. 2. 3. 4.
差別 Discrimination	1. 2. 3. 4.
配偶者についての悩み Troubles with your spouse	1. 2. 3. 4.
（どんなことがあるかお書きください）(please explain)：	
子供についての悩み　Worries about your children	1. 2. 3. 4.
（どんなことがあるかお書きください）(please explain)：	
その他（お書きください）Other（please explain）：	1. 2. 3. 4.

8）子供には日本語を学び続けさせたいと思いますか．Do you want your children to continue to study Japanese?
　（　）はい yes　　（　）いいえ no

9）子供には将来，日本に留学させたいですか．In the future do you want your children to study in Japanese university?
　（　）はい yes　　（　）いいえ no

10）日本人や日本についてどのように思いますか．Please explain about your impression of Japanese or Japan?

11）日本に住んでよかったことは何ですか．What are good aspects of living in Japan?

12）日本での生活に満足していますか．Do you feel satisfied with your life in Japan？（please check）
　（　）非常に満足している　very satisfied
　（　）いくらか満足している　somewhat satisfied
　（　）あまり満足していない　somewhat dissatisfied
　（　）全然満足していない　very dissatisfied
どのような点に不満を感じますか．If not, please describe the areas of your dissatisfaction in detail.

13）近所の人と付き合いはありますか．Do you have any contact with neighbors？（please check）
　（　）非常にある　much
　（　）ある　some
　（　）あまりない　not much
　（　）全くない　none

14) 日本での生活で不快に感じたことはありますか．差別されたと感じたことはありますか．Have you experienced any trouble or discrimination in Japan?

( ) はい　yes　( ) いいえ　no

具体的にどのようなことですか．If yes, please give specific incidents.

....

( ) 私の回答についてインタビューに応じます．I agree to participate in a personal inteview to clarify / explain my answers.

名前　Name：

電話番号　Telephone number：

ご協力ありがとうございました．Thank you very much for your cooperation.

質問票Ⅶ
国際交流会館・留学生会館用

大学名　　　　　　　　　　　回答者氏名
所属部署　　　　　　　　　　職名
連絡先住所
電話番号　　　　　　　　　　FAX 番号
会館の入居室総数（95年5月1日現在）：
　　家族室　　室，夫婦室　　室，単身室　　室

Q1 貴大学の国際交流会館では次のようなプログラムを実施されていますか．実施されている場合は（　）に留学生のみ対象の場合はA，留学生及び家族を対象の場合はB，家族のみを対象の場合はCとお書きください．また，それぞれの主催者（会館主事等）及び運営経費についても記入願います．

(A)　1　日本語教育・講座
　　　　クラス数（初級，中級等の別）および受講者数：
　　　　日本語教：師数（常勤　名，非常勤　名，ボランティア　名）
　　　　運営経費（校費，基金等）：
　　　　主催者：

(B)　1　日本語教育・講座
　　　　クラス数（初級，中級等の別）および受講者数：
　　　　日本語教師：数（常勤　名，非常勤　名，ボランティア　名）
　　　　運営経費（校費，基金等）：
　　　　主催者：

(C)　1　日本語教育・講座
　　　　クラス数（初級，中級等の別）および受講者数：

質問票Ⅶ｜資　　料

　　　　日本語教師数：(常勤　　名，非常勤　　名，ボランティア　　名)
　　　　運営経費（校費，基金等）：
　　　　主催者：

(　) 2　日本文化講座（日本料理，茶道，華道等具体的にお書きください）
　　　　講座名：

(　) 3　異文化適応講座
　　　　講座名：

(　) 4　課外活動（市内ツアー，見学会，ハイキング等具体的にお書きください）

(　) 5　日本人家庭訪問（ホームステイ，ホームビジット等具体的にお書きください）

(　) 6　講演会

(　) 7　懇談会（歓迎会，送別会等具体的にお書きください）

(　) 8　スポーツ大会

(　) 9　スピーチコンテスト，カラオケ大会等

(　) 10　映写会

(　) 11　その他（具体的にお書きください）

Q2　留学生の家族のためのオリエンテーションを実施すべきと思いますか．

実施されている場合または実施すべきと思われる内容を具体的にお書きください．

実施している場合：

実施すべき場合：

Q3　留学生の家族に関する諸問題への援助・助言について実施されているものに丸印をつけてください．

（　）情報提供

（　）身の上相談・生活上の悩みのカウンセリングと援助

（　）交通事故処理

（　）病気・入院時の援助

（　）出産・育児上の相談―保育園との相談

（　）子弟の保育園・小学校・中学校・高校の入学及び帰国による退学時の援助

（　）子弟の教育上の問題の相談

（　）生活パンフレットの作成

（　）支援団体・交流団体の応接

（　）緊急事態のときの対応

（　）その他（具体的にお書きください）

Q4　家族の健康管理について特別な配慮をされている場合は具体的にお書きください．

Q5　留学生に関わるボランティア団体についてどう思いますか．次のなかから選んで（　）に丸印をお書きください（複数選択）．

（　）関心がない

（　）迷惑に思っている

（　）必要がない

（　）何をやっているのか分からない

( ) 密接な関係を持ちたくない
( ) 間に合っている
( ) 手伝ってほしい（子弟の保育園等，内容を具体的にお書きください）
( ) たいへん助かっている（その内容を具体的にお書きください）
( ) その他（具体的にお書きください）

Q6　貴大学の国際交流会館の留学生や家族のために活動しているボランティア団体がありましたら名称，住所，電話番号及び活動内容をお書きください．

名称：
住所：
電話番号：
活動内容：

名称：
住所：
電話番号：
活動内容：

名称：
住所：
電話番号：
活動内容：

Q7　留学生の家族の問題への国際交流会館の関与について，どのようにお考えでしょうか．( )に丸印をお書きください．
( ) 留学生の家族のことは関与する必要がない
( ) 必要であるが家族のことまで手が回らない
( ) 必要である

必要な場合どのようなことに関与できるかについて，具体的（ボランティアを紹介する等）にお書きください．

Q8　その他（ご意見等ありましたらお書き願います）

索 引

◆あ行

ICD-10　170, 262, 263
アウトリーチ　211, 216
アクティブリスニング（積極的傾聴）
　　20
アドバイス（情報提供・助言）
　　27, 166, 228, 235
アドボカシー（代弁・権利擁護）
　　27, 166, 211, 231, 235
アドボケート（代弁者）　166, 221
アルコール依存者への対応　186
アルコール依存症　185, 186
異文化（間）教育　59
異文化間コミュニケーション　55, 142,
　　237, 246
　　――阻害要因　139-142
　　――ワークショップ　95
異文化適応　108-112
　　――課題　108, 109
　　――過程　109-112
因子分析　46-50
インターメディエーション（仲介・媒
　　介）　27, 166, 228, 235
インターメディエーター（仲介者）
　　166
インテーカー　28, 29, 201
インテーク面接　28
うつ状態（抑うつ状態）　173, 175, 176
うつの初期症状　173, 174
うつ病　173-177
エクソシステム（外接系）　23-25, 27
SDS（自己評価抑うつ性尺度）　34-36
　　――要因　46
オリエンテーション　63-65
　　――のあり方　93-96
　　来日前の――　75
　　リエントリー――　125

◆か行

外傷後ストレス障害（PTSD）　12, 219
ガイドライン　91-93, 162
介入　19
カウンセラーの役割　26, 27, 165, 166,
　　209
かかわり技法　159-161
家族帯同　147-149
　　――への大学の関与　149-153
学校危機対応モデル　89
カルチャーアシミレーター　237
カルチャーショック　109-111, 114,
　　115
関係機関との連携　71-73
関係促進（ファシリテーション）　27,
　　166
関係促進者（ファシリテーター）　165
危機　11
　　――カウンセラー　161, 162
　　――カウンセリング　161
　　――コーディネーター　162
　　――チーム　162
　　――的状況　12
危機介入（クライシスインターベン
　　ション）　11-13
　　――コーディネーター　162
　　――チーム　16
　　――のスキル　159-161
　　――プログラム　16, 87-89
　　――理論の潮流　13-16
危機管理体制　13, 87, 88
帰国文化ショック　114, 117-120
　　――と価値観の変化　122-124
気分障害　174
QOL（生活の質）　53
共感的理解　20, 161
協働（コラボレーション）　27, 28, 210

313

索引

クライエントサービス 211, 215
クライシスインターベンション（危機介入） 11-13
グループワーカー（グループリーダー） 166
グループワーク（集団活動） 27, 166, 210, 227
ケースワーカー（福祉援助者） 166, 221, 230
ケースワーク（福祉援助） 27, 166, 228
行動化 112, 202, 203
コーディネーション（調整） 19, 210
コーディネーターの資質と専門性 20, 21
コミュニティカウンセリング 209, 210
　　――の四側面とそのサービス様式 210, 211
　　――の応用 212-215
コミュニティサービス 211, 213
コミュニティ心理学 90, 91, 209, 210
コラボレーション（協働） 27, 28, 210
コンサルタント 222, 227
コンサルティ 222, 227
コンサルテーション（専門家援助） 27, 166, 210, 222, 227
コンテクスト（文脈） 55
　　ハイ（高）――文化 55, 245
　　ロー（低）――文化 55, 243, 246

◆さ行

サイコエデュケーション（心理教育） 27, 80, 167, 210, 235
サイコエデュケーター（心理教育者） 166, 221
サイコセラピー（心理療法） 27, 166
サイコセラピスト（心理療法家） 166
JAFSA（国際教育交流協議会） 92, 99, 264, 265
　　――多文化間メンタルヘルス研究会 92, 100

自殺予防運動 15, 16
自殺率 56, 57
社会情緒的サポート 57, 58
社会変革（ソーシャルアクション） 27, 166
社会変革者（ソーシャルエージェント） 166
シミュレーションゲーム 95
集団活動（グループワーク） 27, 166
情報管理 207
情報提供・助言（アドバイス） 27, 166
事例性の重要性 191-193
神経症 181, 182
　　――への対応 183
心身症 184
　　――への対応 184
身体化 112, 120, 202, 203
心理教育（サイコエデュケーション） 27, 80, 167
心理療法（サイコセラピー） 27, 166, 235
スクリーニング 84-87
ストレス 31, 32
　　――反応 31, 32
　　――要因 47-49
　　――マネジメント教育 80
ストレッサー 31
スーパーバイザー 251
スーパービジョン 251, 252
3Sモデル 32, 50, 51
精神医学的治療 171, 172
精神化 112, 202, 203
精神科医との連携 221, 230, 235
精神障害 3, 169-172
　　――の原因と要因 170, 171
　　――の診断名・診断分類 169, 170
　　――の標榜科 169
精神療法 171, 178, 183
生態学的システム 23, 26, 27
世界保健機構（WHO） 3, 25, 56, 170, 262
積極的傾聴（アクティブリスニング）

314

20
専門家援助（コンサルテーション） 27, 166, 210, 222
専門家組織化（リエゾン／ネットワーク） 27, 166, 228
躁うつ病 174, 175
　──への対応 177, 178
躁状態 177
ソーシャルアクション（社会変革） 27, 166
ソーシャルエージェント（社会改革者） 166
ソーシャルサポート 31, 54

◆た行

第一次予防 73-80
第三次予防 83
第二次予防 80-83
対象喪失 14, 15
代弁・権利擁護（アドボカシー） 27, 166
多文化間カウンセラー 6
多文化間カウンセリング 6
多文化間精神医学 99
　──会 99, 100
多変量解析 32, 50
WHO（世界保健機構） 3, 25, 56, 170, 262
W字曲線 111, 112, 195
仲介・媒介（インターメディエーション） 27, 166
調整（コーディネーション） 19
　──の機能 19
通訳 96, 97
つなぎモデル 22
　──の実際 210, 212
つなぐ 5
　──カウンセラー 22, 164, 165
　──カウンセリング 23, 27, 201, 202
　──機能 19
DSM-IV-TR 170, 261

提言 17, 29, 60, 61, 100, 101, 126, 155
転移 200
てんかん 187
統合失調症 179-181
　──への対応 180
同窓会 125, 126
トラウマ 12

◆な・は行

NAFSA 98-100
ナラティブセラピー 190
ニーズ分析 13, 87, 129-139
日本語学校生 60
日本語教育 142, 143
日本・日本人のイメージ 105-107
パス分析 32, 50
パスモデル 32, 50, 51
ピアカウンセリング 94
PTSD（外傷後ストレス障害） 12, 219
ファシリテーション（関係促進） 27, 166, 228, 235
ファシリテーター(関係促進者) 165, 221
福祉援助（ケースワーク） 27, 166
福祉援助者（ケースワーカー） 166, 230
不適応現象 112, 202
文脈（コンテクスト） 55
　高──社会 109, 142
　低──社会 109
ヘルスケアシステム 25, 26

◆ま行

マイクロ技法 159
　──の階層表 159, 160
マイクロシステム（個別系） 23, 24, 27
マクロ・カウンセリング 26, 166
マクロシステム（全体系） 24, 25, 27
メゾシステム（関係系） 23-25, 27
メディアへの対応 206
メンタルヘルス 3
　──と日本語 58-60

索 引

——に影響する要因　52
——プログラム　33, 63, 69-71
燃え尽き症候群　250, 251

◆や・ら行

薬物療法　171, 177, 178
U字曲線　111, 112, 120
来学時の情報　66-68
来日後の予防策　76-83
来日前の予防策　75, 76
ラポール　7
リエゾン／ネットワーク（専門家組織化）　27, 166, 228
リソース分析　13, 87
リファー　9
留学生担当者の評価　29
留学生受け入れの概要　255-260
論理療法　190

あとがき

　最近，ナレッジマネジメントという言葉が経営革新の分野で注目を浴びている．ナレッジマネジメントは多分野にかかわると同時に，さまざまな異なる文化に関係するものと考えられる．ナレッジには「形式知」と「暗黙知」がある．「暗黙知」は報告書や方法論，マニュアルなどの言葉によって明示できる「形式知」に対し，個人的な経験により得られる言葉にしにくい知識やノウハウ，コツなどである．危機介入に欠かせないコーディネーション（調整）ではこのような「暗黙知」も重要であり，この言葉にしにくい「暗黙知」をドキュメント化する努力も必要である．本書はその試みである．

　本書において筆者は，危機介入における「介入」を「調整」の概念としてとらえて研究を進めた．調整の主な機能のなかでも，「つなぐ（コーディネート）」機能の重要性について繰り返し強調した．カウンセラーにとって，「つなぐ」機能を重視した「つなぐカウンセリング」が必要だからだ．

　さらに，危機介入のために何よりも重要なのは，信頼関係にもとづいた委託できる人的資源のネットワーク（人脈）をもつことである．その基盤を構築するためには時間がかかるだけでなく，コーディネーター自身の人格・人間性が大きな要素になるので，コーディネーターは人格の涵養に努めなければならない．

　危機介入は心理療法とは異なる部分も多い．今後は，「危機カウンセラー」という枠組みより，危機チームのリーダーである「危機コーディネーター」やメンタルヘルス上の危機介入をコーディネートする「危機介入コーディネーター」のような枠組みでとらえて，「危機介入」を展開することが求められる．また，コミュニティカウンセリングが実践的な危機介入の枠組みを提供すると考えている．

　メンタルヘルスの問題は何も留学生に限ったことではなく，日本人学生

ひいては日本人の問題でもある．留学生のメンタルヘルスが増進され，彼らが勉強・研究をする上で暮らしやすい環境整備が進めば，それが日本人学生にとっても望ましい環境であることは疑う余地がない．

最後に，本書の元となる博士論文の作成にあたり，ひとかたならぬご指導，ご鞭撻下さった神戸大学国際協力研究科新福尚隆教授（現西南学院大学人間科学部教授）中園直樹教授，山内乾史准教授に深謝する．特に，大西守医師（日本精神保健福祉連盟常務理事）には本書の原稿の隅々まで目を通していただき，専門家としての貴重な指摘や助言をいただいたことに敬意を表する．

日頃よりご指導と支援を賜っている京都大学国際交流センターの大東祥孝教授（精神科医）および明治学院大学心理学部の井上孝代教授（臨床心理士）にこの場をかりて心から感謝の意を表したい．京都大学カウンセリングセンターの青木健次教授からも資料をいただくなどお世話になった．また，本書作成にあたり白石厚子氏の助力を得たことを付記する．

出版に際し，京都大学学術出版会の鈴木哲也編集長および編集や校正にプロの手腕を発揮していただいた佐伯かおる氏からは多くのアドバイスをいただいた．

さらに，予備調査および本調査において質問票調査および面接に協力していただいた留学生諸氏をはじめ，京大の教職員および関係者のみなさんに感謝の意を捧げたい．

著者略歴

大橋敏子（おおはし・としこ）

京都府立大学文家政学部卒業．大阪教育大学大学院教育学研究科修士課程修了（健康科学専攻精神・社会健康学分野）．神戸大学大学院国際協力研究科博士課程修了（地域協力政策専攻国際保健医療学講座）．博士（学術）．
日本カウンセリング学会認定カウンセラー，産業カウンセラー，JAFSA（国際教育交流協議会）理事．多文化間精神保健専門アドバイザー資格認定委員．
現在，京都大学に勤務（留学生アドバイザー）．
専門領域は，異文化間教育，カウンセリング，精神・社会健康学，国際保健医療学．
主な著作として，「外国人留学生とのコミュニケーション・ハンドブック―トラブルから学ぶ異文化理解」（共著，アルク，1992年），「留学生からのメッセージ 日本留学の光と影」（北斗書房，1998年），「マルチカルチュラリズム（現代のエスプリ）」（分担執筆，至文堂，2003年），「マクロ・カウンセリング実践シリーズ4」（分担執筆，川島書店，2007年）など．

外国人留学生の
　メンタルヘルスと危機介入　　　　　　　　©Toshiko Ohashi 2008

2008年7月10日　初版第一刷発行

著　者	大橋　敏子
発行人	加藤　重樹
発行所	京都大学学術出版会

京都市左京区吉田河原町15-9
京大会館内　（〒606-8305）
電話　（075）761-6182
FAX　（075）761-6190
URL　http://www.kyoto-up.or.jp
振替　01000-8-64677

ISBN 978-4-87698-752-8　　　　印刷・製本　亜細亜印刷
Printed in Japan　　　　　　　　定価はカバーに表示してあります